徳川時代の遊民論

守本順一郎

未來社

徳川時代の遊民論　目次

第一部　総　　論

緒　論

本　論

第二部　各　論——学者別研究

序

一、「徳川時代の遊民論」を、総論及び各論に分つ。総論には全体的研究、各論には学者別研究を収める。

一、本論文においては、徳川時代の時代区分を次のごとくする。

初期　幕府創立より元禄以前まで。

中期　元禄より宝暦へかけての時代。

後期　明和・安永頃から嘉永六年ペリー来航前まで。

一、「游民」または「遊民」は、全て「遊民」の文字に統一する。但し、引用文は原字による。

一、「牢人」の意には、特に紛らわしい場合を除いて、「浪人」の字を使用する。

一、附録として「遊民論参考年表」を付す。

一、引用文の頁数は、特に断りの無い限り、『日本經濟叢書』（瀧本誠一博士編、日本經濟叢書刊行会、大正三—六年、以下『叢書』と略）本によるものとする。

第一部　総　論

緒論

第一章　徳川時代の遊民

一

瀧本誠一博士は、『經濟史研究』（啓明社、昭和五年）所収の「遊民考」において、「本考に遊民と称するは一定の常職なく、平素何と言う極った仕事をせずに、遊んで居るものを指す」（一七〇頁）と言われ、徳川時代の遊民の範囲とその概数を次のように示していられる。

第一、武士階級に属する者の中には

(1) 本侍（四十五、六万―五十万）

(2) 準侍および従者（侍一人に付三人として百五十万）

(3) 無主無禄の侍、即浪人（元和より慶応まで平均十万―二十万）

第二、社寺支配に属する者の中には（六、七百万）

(1) 僧侶および彌宜

(2) 山伏・修験

(3) 虚無僧

(4) 雑類（六部・願人坊または護摩の灰等）

第三、一般下層社会に属する者の中には（五、六十万以上）

(1) 火消・鳶人足

(2) 博徒・ごろつき

(3) 非人・乞丐の類

第一類中、(1)および(2)は、それが徳川封建社会の支配階級であり、吏僚的性格を多分に持つ俸給生活者である以上、現代的観念においても、これを遊民とすることは不適当であろう。徳川時代においても、武士を遊民なりとする論者もあるが、勿論これは特殊な例外である。(1) したがって、この武士階級は遊民として扱わない。

(1) 本論第一章及び各論「井上四明の遊民論」参照。

第一類(3)の浪人については、徳川初期においては、未だ気骨節操あるものも少なくなく、必ずしもこれを遊民なりとするものではないが、遊民視する傾向はあった。「治世久しければ、牢人ます〳〵多成て遊民の如し」（熊澤蕃山『集義外書』、『叢書』巻三十三、二五三頁）。そして、中期以降、浪人が次第に社会の下層に潜在化してその素質を低下して来るとともに、この傾向はますます一般的となるようである。「一體浪人は別て種類多く（中略）、逐々家業替いたし候より、日にまし游民のみ多く、すでに都下に住居いたし候」（朝川善庵『濟時七策』、『叢書』巻二十一、四六五―六頁）。

第二類の僧侶階級は、徳川時代においては、一般に遊民の最も尤且大なるものとされる。(1) 第三類も、これが遊

民とされることは勿論である。(2)

（1）本論第一章及び第五章参照。
（2）本論第三章参照。

瀧本博士の遊民の範囲の中、第一類の(1)及び(2)を除いて、他を遊民とすることは、まず差支えのないところであろう。今、徳川時代においては、遊民の範囲の中に如何なるものが含まれるかを知る一材料として、地方書の一つである『續地方落穂集』の、村方人別帳の認め方の条を見るに、

「一　人別帳幾段も改置事よし、御貸米御救米被二仰付一候節諸事に付見合に可レ成、別て飢饉の年に入用成事多し

（中　略）

游民之分

一　盲人誰　女房子何人内男女何人宛　下人何人
一　浪　人　先主誰女房子何人　右同斷
一　職人誰　何　職　右同斷
一　山伏誰　右同斷　木食山伏の類上に同じ
一　獵人誰　右同斷　鵜匠の類上に同じ
一　無高寺社人　何之社人妻子下人とも
一　商買人誰　同斷　右同斷　但　本道外羽商間の品針小間物の分可認事

一　陰陽いち御子の類釜秡瞽女虚無僧鉦打行人以下銘々委細認べし
一　闕守　山守　牢守の類　右同断
一　乞食　非人　比丘尼　役者　穢多の類 右同断
外
一　寺社　御朱印 黒印　水帳除 差紙除　竿除之分　人數牛馬數之事
一　堂守　無縁　寺院　庵主　隠居寺　右同断」（『續地方落穂集』巻二、『叢書』巻十、四四―四九頁）。

右は、村方の人別帳であるだけに、その特徴を示してはいるが、大体百姓および寺社支配の主なものを除いては、これを遊民として一括している。きわめて大雑把な把え方ではあるが、村方において百姓以外のものを大体遊民として取扱うことは、また次の例によっても察することができよう。

「五人組懇到の内相互に疾病を助、宅作人積田畑作徳を考へて渡世内端を以定べし、水呑遊民等迄右の心入を以可レ令二相續一、惣じて生れ付愚智無智のもの互に尋候て、名主、組頭、平百姓、遊民可レ令二相談一事」、「大庄屋、名主、組頭、平百姓、遊民、水呑等、右いづれも上下の禮法を以不レ可レ紊事」（同上、巻三、『叢書』巻十、八五頁）。

「并本百姓水のみ遊民の數云々」（同上、巻五、『叢書』巻十、一三二頁）。

以上のように、瀧本博士表のうち、第一類の(1)および(2)を除いて、他を遊民とすることは、徳川時代の例からしても、大体において差支えのないところと思われる。以下、これらの遊民について、その状況を簡単に述べよう。

二

徳川時代、特にその初期において、幕府の自衛策による諸大名の除封、減封(1)が大量の浪人を発生させたことはいうまでもない。浪人発生の原因は種々数えられるが、これが最大の因であったことは勿論である。幕初五十年間に発生した浪人の総数は、約四十万人といわれる(2)。

(1)「徳川初世三代の間に諸大名の改易、減封に處せられた者を擧げれば次の如くである。
　軍事的原因によるもの（關ケ原、大阪兩役の結果）
　　改易　九十二家
　強制的原因によるもの（嗣子なきか、幼弱なるもの）
　　改易　四十六家　四百五十七萬石
　　減封　十二家　十六萬石
　　幕府没収額　四百二十九萬石
　法律的原因によるもの（法令違反及び疑獄）
　　改易　五十九家　六百四十八萬石
　　減封　四家　十四萬石
　　幕府没収額　五百六十五萬石
　以上は、家康、秀忠、家光の三代五十二年間のことで、ついで家綱から家継に至る四代六十六年間に、更に幕府は、諸侯中二百十萬石を没収した」（平凡社『大百科辭典』昭和七年、巻二、一〇〇三頁）。

(2) 日本經濟史研究所『日本經濟史辭典』（日本評論社、昭和十三年）第九分冊、一七〇六頁。

これらの浪人中、初期においては、未だ気骨あるものも少なくなかったであろうが、時代の変遷とともに、その素質もようやく低下せざるを得なかった。蕃山・白石・徂徠等の議論は、この間の消息を示すものであろう。

「末々のかろき牢人は、勇氣にたよりて盗賊を事とするもの出来ぬ、勇氣もなきものは遊民となりぬ、治平の政は遊民盗賊のたねをまかさる様にすること肝要なり、故に士の罪あるは左遷の法ありて、他國に流浪せしめず」（熊澤蕃山『集義外書』、『叢書』巻三十三、二五二頁）。

「寛永の比人々浪人につきあひ候事は、ふるき軍物語をも聞候て、後學にも仕るべきためも候き、猶それ等の事をだに御制禁も其謂ある御事に候處に、今の世の浪人につきあひ候人々は、或は利用のため、或は淫欲のために候へば、皆々可㆑然事とは申すべからず候」（新井白石『白石建議』第一、瀧本誠一編『日本經濟大典』、史誌出版社、昭和三年、巻四、九八―九頁）。

「武家ノ浪人ト云者ハ、工商ノ業ヲモ不㆑知（中略）見繼人無故渡世ニ困リ、世間ノ悪キ風俗ニ引レテ、偽誑ナド種種ノ悪事ヲスルコトニ今ハ成タリ」（荻生徂徠『政談』巻一、『叢書』巻三、三六五頁）。

このような浪人の素質の低下は、時代の下るにつれて、いよいよ激しくなる。浪人は、再び主取して陪臣、旗本となるか、あるいは特殊の技芸によって身を立てるか、または他の階級に転じて生活を営むかの道を見出した者以外は、次第に社会の下層に潜在化して、時代の下るにつれてますます遊民化し、いわゆる浮浪の徒となるものも少なくなかった。この間の消息は、幕府の浪人取締対策のうちに、よく窺うことができる。(1)

「武州那賀郡の内村々へ近年浪人體の者集、合力を乞ねだりケ間敷候儀申もの數多有㆑之候云々」（明和六年触書、『聞傳叢書』巻四、『叢書』巻十、五五三頁）。

「近年浪人杯と申、村々百姓家へ参、合力を乞、少分之合力銭など遣候得者悪口いたし、或一宿を乞、泊、病氣杯と中四五日も逗留いたし候内には品々難題を申懸、合力銭餘慶にねだり取候段粗相聞不届之至に候、以來右體之もの罷越候はゞ其邊之穢多非人に為二召捕一、關八州・伊豆國・甲斐國迄は公事方御勘定奉行へ召連出、其餘の國々は御料者御代官、私領は領主地頭へ召連可二罷出一候、勿論何様申候とも決して止宿不レ為レ致、苗字致二帯刀一候ものへは壹銭之合力も致間敷候」（安永三年甲午十月、『日本財政經濟史料』、財政經濟學会、大正十一年、巻二、一〇九一頁）。

「浪人體之者村々を徘徊せしめ、合力止宿を乞、或は悪口難題等申掛（中略）類は、所之穢多非人に捕へさせ、其向々へ召連可レ出との趣安永三年相觸候處、近年來帯刀いたし候浪人體之者所々へ大勢罷越、村方之手に難レ及令二難儀一候段、云々」（文化九年壬申六月、大蔵省編『日本財政經濟史料』巻二、一一〇二頁）。

「此頃近在處々へ浪人、又は無宿體之者共徘徊致し、無心ケ間敷事申掛け、及二不法一候者も有レ之哉に相聞、不届之事に候、云々」（文久元年辛酉二月、同上、巻八、一〇四七頁）。

（1）年表参照。

これらの者の中には、勿論偽装の浪人も多かったことであろうが、浪人の浮浪化をよく示すものであろう。

浪人自体のこのような変遷は、また幕府の浪人対策の消長とも表裏するものである。初期における浪人対策が、浪人払、武家構、寄住制限等であったのに対し、後期のそれは、上述のような浪人の不良悪質行為の取締に集中している。

三

江戸初期において最も問題とされる遊民が浪人であるとするならば、中期以降におけるそれは、商品貨幣経済の発展にともなう農民層の分解の過程を通じて排出される離農遊民である。この場合、徳川封建社会の経済倫理の特色は、本たる農を廃するということに基点をおいて、原則としては、貧富を問わず、遊民の発生を意識させる。したがって、貧農が生活の困窮の増大によって本たる農を離れるとき、これを一般に遊民視するとともに、(1)また農民の本をすてて郷村に商業を経営する者も遊民であるとされる。(2)

（1）「後世の業は困苦多して利すくなきが故に、本をすてゝ末に趣き、剰游乎の者みちみてり、本を務るものすくなく、浮食するもの多し、故に京都並に國城下の町屋次第にひろがりて、商買、牛馬、道路にたへず、如レ斯ならば商買、日々に富て、武士日々に貧乏ならん、武士貧乏ならば、百姓いよ〳〵困窮せん、百姓くるしまば游民ます〳〵多かるべし」（熊澤蕃山『集義外書』、『叢書』巻三十三、二二七頁）。

（2）「郊關之外、廢レ田築レ圃、以爲二商戸一、而舍二耒耜一、収二賃房錢一、逸居有二農籍一、故近郊之地、編戸之氓、不レ曝二背夏畦一、游惰為レ生者、往往有焉」（井上四明『經濟十二論』、『叢書』巻十九、四一四頁）。

徳川時代において、次第に進展した商品・貨幣経済したがって商業・高利貸付資本が、直接的にあるいは間接的に、小農民達をいよいよ零細化し、窮乏化し、土地より引き離し、さらに屢々訪れた凶荒・飢饉によって、農村の分解を促し、右の如き離農の傾向をいよいよ激しくする。かくて本業を離れた農民は、流亡遊民の徒となり、またその多くは都市に集中して、あるいは武家・町家の奉公人に、あるいは棒手振り等の小商人や職人に、あるいは日傭取となった。これらの者は、必ずしも遊民ではないが、それが本業をすてて末業にはしるものであり、ために農業生産力の低下を来すと考えられるときには、封建社会の論者にとっては、屡々遊民視される傾向がある。(1)

(1) 本論第三章附論「日傭論」参照。

右の離村者の都市集中の傾向を示す一資料として、元禄十一年岡崎連雀町家別帳によるに、僕婢および借家人について、その出身地別数を示せば、

	借家人	下男	下女	計
領内諸村	二九	一五六	一二二	三〇七
城下町内他町	八	一三	四〇	六一
連雀町	〇	〇	二	二
他領	二	一二	一二	二六
計	三九	一八一	一七六	三九六

(連雀町戸数百二十戸)

この統計について、古島敏雄氏は、「百二十戸に雇はれる三五七人の僕婢と、同町内に住む三十九戸の借家人の當主三九人の出生地前住地別人数が右表であるが、同町人口の重要部分を構成する右の人数の七七%迄が農村出身である。殊に借家人三十九戸中二十九戸(七一%)が農村よりの移住者である事は、大部分が借家人である多くの城下町近接の在町に対する農村人口の寄與を推測せしめる」と説明される(『日本封建農業史』、四海書房、昭和十六年、三〇七―八頁)。

また、奉公人の農村出身の割合を示す資料として、宝永四年岡山城下の武家階級のそれの統計は、

出自	男	女
家中ノ長屋ヨリ出ルモノ	一三	三
在方ヨリ出ルモノ	一〇七九	六六六
他國者	一三一	二五
合計	一二二三	六九四

（『備陽記』、小野晃嗣「近世都市の発達」、岩波講座『日本歴史』、昭和九年、九三頁）

都市における日傭階級の比率を示す資料としては、同じく宝永四年岡山城下における統計は、全人口に対して二割八分強という数字を表している。

	男	女	男女合計	比率
商賣渡世者	四三四九	三八一〇	八一五九	〇・二八八
諸職人渡世者	二七七九	二五八一	五三六〇	〇・一八九
日用ザルフリ渡世者	三九九九	三九七五	七九七四	〇・二八一
岡山城下町民数	一四二九九	一三九九九	二八二九八	

（小野晃嗣、同右、七九頁）

この統計では、日傭階級の農村出身率は知ることはできない。なお、室鳩巣は江戸の日傭がおよそ八万を数える程であるという。「日傭の類多く成候事（中略）是等の輩凡八萬を算へ候程の事にも罷成候」（『兼山秘策』第一冊、正徳三年癸巳二月十一日、『叢書』巻二、二三四頁）。

以上のように、商品・貨幣経済の発達に伴って離農の傾向が増大し、その結果農民は、あるいは流亡して浮浪遊民の徒となり、あるいは多くは都市に集まって日傭・ザルフリ・奉公人等の下層民となり、またこれらの下層民は一つには失業の可能性が大であることから、遊民となる可能性も大きい。そして徳川時代の論者は、農を本、工商を末とする封建社会の経済倫理から、この本業を離れた農民を多く遊民視する。この傾向は、中期以降離農現象が顕著になり、ために農業生産力の低下が痛感されて来ると、一層強くなる。(1) したがって、ここでは、離農遊民として以上のものを全て包含して考察する。

(1) 本論一、二、三章及び附論「日傭論」参照。

四

徳川時代において、僧侶階級は通常遊民の第一とされる。農民が窮迫して、僧侶階級の特殊性に促されて、多くこれへ転向することは、早くから論ぜられている。「愚暗の百姓、子孫を養育なりがたきは或はこれを僧尼神官にいたし、或は己が身渡世に苦みて道心と號して業をのがれて世をいとなむ輩、多きもの也」(山鹿素行『山鹿語類』、『叢書』巻三十三、三五頁)。「渡世の爲に是非なく出家したる者多」(熊澤蕃山『大學或問』、『叢書』巻一、一五九頁)。「佛法此土ニ行ハレテヨリ、民ノ中ニ出家シテ僧トナル者多シ、既ニ出家スレバ戸籍ヲ離レテ四民ノ外ナル故ニ、租税ヲモ出サズ、徭役ニモ使ハレズ、遊手ノ者トナル」(太宰春臺『經濟録』巻九、『叢書』巻六、二五一頁)。

僧侶階級、即ち寺社支配に属する者の総数は、正確にこれを算定することができない。徳川時代の論者によっても、きわめて不同である。正司考祺などは「六七百萬人ニモ及ブベキカ」(『經濟問答秘録』巻八、『叢書』巻二十

二、二〇五頁）という。

瀧本博士表第三類の(1)火消、鳶人足については、府内町火消の総数は、文政九年一万三百五十九人、天明六年一万五百十二人（後藤新平『江戸の自治制』、二松堂書店、大正十一年、一九九頁）とあるが、更に武家抱のものもあった。鳶の者が、男達などと共に博徒・俠客的な性格をもつ遊民であることは、幕府の取締対策のうちによく窺うことができる。[1]

（1）「一、おし賣おし買之儀、前々より御制禁之處、此頃鳶之者抔錢さしを拵おし賣仕、不買者には過言を言或仇をいたし候由相聞候云々」（享保元年丙申十一月『日本財政經濟史料』巻三、四七六頁）。

鳶の者取締令は、

○　宝永六年六月　鳶之者暴行取締令
○　同　再　令
○　宝永七年四月　男達幷鳶之者行為取締令
○　正徳二年五月　鳶之者暴行取締令
○　正徳五年六月　武家方鳶之者右同断

(2)の博徒およびごろつき、(3)の非人、乞丐の類については贅言を要しない。[1]

（1）本論第三章及び年表参照。

五

以上のように、徳川時代の遊民についていえば、初期においては幕府の大名対策の結果排出された大量の浪人が、中期以降においては商品・貨幣経済の発展が生んだ大量の離農遊民が主なものである。他には、恐らくその数において第一を占める僧侶階級（離農遊民その他からの転向者を含む）、男達、侠客、火消、鳶人足、博徒、ごろつき、無宿者、乞丐非人、更に一般に遊民とされる者に游芸者および遊所に寄食する者等が挙げられる。

第一、江戸初期における遊民の発生および状況

(1)　浪　人（幕初五十年間ニ約四十万）

(2)　遊民的色彩をもつその他の社会層

(イ)　男達・侠客（旗本奴と町奴―浪人より転化する者も多い）

(ロ)　火消鳶人足・日傭階級

(ハ)　華街遊民・游芸者（初期においては角力の無頼性が強かったが、末期に至り営業許可により漸次無頼性を解消。尾形鶴吉『本邦侠客ノ研究』、博芳社、昭和八年、一八八頁以下）

(ニ)　非人・乞丐の類

第二、江戸中期以降における遊民の発生と状況

(1)　離農遊民の大量発生

(イ)　浪人無宿者への転落

(ロ)　道心・修験・旅僧等僧侶階級への転化

(ハ)　遊侠無頼化―盗賊化

(ニ)　非人・乞丐への転落

(ホ)　Ⅰ　都市に集中の下層民（奉公人・職人・小商人・日傭―本をすてて末にはしるものとして遊民視される傾向が強い）

Ⅱ　農村において日傭階級（間民）および他の奉公人階級となるもの――この階級は多く農業に従事する以上遊民とはされない。むしろ積極的に評価される（山鹿素行、田中丘隅）。しかし凶年等に遊民に転落する可能性が大である（三浦梅園『價原』の序）。

(2)　右以外の原因によるもの。

(イ)　火消・博徒・目明

(ロ)　無宿浮浪者（都市内部から発生するもの）

(ハ)　華街遊民・游芸者

(ニ)　都市下層民ノ増大（遊民化の可能性大）

第三、僧侶階級（瀧本博士表、第二類）。

第二章　経済論としての遊民論

一

徳川封建社会が、その経済的基礎を農業に置いていたことはいうまでもない。したがって、その経済論の主流も農業論であり、経済政策論としては、如何にして農業生産力を発展、もしくは維持させるかということが一つの問題として、最も主要な位置を占めていた。封建的社会の基礎が土地にあり、その土地の経済的価値を決定するものが農業である限り、当然のことということができる。

農業論の中心課題は、まず如何にして農業生産力を発展させ、もしくは維持させるかということにあった。そして徳川時代の論者は、この農業政策論を展開するにあたって、屢々『大学』のいわゆる「生財有大道、生之者衆、食之者寡、為之者疾、用之者舒、則財恒足矣」の句を援用してその理論的基礎を構成し、一方に地利を尽して土地の生産力を高めるとともに、他方「食之者寡」即ち遊民を無からしめることを説いた。『礼記』王制の「無曠土、無遊民」をその理想として、積極的には地力を尽し、その反面には遊民を無からしめ、もって農業生産力の発展を図った。当時わが思想界に浸潤した儒学による中国古代の農業思想が、彼らの議論に理論的支柱を与えたことは勿論である。「呂氏曰、國無遊民、則生者衆、朝無幸位、則食者寡矣、不奪農時、則為之疾、量入為出、則用之舒矣」。

このように、遊民を無からしめることをもって農業生産論の反面とする論者はきわめて多い。彼らによれば「天下有用者、無如農也、無用者、無如游民也」であり、遊民の多いことは、それだけ農業生産力の低下を意味する。したがって、遊民を無からしめることは、逆に農業生産力を高めることになる。

「天下有用者、無レ如レ農也、無用者、無レ如二游民一也」（井上四明『經濟十二論』、『叢書』巻十九、四一八頁）。

「大學に生レ財有二大道一、生レ之者衆、食レ之者寡、爲レ之者疾、用レ之者舒、則財恒足矣といへり、是國用を利するの道を論ずる也、而て是又國に遊民なく朝に幸位なく、農の時を不レ奪して量レ入爲レ出の道なり」（山鹿素行『山鹿語類』、『叢書』巻三十三、一三八―九頁）。

「眞ノ國益ト申スハ、一言ニ盡キタルコトニテ、農業ヲ勸メ産業ヲ勵マシテ、國中ニ懐手シテ食フ者ノナキヤウニスルナリ、都テ國民游惰ナルハ、衰微ノ基ヒ也」（新宮涼庭『破レ家ノツヾクリ話』巻中、『叢書』二十一、九〇頁）。

「困窮ノ本ハ田地取實少キニヨリ、田地取實少キハ百姓ノ力弱リタルニヨリ、上ニ申ゴトク百姓勢ヒ強ク、多ク米穀ヲ作リ出シ候而、游食ノ者少ク相成候得バ、國豊カニシテ御上諸家中迄富有ナルハ、必然ノ儀ト奉レ存候」（武元立平『勸農策』巻上、『叢書』巻二十、五七六―七頁）。

遊民を無からしめることが、生産力を高めることになるとするとき、遊民論が農業生産論の重要なる反面を構成する。例えば、山鹿素行はその農業生産論において、一方に地利を尽すための田産の制を説き、他方に遊民を戒めてこれを無からしめることを論じたが、田産の制も、遊民を無からしめることによって始めて田産の制の実を得ることができるという。遊民論が、生産論の反面として、きわめて強力に働いていることを示すものである。

「凡そ田産の制、一民業に怠れば、一民飢をうくること定れることはり也、國に米穀其價高直なることは、游手游民多くして米穀を食つぶす者の多ければ也、然れば所の游民をあらため是を戒むること田産の制也」（山鹿素行『山鹿語類』、『叢書』巻三十三、二七一八頁）。

農業生産力を発展さすべき農業政策論において、遊民を無からしめることを必要と認めるとき、遊民論が農業生産論の重要なる反面を構成することは、右の通りである。この傾向は、時代の変遷と共に次第に遊民が増加して、この遊民の増加が農業生産力の発展もしくは維持の重要なる障碍であることが現実の問題として痛感されるとき、一層強められる。既に述べたように、中後期における遊民発生の最も顕著な現象は、農民層の分化・分解の過程を通じて造出された離農遊民であった。したがって、直接農業生産に従事する者の離農によって多く遊民の増大する中後期に、農業労働力の減少から農業生産力の維持さえ困難となると認められるときは、農業生産力の維持・発展を策する農業政策論において、遊民を無からしめることが、純粋に地利を尽すべきことよりも一層重要なことであると考えられて来る。そして、封建的貢租関係の維持の困難が特にこの離農遊民によると認められるときは、封建的支配階級の立場によって農業生産力の維持・発展を策する農業政策論において、生産論としての遊民論の比重がようやく大きくなって来る。離農現象を直接に遊民の発生・増大と結び付け、これが如何に農業生産力を低下させるかということを認識し、この立場から遊民論を取り上げる論者は、後期に入るにしたがってすこぶる多い。

「夫レ財ヲ吝ンテ種藝ノ道ヲ輕ンスルトキハ山林空虚トナリ田土荒蕪ス、故ニ農夫業ヲ失ヒ百工職ヲ易フ、是ヲ散民ト云フ、散民職業ナクシテ産ヲ貪ル、是ヲ游民ト云フ、夫レ國ニ百工空ク游民多ク國ニ農民寡ク散民多キ是ヲ無制ノ國ト云、無制ノ國ハ常ニ貧ス、國常ニ貧ニシテ民究セサルハ未タ之有ラス」（乳井貢『全集』乳井

貢顯彰會、昭和十一年、第三巻、二一四頁）。

「段々ケ様に耕作の力は衰へ農を離れ工商に業を替る者多く罷成、農工商三民の外遊民體の者相増候ては、自然と御上の御入用にも御引合がたく、世上一同のつまりに相成候儀顕然に御座候、主殿頭は荒地次第に相増候をば捨置、成就仕がたき新田新地に人力を費し、埒もなき儀に御座候」（植崎九八郎『牋策雑収』、『叢書』巻十二、四〇五頁）。

「國初建都方四十里、比二諸古一已過大、理安已久、商籍敷衍、今將二方五六十里一、所二以然一者、游閑移二於都下一日甚、有司不レ禁、四方惰農苦二督責一者、買二田盧一鬻二鉏耰鎛耜一、舎レ務レ本來逐レ末、是以都人食者日衆、群民耕者日寡、野窮二於戸籍之減一、都困二於戸籍之増一」（井上四明『經濟十二論』、『叢書』巻十九、四一四頁）。

離農による遊民の増加が直接に農業生産力を低下させることを認め、この立場から遊民対策を論ずる場合、遊民論は農業生産論として説かれているということができる。そして、この農業生産論としての遊民論は、農業労働力の減少が具体的にかつ精細に認識されるとき、農業生産論における比重を次第に大にして、遊民論を説く論者にとっては、純粋に地力を尽すことよりも、まず遊民を無からしめることが、その農業政策論の第一とさえなるような傾向を示して来る。山鹿素行にあっては、遊民論は田産の制を田産の制たらしめるものとして、きわめて重要な意義をもってはいたが、いまだこのように具体的な把握を示すものではなく、かつ農業政策の順序としては、やはり地力を尽すべき田産の制が第一に取り上げられた。然るに、後期の農業政策論は、地力を尽すよりも、遊民を無からしめることをむしろ第一とするような傾向さえ生じ、さらに歩を進めて、遊民を無からしめることが即ち地力を尽す所以であると説く者を生じた。全体の傾向としては、農業生産論の消極的な反面を構成した遊民論が、むしろ農業生産論の主体として登場して来る。井上四明[1]、藤田幽谷[2]、頼山陽などの議論は、その代表的な例である。

「昇平之俗、貴レ末而賤レ農、重二金銭一而軽二米粟一、相習相率、不レ知二其不可一也、是以捨二耒耜一賣二牛犢一而遊二四方一、易二其業一未レ改二其産一、共求レ為二商賣百工技藝之人一、遊手浮食、大三半於二天下之籍一、而地著食力之民廑廑焉、民力之末レ聚如レ此、地利其不レ有レ遺乎（中略）、欲二地利之無レ遺、則無レ若レ聚二民力一」（頼山陽『新策』、『叢書』巻三十三、五〇九頁）。

（1）　各論「井上四明の遊民論」参照。

（2）　藤田幽谷『勧農或問』。

これは、中後期における離農傾向の増大にともなって、ために農業労働力の減少として、直接に農業生産力低下の原因をこれによる遊民の増加と結び付けて把握し、生産の面からこの原因の除去を主要関心事とせざるを得ないことから、遊民論が農業生産論における主体的な位置を占めるに至ったことを示すものである。然し他方同時に、本業をすてて末業にはしる離農の傾向と関連して、単にこれによって直接的に意識される遊民（離農）だけでなく、あるいは都市にあるいは農村に、全体としての遊民の増加、増大が認識されると、これが消費の面から、生産に対する消費の過剰による間接的な生産力の低下を意識させ、当時一般の農本貴穀思想を基礎として、この立場からまた遊民論を農業生産論の主体とする議論を生んだ。即ち、一国を富ませるには農業生産力が高く生産量に蓄積がなければならない。しかし、遊民が多いために消費量が生産量よりも過剰であって蓄積ができないばかりか不足をきたし、したがって富国となることができない。よって遊民を無からしめることが、富国の実を得る第一の策である。この議論にも、遊民論が農業生産論における主体的位置を占めて来る。正司考祺の議論は、この最も発展した姿を示すものである(1)。

「抑〻我邦は沃土多して、五穀善く生ずれば、今においてなんの不足の事なしといへども、漢土の中古以後に比すれば、耕さずして食ふもの、たゞ十倍のみならず、天朝幕朝の百官の外、大小列國おの〳〵許多の臣僚あり、又寺社の數幾十萬なるを知らず、これみな耕さずして食ふ者、其食ふ所は皆農民の手にて養なり」（佐藤一齊『濟販略記』、『叢書』巻二十六、五五二頁）。

「富國ハ第一徒口ノ民ナキヲ豊財ノ術トス、假令上仁政ヲ施シ、五穀豊充スルトモ、一方ニ空手游民多ケレバ、渠等ガ爲ニ喰盡サレ、崩堤ニ水ヲ溜ルニ同ジ（中略）故ニ國家安寧ノ法ハ、唯徒口ノ者ヲ禁ズルニ如クハナシ、徒口ノ大ナル者ハ、第一浮屠修驗ノ類ユヘ、中華ノ如ク度牒ヲ渡シテ、其員數ヲ究メ、惰落ノ者ハ悉ク減耗シ、國禄多益ノ基ヲ拓、次ニ娼聲・角抵、其外種々ノ遊民、國祿素餐甚ダ多キ者ユヘ、一々査點《ギンミ》シテ禁誡シ、聖人ノ立置レシ士農工商ノ四職、各正業ヲ勵ミ倹約ヲ守ラバ、其給用仂レル所ハ何地ニ往クヤ、溝壑ニ捨ル者ハ有ルベカラズ、然レバ國ノ蓄積トナルヨリ外ナシ」（正司考祺『經濟問答秘録』巻八、『叢書』巻二十二、二〇八―九頁）。

（1）各論「正司考祺の遊民論」参照。

徳川時代の遊民論は、『大学』の「生之者衆、食之者寡、為之者疾、用之者舒、則財恒足矣」を基礎理論として援用し、地利を尽すべき農業生産論の反面を構成するものとして出発した。そして、初期においては、農業生産論としては、まず「無二曠土一」き地利を尽すべき純粋の生産論が前面に出され、「無二遊民一」き遊民論は、それが重視される場合にあっても、順序としては次に置かれた。しかし、時代が中後期に移行するにつれて、種々の条件によって遊民が増加し、特に離農現象の増大による農業労働力の相対的不足が農業生産力の直接的低下を痛感させるに至ると、本業をすてて末業にはしる離農現象が遊民の発生・増加を直接に意識させ、これが封建的貢租関係の維持を困難ならしめて来ると考えられるようになると、遊民論が意識される場合、遊民を無からしめることが農業政策論の第一となり、遂には地利を尽すには遊民を無からしめるに若かないという議論を生み、また他方、遊民の増大が生産に対する消費の過剰となり、これが生産力を低下させるものとして、遊民を無からしめることをもって富国豊饒の第一策とする見解を生んだ。いずれにしても、時代の変遷と共に増大した遊民が、土地の生産力を奪う最大の原因として次第に重要視され、遂に遊民を無からしめることが農業政策の第一であるという議論を生むに至ったと考えることができる。如何にして農業生産力を発展さすべきであるかの農業政策論において遊民論がかく前面に登場して来ることは、農業生産論としての遊民論が地利を尽すという生産論にとって換って、農業生産論の主体的性格を濃くするに至ったのであるということができる。遊民論が意識されるとき、それは始め農業生産論の消極的な反面を構成したものが、時代と共に特に後期に入るにしたがって、その最も中心的なものとして農業生産論の主体となる傾向を強くするに至ったのである。

徳川時代を通じて、生産論としての遊民論は、右のような変化を遂げて来たが、それが農業生産論であったことに違いはない。したがって、遊民の対策が論ぜられる場合にも、あるいは遊民を新田開発に使役するとか、中後期の離農遊民の多い時期にはこれを帰農させよとか、あるいは対外接触によって蝦夷などの属島が問題となる後期には、これに遊民を移民せよとか様々の議論が行われるが、これも農業生産力の発展または維持の立場から説かれ、また遊民に力役を課するとか庸銭を徴するとかの論も、単に教戒的な意味だけでなく、結局勧農の実をあげて、農業生産力の維持・発展を図る立場から説かれることが多い。(1)

（1）例えば藤田幽谷の場合、本論「遊民対策論」参照。

生産論としての遊民論の主流は、徳川時代にあっては、根本的には農業生産論である。遊民をして工業に就けよという議論、即ち工業生産論としての遊民論も必ずしもない訳ではないが、工業を農業よりも重しとし、農業生産の不足を認めつつ、なお遊民を工職に就けようとする議論は、徳川幕府崩壊の寸前まで、これを見出すことはできない。当時各藩内で奨励された国産を問題とするとき、若干遊民を工職に就けよという議論を見るが、その根本的性格は右を出るものではない。したがって、工業生産論としての遊民論は、根本的には農業生産論を前提とし、国産奨励即ち国内的交易の立場に立って、その萌芽的思想が見られる。(1) そして、この工業生産論としての遊民論は、右の性格をもったまま対外交易の思想にまで貫かれ、これを媒介として正司考祺の遊民による工業生産論を生み出した。正司考祺の遊民論は、各論において述べるように、遊民を工職に就けて有余の製器をもって我に不足のものを交易によって補うことを説くが、その前に我邦の米穀を中心とする農業生産が充足されていることが予想されている。(2) したがって、生産論としての遊民論の性格は、根本的にはあくまでも農業生産論であるということができる。しかし、生産論としての遊民論は、ペリー来朝九年後、文久二年九月の佐久間象山の『上書』において、この農業生産論としての根本的性質を、交易論を媒介として充全な意味での異質的な工業生産論に転化せしめられたということができる。象山は、その根本的観念において、商工業を積極的に重しとしたようである。象山は、我国が米穀豊饒であるにも拘らず国力の振わない原因の第一に遊民の多いことを挙げ、さらに第二、第四の原因として貿易、工業の行われないことをそれぞれ数え、この遊民約二百万を悉く工業に就け、近代的工業を興して大に外国と通商し、もって世界第一の強国となすべしと論じている。(3) その詳細の議論は、各論の「佐久間象山の遊民論」に譲るが、徳川時代における生産論としての遊民論は、その根本的性格を従来の農業生産論から、この工業生産論に転化することによって、歴史の終焉を告げているのである。

(1) 本論「遊民対策論」参照。
(2) 各論「正司考祺の遊民論」参照。
(3) 各論「佐久間象山の遊民論」参照。

二

徳川時代においては、遊民論は農業生産論または工業生産論として説かれたが、また当時の貨幣経済の発達が幕府の貨幣対策と照応して金銀論を多く生み出したように、遊民論をこの金銀論の立場からも展開させている。貨幣経済の発達が直接に間接に、都市および農村に下層上層の遊民、あるいは游芸者などの遊民を発生・増大せしめることを説く論者はきわめて多いが、より純粋に金銀論の立場から、この遊民の発生ならびに対策を説く論者がある。三浦梅園、本多利明などは、その代表的な例であるということができる。

三浦梅園および本多利明は、ともに結論としては、通用金銀の数量即ち流通貨幣量が財の生産に対して不均衡に増大するとき、換言すればインフレーション的時期においては、貧富の懸隔が次第に大となって下層および上層の遊民を発生し増加させることを認めている。

「一島ニ出ス所ノ米粟布帛多ヲ増ズシテ、獨金銀ノミ増サンニ、多ト少ト替ルコトハナクシテ、多ケレバ多程煩シキヲマシ、其多キ金銀ニツイテ游手ヲマシ、天地ヨリ生ズル財ヲ費スモノ次第ニ出來ルベシ」(三浦梅園『價原』、『叢書』巻十一、四一七頁)。

「若過テ通用金銀ニ際限ナク保チ與ユル時ハ、庶人ノ内ニ豪富出來、國政ニ害アルノミニ非ズ、奸商湧出人知ラズ異國ヘ抜行ク憂アリ、依テ通用金銀ノ員數ニ際限ヲ建テ放チ與ユルコト肝要ナリ」（本多利明『經世秘策』、『叢書』巻十二、五二頁）。

三浦梅園・本多利明ともに、遊民発生の原因としてのインフレーションを挙げるが、その対策については、両者は意見を異にしている。即ち、梅園はその貴穀賤金思想から金銀偏重の弊を除くならば金銀の数は多くとも害はないというに反し(1)、利明は流通貨幣量を適宜調節することによって遊民を退転することができるという(2)。

「通用金銀ハ國産融通ヲ司テ、四民ノ階級ヲ正スノ要務ナレバ、不多不少諸色ノ直段中分ナル所ニ際限ヲ立テ、餘リニ下直ナラバ放チ與ヘ、餘リ高直ナラバ引揚ゲ、是ヲ制スレバ、五十年以來ノ平均相場ヲ以大的ヲ見定メ、常ニ密々差引セザレバナラズ、其餘ハ秘庫ニ納テ出スコトヲ厳禁セリ、爰ヲ以四民ノ階級嚴立シテ游民退轉シ、世ノ中静謐ナリ」（本多利明『經世秘策』、『叢書』巻十二、五三頁）。

（1）　三浦梅園は、今は金銀偏重の世の中となったために金銀が多ければ多い程遊民が増加するという。現実の観察としては、明らかにインフレーション期の遊民の増加を認めている。しかし、これは金銀偏重の故である。彼の対策が金銀偏重を去て六府の財を重んずるという所以である。各論「三浦梅園の遊民論」参照。

（2）　各論「本多利明の遊民論」参照。

また遊民の発生を人口増殖の立場から説くものもある。早くは、山鹿素行においても、この思想を見ることが出来るが、本多利明は人口の自然増加から遊民も次第に増加することを認め、正司考祇は我邦の耕田数が一定でありながら人民が蕃息するから止むを得ず徒口遊食の者が生ずると説いている。しかし、人口論としては、山鹿素行および正司考祇の議論は相対的な人口過剰を説くものであるが(1)、本多利明の議論はむしろ人口増加率が食糧増加率よりも絶対的に過剰となるとしている。したがって、その対策も、素行にあっては田産の制が行われて遊民の新田開発の功も挙がれば食糧の不足が解決されることは彼の議論のうちに予想され、また正司考祺はこの耕田不足は遊民たる僧侶の棲む寺院があるからとして若し僧侶を無からしめれば充分に有余が出来るとの楽観的思想を抱いているため、国内の農業生産以上のことに言及しないが、これに反して本多利明は当然国内以上のもの、即ち属島開発の必要にまで論及している。(2)

「世久しく太平に屬して人民次第に增長し（中略）、下民愚暗の百姓、子孫を養育なりがたきは或はこれを僧尼神官にいたし、或は己が身渡世に苦みて道心と號して業をのがれ（中略）國に游民多くして次第に米穀・布帛の價高直たるべし」（山鹿素行『山鹿語類』、『叢書』巻三十三、三五頁）。

「我邦ハ田數究リ有テ、民蕃《フエル》息スレバ耕田足ラズシテ已ムコトナク空手游民トナリ」（正司考祺『經濟問答秘録』巻十四、『叢書』巻二十二、四四五頁）。

「際限ある米穀を以、下萬民の食用を達するを、士工商僧遊民日を追月を追增殖するゆへ、國用不足となる」（本多利明『西域物語』巻下、『叢書』巻十二、一八三－四頁）。

（1）本論「遊民発生論」及び各論「正司考祺の遊民論」参照。
（2）右同、及び各論「本多利明の遊民論」参照。

その他、交易論の立場から遊民を工業に就かしむべしとする論のあったことは、既に述べた通りである。

以上略説したように、徳川時代における遊民論は、経済論としてさまざまな観点から論じられている。勿論、遊民論としては、特定の意識の上にこれが展開されたものは稀であって、多くは各論者の経済論中に散見する議論である。したがって、彼らの議論を遊民論の立場から体系的に解釈することは困難な場合が多いし、かつまた非経済的な観念から論ずるものも少なくはない。しかし、その断片的な彼らの意見にしても、適当に取捨して分類配列すれば、そこに一定の枠も見出され、彼らの意見と時代との交互関係の存在も知ることができ、全体を通観すれば、時代的発展の跡も窺うことができる。

本　論

第一章　遊民の意義と変遷

一

徳川封建社会における身分構成は、いわゆる士農工商の四民の別にあった。したがって、士農工商の四民は、各々その軽重をもって視られたけれども、原則としては各々その重要性が認められ、すべてその所を得て国家に有用のものとされる。すなわち、士は心を労して人を理し、農は九穀を稼穡して天下の民を養い、百工は飭二化八材一して百器を給し、商は阜二通貨賄一して金銀・布帛を通じ、もって国に用ありとされる。

徳川時代においては、遊民の意義は、各論者によってかなりの相違を示している。しかし、最も普通には、右の四民以外の者をもって遊民とする。遊民とは、遊んで四民の業を為さず、物財を費す者であるという。

「庶人に四ツの品あり、是を四民と號せり、士農工商これなり(中略)此四民の外の人倫をば遊民といひて、國土のために用なき人間なりと知べし」(西川如見『町人嚢』巻一、『叢書』巻五、六四頁)。

「聖人の惡むところは游民と豪民となり、游民は四民の所作をばなさで、國土の米をくらいつぶす者を云」(大月履齋『燕居偶筆』巻下、『叢書』巻六、四三九頁)。

「人ハ四民トテ士農工商ノ四ニ過ズ（中略）、此外ニ遊デ民ノ用ヲナサズ、天下ノ物財ヲ費スモノヲ遊民ト謂テ國家ノ蠹トスル也」（三浦梅園『價原』、『叢書』巻十一、四二一頁）。

「萬民ハ農民ヨリ養育シテ士農工商遊民ト次第階級立テ釣合程ヨク、世ノ中静謐ニアリ云々」（本多利明『經世秘策』巻上、『叢書』巻十二、五一―二頁）。

「圍碁は遊民の外、士農工商共に此の技を爲すべからず、奕と同じ、君子の戯にあらず」（司馬江漢『春波樓筆記』、『叢書』巻十二、三四〇頁）。

「古聖人士農工商の職を立て（中略）、右の四職を守らざるを雑戸の遊民といへり」（正司考祺『家職要道』巻十、『叢書』巻二十四、二七四頁）。

士農工商の四民以外の者を遊民とするのが一般であるが、農が国の本であり、工商が末である限り、本業たる農をすてて末業にはしるものを遊民なりとする傾向が強い。農を重視する封建社会にとって、当然の論理であろう。例えば、山鹿素行によれば、本たる田産の業を廃する者は「游手遊民」であり、熊沢蕃山にとっては、この農の中心たる米穀の生産を奪う煙草などの生産に従事する者までも游民であるという。

「次に戒游手と云へり、游手と云は游民の事也、游民は田産を持ながら其いとなみに惰て事をつとめざるを云也、或は民百姓の子弟田産なくして常に游行して日を費やすをも云へり」（山鹿素行『山鹿語類』、『叢書』巻三十三、二七頁）。

「天下の奢美故、諸士の用不足にて年々に高免になりぬれば、百姓も地のものばかり作りては年貢に惑ふ故に、烟草を作りて商人へうり、年貢の足しとす、此たばこに塞ぐ地斗りも、日本國中を合せて、近江程なる大國二三ケ國は空しからん、それにかゝりてすくるものは、みな〳〵遊民也、烟草の道具に費ゆる竹木銅鐵やきもの其外あけかそへがたし、たばこ刻になりて世を渡るものはかりも三萬餘人あるべしと云り、烟草を作らぬよふに、それかゝりたるもの共もいたまぬやうに、五六年程に御止めなされたる程は、此一色にても、日本の國々廣くなり、諸人ゆる〳〵と可仕候」（熊澤蕃山『宇佐問答』中巻、横川四郎編『近世社會經濟學說大系・熊澤蕃山集』、誠文堂新光社、昭和十年、九三頁）。

本業を廃する者を遊民であるとする考えは、中後期以降の離農現象による農業労働力の減少が痛感されると共に強められ、この結果生じた浮浪無宿等の失業者は勿論、あるいは工商の末業にはしる者、あるいは農をすてて日傭・棒手振などになる者をも遊民視する傾向が強くなる。

「諸國ノ民ノ工商ノ業ヲスル者、捧手振、日傭取ナドノ游民モ、在所ヲ離レテ御城下ニ集ル者年々ニ彌增シテ、云々」[1]（荻生徂徠『政談』巻二、『叢書』巻三、三八七頁）。

「諸家中ノ奴僕ハ、皆在方農民ヨリ出テ相勤候ヘバ、コレニテモ農民多ク減ジ候、又一旦家中ニ奉公仕候ヘバ、美食美服ニテ手足ヲ働サズ安樂ニ暮候事故、再ビ農民ニ立返リ、麁食麁服ニテ苦勞仕候事得仕不ㇾ申候ニ付、是等皆游民ニ成果、小奉公人又ハ小商人等ニ相成申候、是レ大ニ農民ノ減ジ、田地ノ荒レ候本ト奉ㇾ存候」（武元立平『勸農策』巻下、『叢書』巻二十、五九〇頁）。

「江戸といふ大都會近く候得ば、小百姓などは江戸に出て、渡奉公又は日雇稼ぎ等いたし候ても、村方に罷在候ほどの骨折業は無ㇾ之、其上田舍にては糧テ飯喰來り候も、米の飯を喰ひ魚菜等も手軽く買調へ、其日稼ぎの家業故錢廻りはよく、豊凶水旱の苦労なく、稼ぎさへすれば利益も有ㇾ之、如何にも住居いたしよき様心得、江戸者に罷成候もの日まし月まし多く有ㇾ之候」（朝川善庵『濟時七策』、『叢書』巻二十一、四六二頁）。

「游閑移㆓於都下㆒日甚、有司不ㇾ禁、四方惰農苦㆓督責㆒者、買㆓田廬㆒鬻㆓鉏耰鎛耜㆒、舍ㇾ務ㇾ本來逐ㇾ末、是以都人食者日衆、群民耕者日寡」（井上四明『經濟十二論』、『叢書』巻十九、四一四頁、傍点は引用者、以下同じ）。

「御城下ニ日傭トリ減ジ、游民ノカタヅク事是ホド重疊ナル事ナシ」（藤田幽谷『勸農或問』、『叢書』巻二十、一六三頁）。

（1）各論「荻生徂徠の遊民論」参照。

また、農村にあって農をすて商賈となって鬻ぐ者も、それが本たる農を廃して末業にはしることと、農民に奢侈を教えて本業に怠らせるとの理由で、これを游民であるとする。

「郊關之外、廢レ田築レ圃、以爲ニ商戸一、而舍ニ耒耜一、收ニ賃房錢一、逸居有ニ農籍一、故近郊之地、編戸之氓、不レ曝ニ背夏畦一、游惰為レ生者、往往有焉」（井上四明『經濟十二論』、『叢書』巻十九、四一四頁）。

二

本たる農をすてて末業にはしる者を遊民視することは右の通りであるが、商そのものを遊民とする傾向も、中後期になるに従って現われて来る。元来商は四民の最も下位にあるものではあるが、阜ニ通貨賄一するものとして、初期においては、仮令商人を蔑視はしても、これを遊民であるとするものはない。必ずしも商人階級自らの立場からだけではなく、むしろ積極的に商の役割を評価するものさえある。(1) しかし、時代が中期に移り、商品・貨幣経済が一層の発展を示し、商人階級に富が蓄積されて士農の困窮が激しくなり、商人の内に富を積んで奢侈を尽し、あるいは金銀の利得によって生活する者が現われて来ると、これらを遊民視する議論が生まれる。一つには

これらの者に対する直接の反感、また一つには、封建的支配者擁護の立場からするものであろう。(2)

「商家はもと四民の其日に立て諸國に往行し、其有無を交易するを主る職也といへど（中略）、只今の商家は天下の有無を交易するに曽て心なく、只金銀の爲には世を欺き人を誣ても、己れが得となさん事のみに身命を不レ顧、手を一つ打てば忽に金をもふくる類の事のみ心として、隙を窺ふもの多し」（田中丘隅『民間省要』上編巻之七、『叢書』巻一、四〇九頁）。

「常の食戴て食するは、世界の通禮と見えたり、農祖神の恩を謝し、萬民の辛苦を敬拝する意ならん、況富貴の遊民、耕さずして喰ひ、織らずして着るともがら、衣食の奢を盡せる事、子孫の冥罰恐ざらんや」（西川如見『百姓嚢』巻三、『叢書』巻五、一八六頁）。

（1）　例えば、貝原益軒『家道訓』。

（2）　荻生徂徠、太宰春台など。

この傾向は後期に入ると一層強くなり、金銀の利によって生活する者、あるいは自ら業を勤めず手代任にして遊惰を事とする富裕の商、あるいは独り豪富を積んで奢侈を専らにする者などを遊民であるとする論者は、きわめて多く活発になって来る。

「金銀通利ノ上ヨリ観レバ、有金ノ人ハ最有用ノ人ニシテ、造化ヲ賛クル上ヨリ観レバ、頗ル游手ト相類ス、造化ノ功ヲ賛クル事、士ノ太平ヲ守ルト、農工ノ物ヲ造リ出スト、商賈ノ有無ヲ通ズル外皆游手ナリ、游手勝テバ四民ノ業疲ル、四民ノ業疲ルレバ、國本終ニ弱シ、今天下ノ勢末ヲ追テ、金銀ノ便利ヲシリ、其息ヲ積ンデ游手トナラン事ヲ冀ヒ、云々」（三浦梅園『價原』、『叢書』巻十一、四三八頁）。

「總じて、金銀のやり引、しげく多き故に、世上の人のこゝろ、皆これにうつりて、士、農、工、商、悉く、己が本業をば懈りて、たゞ近道に、手早く金銀を得る事にのみ、目をかくる習俗となれり、世に少しにても、金銀の取引にて、利を得る事あれば、それだけ、作業をおこたる故、世上の損也、況や、業をばなさずして、只金銀のうへのみにて、世をわたる者は、皆遊民にて、遊民の多きは、國の大損なれば、おのづから、世上困窮の基となれり」（本居宣長『玉くしげ別本』、『叢書』巻十六、三三五頁）。

「若商賈賣買を次にして、大夫士に金銀を貸し息を執て、金銀をふやせば、是名は商賈にして、實は商賈にあらず、即九府圜法の權を執り其富諸侯の如くなり、ケ様の游民ある故に、君上大夫士丘民まで皆食貧乏に至るなり」（遠山景賢『利權論』、『叢書』巻十一、五二二頁）。

「夫商游民也、苟通二有無一、仰二機利一而食足矣、商戸比二諸當時一數十百倍、薄レ城跨レ溝、舗啜耗粟、動輒傷レ財、亦不レ可レ無レ制焉」（井上四明『經濟十二論』、『叢書』巻十九、四二一頁）。

「大坂ニ於テ大ニ風俗ヲ破リ、人心ヲ害スル事ノ最上第一タル可ハ、堂島ニテ帳合米ト名付ル米穀ノ不實商也、北濱ニテ印シ金ト名付クル金子ノ不實商是ニ繼者也、是ニテ人ノ産ヲ破リ、遠國邊鄙迄大ニ風俗ヲ傷フ事夥シ、又此ノミニテ渡世致者幾千萬人ト云數ヲ知ラズ、古ノ所謂游手空民此上モ無、云々」（中井竹山『草茅危言』巻之九、『叢書』巻十九、四五二頁）。

「生レ之者衆とは、麥飯を喰て働く百姓を大勢拵へる事、食レ之者寡とは、米の飯を喰てぬくり手して居る游徒を減らす譯にて、是に付京都に拘らぬ事なれ共、天下の經濟を試に論ずる時は今日農工商の業をも勤めず、安座飽食して王侯の富をする者は、浪華の豪家町人共也」（平塚茂喬『末黑のすゝき』、『叢書』巻三十二、四一九頁）。

「城下ノ町人モ奢侈ヲ専ニシテ（中略）、商賈ノコトハ皆手代ニ任セ置クヨシ、然バ是者ドモ何業ヲ致スヤ、武士ハ弓馬ノ業ニ日々勤労アリ、町人ノミ何ノ勤モ無レバ、天下ノ遊民ニ異ナラズ」(正司考祺『武家七徳後編』巻二、『叢書』巻二十三、四一八頁)。

商人遊民論は、後期になるに従ってきわめて多くなるが、これは商人階級の特定のものを遊民であるとするものであって、必ずしも商人全てを遊民とし、これを無用とするものではない。しかし、この商人階級の特定のものを遊民であるとする議論は、さらに一層徹底して商人を全て無用なりとする議論さえ生むようになる。この種の商人遊民論又は無用論はきわめて少いけれども、後期において二、三これを見出すことができる。高野昌碩はその著『富強六略』で、「遊民と申は商人などの類にて、耕さずして食ひ、織らずして着る者共之儀に御座候、是即國家之爲には實に浮蠹と申者に御座候」(『富強六略』、『叢書』巻十七、二五二頁)と、かなり極端な意見を述べている。彼の所見は、商人を全く無用とするものであるか否かは、『富強六略』あるいは『籠田の水』を通観しても未だ明確ではないが、相当に強硬な意見であることは肯定することができる。しかし、これがさらに神惟孝及び林子平になると、全く商人を無用であるとする最も徹底的な議論となっている。

「富商豪民大坂ノ民ノ如キハ柔惰輕薄ソノ風ヲナシ、皆コレ天下ノ棄材ナリ、萬一緩急アラバ、只資糧扉屨ヲ供スルノ外、眞ニ無用ノ游民ニシテ、國家ニハ益ナカルベシ、又國制軍旅ニ商民ヲ用ヒズト云、コレ商賈ハ利ニ趨リ義ヲ知ラザルニ依テナリ、然レバ幾百千萬ノ衆ト云トモ、賈豎ハ皆無用ノ游民ナリ」(神惟孝『草茅危言摘議』巻一、『叢書』巻二十四、五四一頁)。

「町人と申候者は只諸士の祿を吸取候計にて外に益なき者に御座候、實に無用の穀つぶしにて有レ之候間、何か被ニ召使一様可レ有レ之奉レ存候、御吟味可レ被ニ成置一候」(林子平『上書』、『叢書』巻十二、二五頁)。

特に林子平の議論は、一方に町人の無用を説き、他方町人に代って藩自ら商業を営むことを述べるものであって、商人（町人）遊民論の最も発展した容を示すものであるということができる。

徳川時代の商人または町人遊民論は、右のような変遷を遂げた。商人が次第に遊民視され、遂に無用とまでされるにいたった所以は、単に商業階級に対する反感からだけではなく、商人の発展によって封建的支配階級の地位が漸次経済的に破壊に導かれつつあったことが、後期になるに従って痛感されるにいたったからでもある。林子平の如きは、明らかに武士階級のこの立場から、その町人無用論を唱えている。町人階級からは、その町人道徳をいう立場から商人の遊民を説いても、それは商賈の業を勧めない商人階級の特定のものである。[1] 商人を全て無用とする議論は、当然武士階級の立場からなされる。

（1）　例えば、西川如見の議論。

三

僧侶は、通常遊民の最も尤且大なるものとされる。

「出家社人山伏陰陽師、國に在て國用とならざれば、彌遊民の最上なり」（山鹿素行『山鹿語類』、『叢書』巻三十三、一二九頁）。

「僧は遊民之巨魁にて御座候」（高野昌碩『富強六略』、『叢書』巻十七、二五三頁）。

「徒ロノ大ナル者ハ、第一浮屠修験ノ類」（正司考祺『經濟問答秘録』巻八、『叢書』巻二十二、二〇九頁）。

「御本邦ニテ只今遊民ノ第一ト申ハ佛氏ノ徒ニ御座候」（佐久間象山『上書』、『叢書』巻三十二、五〇四頁）。

僧侶階級を遊民の第一とする議論は、現実の僧徒の惰落と、その数の大であることが強く論者に映じたことと、さらに当時の論者が多く儒学者であったことに由るものであろう。聖人の学を奉じて鬼神を祭ることを説く儒学の徒にとって、僧徒が異端・邪説の徒であることはいうまでもあるまい。儒学者の仏教観は、一般にはきわめて偏狭なものであるということができる。正司考祺が、「佛法ハ其組立ル所、執ラヘ所無キ虚誕ナル者ユヘ、其説廣大ナレドモ、其本ハ唯塵垢ヲ去テ、一身ヲ修スルヲ主トシ、撥亂反正、治國平天下ニハ裨益アラズ、故ニ止ムレバ止ミ、無キトキハ無シテ濟ナリ」(『經濟問答秘録』巻十七、『叢書』巻二十三、二頁)という如きは、むしろ穏当な意見である。

この儒者階級の僧侶遊民論に対して、僧侶階級からの反駁を聞くことは出来ないが、その批判が儒者以外の階級から発せられている。即ち、長崎の町人学者西川如見は、「都て出家を遊民なりと、儒者謗れりといへども、儒者も又遊民なりといふ事を察せず、今時の學者といふもの、士農工商の業をせずして、文學をもつて世を渡るともがら、遊民にあらずして何ぞや」(『百姓嚢』巻三、『叢書』巻五、一八九頁)という。蓋し、儒者階級への痛烈な批判である。また幕府の精吏田中丘隅はいう。(1)

「夫れ文質彬々たるむかしは君子多し、文質勝てより儒門に偽の人多し、犯亂の客多し(中略)近年儒學王道を離れて別に有ごとく、世に儒者といふ名蒙りて、いつしか文字を賣の客となり、ひたぶる食祿を求る爲の業と成行事多し(中略)近年儒者と云人の内には、不孝不忠淫亂酒狂にして放埒成多し、又四民の内に少し學問して、文學言句にさかしく、和漢古今の事をよく演説する輩に右の品多し、なまじい諸親朋友の異見も、水の流るゝが如くに言ひけし、一生を遊民に暮して、五倫五常の寸法も、はづれをかしくすれど、家業をしらず、人にむつまじからず、独立して生涯を他のはづかしめに遭、世に嘲哢せられて、果は道路に徊ふもあり」(『民間省要』中編巻之一、『叢書』巻一、四四一頁)。

（1）　田中丘隅は徂徠の門下ではあるが、幕吏であって儒者とはいえない。

儒者階級に対する批判は、また儒者階級自身の反省によっても行われ、儒者が徒に文章を弄んで聖人の学を真に行わないならば遊民に異なるものではないという。儒者としては、きわめて公平な自己批判であろう。

「若聖人の道を不ㇾ知して、儒の行は如ㇾ此、聖人家つくりは如ㇾ此と形を立ば、儒者の宅は寺院の如く、儒士は僧沙門の體になりて、何のいたしなすこともなく、深衣を着しかんむりをいたゞき、記誦詞章を翫んで世務日用に施すべきなく、文武農工商に用ゆべき道なく、只出家の女犯肉食して國の遊民たるに異なるべからざる也」（山鹿素行『山鹿語類』、『叢書』巻三十三、一三一頁）。

「元ノ宋ニ勝シ時、耶律楚材ト云賢人宋人ヲソロヘテ順立ヲスルトキ、一ハ官人、二ハ農、三ハソレ、四ハソレトワケテ七ハ商、八ハ倡、九ハ儒、十ハ丐ト順立ヲセリ、役ニ立モノヲ上ニ立テ、役ニ立ヌモノヲ下ニ置ハケ様ナルト云ヘリ、スレバ聖語六經ニ醉タル儒者ハ倡ノ下丐ノ上ニ座定マレリ、カナシキコトニテハナキヤ、サレドモ楚材マダ〳〵遠慮シテ斟酌シタル所ナリ、丐ト同ジク喰ツブシナレドモ、丐ハ世人ニアシキコトヲ教ヘズ、政ノ邪魔ヲセヌ所ハ丐ノ方罪少カルベシ[2]」（海保青陵『善中談』、『叢書』巻十八、九頁）。

（2）　海保青陵は蘐園門の宇佐美灊水に学んだ。田中丘隅も又蘐園門の人である。蘐園学派の現実的・功利的学風が、一つにはこの批判を為さしめた所以であろうか。

僧侶遊民論[1]及び儒者遊民論の外に、また医者を遊民なりとする議論もある。[2]これは、浪人などが多く医者となり、ためにその素質が低下して弊害の少なくないことから論ぜられるもののようである。[3]これ以外にも遊民の意義は断片的に他のものに適用されることが多いが、ここでは全て省略して適宜次章以下において論ずる。

（1）本論「僧侶論」参照。

（2）「醫者も遊民に御座候、近年郷村之間に夥敷相ふえ申候所、大抵惰夫頑民之類にて、農にも商にも用立兼候もの醫者に相成候事はやり申候、假初ながら人命に拘り候儀、不學無術にては相濟申間敷候、是又延喜式などに有レ之候如く、猥りに不ニ相成一候様屹度御法相定申度候」（高野昌碩『富強六略』、『叢書』巻十七、二五五—六頁）。「醫ハ賤業也」（正司考祺『經濟問答秘録』巻七、『叢書』巻二十二、一七五頁）。「世間ノ唱ヘニ大鑿空師《ヤマシ》ト云ハ、僧醫ノ二ツニ在リト云ハ、左ナル事ト思ヘリ」（同上、一八〇頁）。

（3）本論「浪人論」の中、朝川善庵の議論。

四

以上の如く、遊民の意義は、その具体的な内容においては各論者によってかなりの相異を示しているが、一般的には民の業に勤めず国家の財を徒費するいわゆる穀つぶしであるようである。逆にいえば、財の生産に支障を来す者であり、従って直接財の生産に従事しない者は遊民視される可能性が多い。そして、この財の生産の中心が農業生産にあったことが、遊民論を根本的には農業生産論と結び付けるゆえんである。

直接財の生産に従事しないものは、遊民視される可能性が大ではあるが、この場合多く武士階級は問題にされない。武士階級が社会の支配者である以上当然のことであろう。しかし、武士を遊民なりとする議論が全くないという訳ではない。それは武士階級自身の立場から発せられたものではあるが、後期において例を見出すことができる。

武士が四民の上に立つものとして、特権的階級を構成することはいうまでもない。しかし、時代が下り太平が久しきにわたると、武士階級の生活は、都市生活を通じて吏僚的性格を濃くし、やがて経済的衰頽を契機として次第に精神的・社会的に頽廃し始め、「士モ大抵ハ恒産ナケレバ、恒心ヲ失テ節義ヲカグ事多シ」（太宰春臺『經濟録』巻五、『叢書』巻六、一〇五頁）といわれるようになり、事実としての武士の堕落・遊民化を述べる者が多くなった。今その二、三の例をあげるに、

「武士は繁華の地に居ぞ悪き、（中略）今も毎歳間年、都下に祇役《キンバン》する士は、何となく江戸風しみこみて、筋骨なまけ、上臈めきたるが長じて、竟に商賈のありさまを似せるようになれり、病夫も昔は升斗の祿ありし故に、武家の交をして、よく〳〵その情を悉《ツク》せり、近年の若武士は、他行などするにも二本棒はやぼらしきなどゝて、出入の町人の所へあづけるもあり、又は一刀帯るもあり、かごを出たる鳥の心に成て浄瑠璃小廠《コヤ》にて、町人と見らるゝを自喜するもの多し、さりとは淺間しきことなり、諧語の付合とやらに、人は武士なぜ傾城にいやがられと云ふ句あり、これ故にこそ今の若武士の町人めきたがるなるべし」（井上金峨『病間長語』、岸上操編『近古文藝温知叢書』第十一編、博文館、昭和二十四年、二八―九頁）。

「今の世の武家の情態を見るに、二百年近く豊なる結構至極の御代に生長し、五代も六代も戰といふ事は露程もしらず、武道は衰へ次第に衰へ、何ぞ事あらん時御用に立べき第一の御旗本御家人等も、十に七八は其状婦人の如く、其志の卑劣なる事は商賣の如くにして、士風廉耻の道は絶たる様なり」（杉田鷧齋『野叟独語』、『叢書』巻十九、七頁）。

「全體限アル天下ノ民力ヲ以テ、夥キ無用ノ僧尼游民ヲ養來リタル世界ニ、又有用ノ士大夫迄戸祿無用ノ人計ニ成行ン事深ク歎ズ可シ」（中井竹山『草茅危言』巻之三、『叢書』巻十六、三二一頁）。

この事実としての武士の遊民化が一層痛感されて、遂に武士を遊民なりと断定する者が生じた。井上四明は、心を労して人を理すべき武士の堕落を説き、武士を明らかに遊民なりといっている。もちろんこの武士遊民論は、理論として武士の遊民・無用を説くものではない。それが武士階級自身のうちから発せられた言葉であることも疑を容れない。従って、その対策も、如何にして武士を古の真の武士とすることができるかということが問題となって、あるいは土着を説き、あるいは世禄の制を改めることがいわれる。(1) しかし、武士階級自身のうちからにせよ、少くとも武士を遊民なりと断言する論者を出したことは、それが武士階級自らの言葉であるだけに、彼らの終焉の間近きを思わせるものということができよう。遊民の意義の変遷のうちにも、歴史の大いなる流れの反映を見ることができる。

「游閑者何、謂下素餐無上レ用二於國一也、今吾將二并食レ采受一レ餼者當焉、(中略) 或曰、食レ采受レ餼者士也、最居二四民之上一、可レ謂二游閑一乎 (中略) 今王臣國臣、其士其大夫、衆至二千萬人一、子孫皆世祿、賢者常少、不肖者常多、(中略) 吾將レ屬二之游閑一矣、列國之士大夫、如レ此其衆」(2) (井上四明『經濟十二論』、『叢書』巻十九、四二〇―一頁)。

(1)　各論「井上四明の遊民論」参照。

(2)　「游閑者」とは、四明にとっては、「遊民」と同義語である。各論「井上四明の遊民論」参照。

第二章　遊民発生論

一

遊民の意義は、具体的にはそれが何を示すかは、各論者によって、かなりの相異を有していた。従って、それが著しく異なる時には、遊民の発生の因も、各論者によって、多くの隔りを有つことが考えられる。しかし、一般的には、遊民とは本業を勤める意欲を失って游惰を事とする者であり、直接財の生産に従事しない者が遊民視される可能性が大である。かくて、この点からすれば、各論者の遊民発生論にも、大体の統一を付けることもできる。

徳川時代には、民を愚なりとし、あるいは利にはしるものとする考えが一般的である。従って、孟子の「若民無恒産、因無恒心」とか、管子の「倉廩満、則知禮節」とかの句がしばしば引用されて、この愚かな民は、衣食が不足し、生活が困窮するときには、恒心を失って游惰を事とし、あるいはより利のある末業にはしって遊民となるという、庶民観が基礎となって、遊民発生論が説かれる。

「『無恒産、因無恒心』トハ、渡世ノ業ナクテ、朝夕ノ營ミニサシツマレバ、飢寒ノ患ニ本心ヲ失テ、一日ノ命ヲ繋ントテ、種々ノ計策ヲ思惟スルヨリ、詐ヲモ行ヒ、不義ヲモナス」（太宰春臺『經濟録』巻五、『叢書』巻

六、一〇五頁)。

「下民愚暗の百姓、子孫を養育なりがたきは或はこれを僧尼・神官にいたし、或は己が身渡世に苦みて道心と號して業をのがれて世をいとなむ輩多きもの也、(中略)人君之を制する政なくんば、國に遊民多」(山鹿素行『山鹿語類』、『叢書』巻三十三、三五頁)。

「人主本惡勞、而夙興夜寐、従二事於南畝一、冐二霜露一衝二炎熱一、糟糠之不レ能レ飽、醪苦之不レ能レ醺、一隷計吏入二城府一也、所レ目佳冶、所レ耳鄭衛、所レ口膏粱、忽念三自鬻爲レ奴、自亡爲レ傭、留二於都下一也」(井上四明『經濟十二論』、『叢書』巻十九、四一八頁)。

このように、民の本性からして、困窮すれば遊民となるものであるが、この困窮の原因は、各論者によって様々な観点から捉えられる。ある者はその原因を奢侈に、ある者は都市の発達に、ある者は金銀通用の弊に、ある者は支配者の収斂等々に求める。従って遊民発生論も、具体的にはこれらの観察と相俟って、あるいは断片的に、あるいは総合的に述べられ、経済論的な見方としては、蕃山のように「如レ此惣づまりに成て、浪人出家其外の遊民もかくのごとく多くは成たり」(『大学或問』、『叢書』巻一、一七五頁)というような結論に帰着する。

民は愚なるが故に、恒産無ければ恒心を失い、生活が困窮すれば遊民となるものであるが、またこの人間性の観察が基になって、民の如きは、衣食が不足せずあるいは生活に余裕があっても、政が寛に過ぎるとか、教戒が不足であるときは、愚なるが故に游惰末作を事とするようになると考えられる。この場合には、遊民は富裕な階級からも多く生ずる。山鹿素行の議論や、政が寛であれば游惰の徒が生ずるという太宰春台などの見解も、この人間観を基にしている。

「田民相應すと云ども、教戒不足して游民となり」(山鹿素行『山鹿語類』、『叢書』巻三十三、四頁)。

「然レドモ民ハ小児ノ如ナル者ニテ、衣食充足シタル上ニ、上ノ政餘リ寛ナレバ、覺エズ怠慢シテ耕作ヲ精勤セズ、遊惰ノ民ト成テ、其終リハ亦衣食ニ乏シク成テ、飢寒ヲ苦ミ、年貢ニ追ハレテ、罪ニ陥ル者モ出来ル也」（太宰春臺『經濟録』巻五、『叢書』巻六、一一五頁）。

「寛政ナレバ民怠リテ驕佚ス、ツヒニ業ヲ忘失スルニ至ル」（山片蟠桃『夢之代』巻六、『叢書』巻二十五、三三七頁）。

遊民発生論は、右のように、民を愚なりとする人間観、あるいは愚なりとせずとも、安きを求め難きを厭うという人間性の観察（これも結局は、民を愚なりとすることに帰する）を基礎として論ぜられる場合が多い。

二

遊民発生の原因は、経済論的には、様々な観点から述べられる。まず、人口論の立場から、これを論ずるものがある。この場合、絶対的過剰から衣食が不足して遊民が発生するというのではなくて、通常は、耕地に対しての相対的過剰人口を原因として説かれる。例えば、山鹿素行、正司考祺などには、この考えが窺われる。

「世久しく太平に屬して人民次第に增長し、米粟・布帛のあたい鳥獸・野菜の商賈古に十倍するを以て、下民愚暗の百姓、子孫を養育なりがたきは或はこれを僧尼・神官にいたし、或は己が身渡世に苦しみ道心と號して業をのがれて世をいとなむ輩多きもの也、一民業をすつれば一民必ず餓るの理なるに、人君これを制するの政なくんば、國に游民多くして次第に米穀・布帛の價高直なるべし」（山鹿素行『山鹿語類』、『叢書』巻三十三、三五頁）。

「我邦ハ田數究リ有テ、民蕃息《フエル》スレバ耕田足ラズシテ、已ムコトナク空手遊民トナリ、民減耗スレバ田地ハ自ラ荒ルルハ當然ノ理ナリ」（正司考祺『經濟問答秘録』巻十四、『叢書』巻二十二、四四五頁）。

素行の人口論が、人口の相対的過剰について論ずるものであって、絶対的過剰、もしくは土地不足より生ずる過剰労働についていうものでないことは、既に野村博士によって指摘されている。[1] また右の正司考祺の議論は、人口の絶対的過剰をいうように見えるが、彼が我邦の耕田不足なのは寺院が市井の良耕地を奪うからであり、従って寺院を減耗する時には十分に耕田不足を解決し得るという考を『天明録』に示している以上、考祺の議論も人口の絶対的過剰についての考を有つものではない。[2]

（1）　野村兼太郎『徳川時代の經濟思想』（日本評論社、昭和十四年）二二二頁。
（2）　各論「正司考祺の遊民論」参照。

相対的人口過剰若しくは労働過剰によって遊民が生ずるという右の議論の外に、絶対的過剰から遊民の発生を説くものは、本多利明である。利明は、人口増加率が食糧増加率より大であることを認めた上で、人口の自然増殖につれて遊民も増加するという。[1]

「治平相續程武家次第に增殖し、奢侈も亦然り、商民も又其如く、此兩民の增殖の勢につれ、僧工遊民も亦增殖するゆへ、農一民にては哺啜《ハゴクミ》なり兼ん道理なり、士工商遊民の國用不足となるゆへに、農民を虐げんより外の事あるまじ、於レ是農民困窮するなり、田畑に際限あり、出産の米穀に亦際限あり、年貢租税に亦際限あり、其殘りの米穀も亦際限あり、其際限ある米穀を以下萬民の食用を達するを、士工商僧遊民日を追月を追增殖するゆへ國用不足となる」（本多利明『西域物語』巻下、『叢書』巻十二、一八三―四頁）。

（1）　各論「本多利明の遊民論」参照。

人口論から遊民の発生・増加を説くものの他に、金銀論から遊民の発生・増加を論ずるものに、三浦梅園及び本多利明のあったことは、既に緒論において述べた。梅園も利明も、共に、インフレーション期において、遊民が発生し増加することを認めた。しかし、梅園の議論が、金銀偏重の世になったため、通用金銀の数量が多ければ多い程一層弊害を生んで遊民が発生・増加するという貴穀賤金思想に立つものであるのに反し(1)、利明の議論は、純粋に経済的に、流通貨幣量の大であるときには貧富の懸隔が大となり、従ってこの流通貨幣量を調節すれば遊民が退転すると論じた(2)。

梅園の議論と通ずるものに、本居宣長の説がある。また、高沢鶴鳴の論は、金銀が多ければ、畢竟人慾は奢侈を事として、ために遊民が盛んになるという。立論の基礎観念は、各自異なるようであるが、金銀が多ければ多い程遊民が増加するという点では、大体一致しているということも出来よう。

「総じて、金銀のやり引、しげく多き故に、世上の人のこゝろ、皆これにうつりて、士、農、工、商、悉く、己が本業をば解りて、たゞ近道に、手早く金銀を得る事にのみ、目をかくる習俗となれり、世に少しにても、金銀の取引にて、利を得る事あれば、それだけ、作業をおこたる故、世上の損也、況や、業をばなさずして、只金銀のうへのみにて、世をわたる者は、皆遊民にて、遊民の多きは、国の大損なれば、おのづから、世上困窮の基となれり」（本居宣長『玉くしげ別本』、『叢書』巻十六、三五頁）。

「寛文初年頃延寶年中にも御家中へ御貸銀を夥敷仰付られ、今の世迄大拜借と云傳ふる程の事あり、尤その砌四民共衣食住儉約の御掟も出るといへども、彼金銀はあれば有たけにつかふ人慾にて御掟を守る者は稀なる様子、御家中繁花至極なる是によりて工商は勿論、遊民の徒迄盛の世の中となる」(高澤鶴鳴『高澤税賦考』、『叢書』巻十六、二三二頁)。

(1) 各論「三浦梅園の遊民論」参照。
(2) 各論「本多利明の遊民論」参照。

三

既に述べたように、本業たる農をすてて末業にはしる者、あるいは浮浪無宿の徒となるものは、一般に遊民視される。この離農遊民が発生し増加するのは、勿論、次第に進展してきた商品・貨幣経済即ち商業・高利貸付資本が、一方封建的支配者達の経済的衰頽を通じて間接に農民を窮乏化せしめると共に、他方直接に農村へ侵蝕する事によって小農民達をいよいよ零細化し、窮乏化し、土地より引き離し、飢餓に陥れつつあったことによるものである。この関係は、早く熊沢蕃山によって、かなり明確に把握されている。即ち、蕃山は、「後世の業は困苦多して利すくなきが故に、本をすてゝ末に趣き、剰游乎の者みちみてり、本を務るものすくなく、浮食するもの多し、故に京都並に國城下の町屋次第にひろがりて、商賈、牛馬、道路にたへず、如斯ならば商賈、日々に富て、武士日々に貧乏ならん、武士貧乏ならば、百姓いよ〳〵困窮せん、百姓くるしまば游民ます〳〵多かるべし」(『集義外書』、『叢書』巻三十三、二二七頁)と論じている。

この離農遊民発生・増大の現象は、中期以降になるにつれて、いよいよ顕著となる。従って離農現象の把握も、次第に具体的に、かつ精細なものになってくる。中期において、山下幸内は「古より一人農をはなるれば、天下その飢をうくるとかいふなるに、すでに去る午年の人別帳をみるに、その以前のたゞし候人數にくらべしに、百四十萬人減じぬ、その前のとしよりそのまたまへの改をたゞしなば、いか計の減じにあたるべきも難レ計、その百四十餘萬人の減じたるは死はてたるにはあらず、みな離散して帳外ものになり、僧《ママ》俗に成り、遊手無用の徒になりたるなり」（『上書』、『叢書』巻五、二五頁）と、また後期において藤田幽谷は、「人別ノ耗タルコト、享保ノ時ニ較ブルニ殆ド九萬ニ及ビ、（享保十一年丙午、公儀へ書出セシ御領國中總人數三十一萬八千四百七十五人、内十七萬六千百三十二人ハ男也、寛政十年戊午、總人數二十二萬九千二百三十九人、内十二萬二千二百四十三人ハ男也、享保丙午ヨリ寛政戊午ニ至ルマデ、凡七十三年ノ間、總人數ニテ減ゼシコト八萬九千二百三十六人、男子ニテ計リ五萬三千八百八十九人ヲ減ジタリト云、或人ノ説ニ、此總數ノ内ニ町人分七千二百餘人、百姓分二十二萬千九百餘人アリト云）」（『勸農或問』巻上、『叢書』巻二十、八二頁）と、その状況を指摘している。農民が業を離れて帳外の遊民となることを語るものである。そして、この離農遊民発生の原因が、各論者によって、極めて活潑に論議されてくる。

商品・貨幣経済が直接に農村に侵入することによって農民を次第に土地から引き離すことはいうまでもないが、この立場から離農遊民の発生が説かれる。即ち「燈油をはじめ、野菜類等買人多く成るにより、近在村々は段々本田を畠となし、日用の野菜其外無益の畑物など作り出し、石川郡は別して菜種田多し、是は二ツ物成にて、百姓は少し徳あるやうなれども米の出來損あり、惣て畠物はやしなひも人力も多く懸り、百姓手前畢竟損ながら、当座に代銀を手へまはる事を好み、扨御城下の美麗を見習ひ、衣食等に遣ひ失ふ百姓多し」（高澤鶴鳴『高澤税賦考』、『叢書』巻十六、二二一頁）のように商品経済が農村に侵入して農民が次第に奢侈になることが指摘され、さらにこれらの農民が利を追って本業をすてて自ら商の末業にさえ移るものがようやく多くなると論じられる。「當今は何方の國にもよらず、四民（士農工商）の別これなく候、四民夫々に業を出精致し候はねば、國も富み民優に暮し申候事無御座候、當今は農人にて商をいたし工を致し候、是甚惡敷事に候、賣買交易の利は毎日眼前に相見へ候故、農人も田畠を鹵莽にいたし、商工の事を専にいたし申候（中略）、四民相別申さず候故に、國に遊民も衆く罷成、おのづから民困窮に罷成候」（龜田翼『富國雜議』、『叢書』巻十九、五一九―二〇頁）。「近來ノ百姓ハ、商人ヲ羨ミテ、農作ニ力ヲ盡サズ、アキナヒヲ致ス者多ク、甚シキ害アリ」（新宮凉庭『破レ屋ノツヅクリ話』巻下、『叢書』巻二十一、一〇八頁）。農をすてて末業にはしる傾向は、農業が不利の時は一層強められることは勿論である。「先年ハ商工ノ者一村ニ幾人ト承リ傳候處、当時農作ノ本業年增不利ニテ、商工ハ日々ノ利益相見得候ユヘ、皆以末業ニ奔リ候、百人ノ民ニ御座候ヘバ、農事ハ妻子ニ相任セ、其身ニハ商工ノ渡世仕ル者凡ソ五十人モ可レ有レ之候、殘ル五十人ハ右ニ申上候種々ノ渡世ト、耕作ト相雜ヘ相續仕ルニテ候、其内一向農業ニ計片付候者ハ、一兩人モ無レ之候」（著者不詳『上言』宝暦四年、『叢書』巻八、五三〇頁）。

農業が不利になって末業にはしる者が多くなる。これを金銀偏重のためであると説くものもある。「すべて今の風俗は金銀を貴び米穀を賤んじて、金銀山のごとく有ても、米穀なければ命を續く事のならぬは心付なく、金銀さへあれば命はつがるゝもの也と思へる故、其風移りて民も農業をゆるがせにし、且さし當りては農業よりは商の方は生營もなしやすく、また身代を仕出事もあれば、やゝもすれば業をかへて賈人にならんとして、渡り奉公をしたるあげく賈人になるもの多し、是故に自然と農業も専らならずして、五穀萬物の生熟も薄き也」（大塚孝威『救時策』、『叢書』巻十六、七七頁）。「カク傾キシ勢ニ處スルニハ、金持テルヨリヨキハナシ、（中略）コレニ繼デ世ヲ渡ルニ易キハ遊手也、士農工ハ貧シキ者ナリ、利ヲ見テ趨リ害ヲ見テ避ルハ天下ノ通態ナリ、故ニ今ノ士農ハ本業ヲウタテニ思ナシ、十ニ二三ハ工商ニ移リ、十ニ三四ハ遊手ニ移ル」（三浦梅園『價原』、『叢書』巻十一、四二八頁）。

要するに商業の発達が次第に農村に侵透し、ために農民の生活が奢侈になり、利を慕い華靡を追って末業にはしるという。農の不利な時は、尚更である。

本たる農に利のすくないときには、農を離れて末にはしる。本たる農に利のすくない所以は何であるか。徳川時代の論者にとっては、最も強く映じたものは支配者の収斂である。収斂によって農の生活が困窮し、ために本をすてて末業游惰の徒となるという。

「本業に力を盡して有餘を得ざる時は、誰か我業を主とせん、自然と業を廢し都門に走て、商家の奴となつて快とし、能生をやしなふ、宣なり人情のこれに走る事、これ他なし、領主都門目前の急迫に苦んで、遠く百姓をしゐたぐるによつてなり、人主百姓を見る事子の如くして業を勵す時は、おのづから有餘あり、業を廢すればおのづから労多からしむる時は、令すといふとも百姓其地をさらず、業を疎んずる事あるべからず」（著者不詳『經濟問答』享保七年頃の作、『叢書』巻十一、五一頁）。

「後世則不レ然、磽确之地、付鹵之田、日竭二其力一、月加二其功一、才得二儋石一、則姦吏爭二其利一、所レ税什六七、與二調庸一併收、不レ盡不レ已、偶有二肥壤一、所レ入可三以當二食者、則畫而計レ之、校而正レ之、與二課役一並賦、不レ竭不レ措、窮乏至レ死、曾無二回顧一、夫如レ此則土無二肥瘠一、歳無二豊儉一、凍餒相依、遂廢二其業一、計盡術窮、則有下販鬻逐レ末者一、有二奔走乞レ食者一、有二散轉溝壑一者上、有二亡命竊盜者一、有二刦略相殺者一、人愈少、而地愈荒矣」（山県大貳『柳子新論』、『叢書』巻十七、七七頁）。

「豊臣太閤以來租税ノ法、三分之二地頭取レ之、三分之一耕民取レ之、昔戰國ノ世ニサヘ、是ニテ事足リシ也、今ヲ以テ國初ニ比スレバ、人多ク田野闢ケタリ、租税侯國皆昔ヨリ多シ、サレドモ費用昔ニマサルヲ以、百計聚斂ノ道興ル、聚斂興テ是ヲ受ル者ハ農也、農事本艱也、コレニ加フル百ノ徴求アリ、終ニ生ヲ遂ルコト能ハザレバ民本務ヲ捨テ、工商傭作百ノ技術、水ニ走リ山ヲワケ千百計シテ財ヲ求ム、已ニ多技ニ走レバ、本産ニ怠ラザルコト不レ能、深ク耕シ厚ク培ントト欲レドモエズ、肥タル地ハ痩セ、廣キ地ハ狭リ、終ニ本産ヲ放レ、流亡シテ游民トナル者數フベカラズ」（三浦梅園『價原』、『叢書』巻十一、四二四頁）。

「件之遊民共増過仕候根本は、當今田徳三折返しなれば、結構之土地と人皆心得居候得共、（中略）右三折返し之作徳にては眼前間に合不レ申、依て麥粟裨芋蕪菜大根等を糧につかひ、夫食をたすけ取續候得共、畑作よりも代方多く上納仕候得ば、生涯之力を以農業相かせぎ候ても中々息をつぎ兼候間、皆々商人又は職人等を相兼経営仕候事に成行申候、右之通三折返し之田なれば、不足ながらも取續かれ申候得共、右様の田地も中々數少く候まゝ是非貧民のみ多く罷成筈に候、依て農業をばいとひ商人に計相成申候、只今商を兼不レ申、農計にてよく暮し候者は十に一二と相見へ申候」（高野昌碩『富強六略』、『叢書』巻十七、二五二頁）。

「旦暮吏督責不レ已、極レ力供二其求一、不レ給則賣レ田自償焉、尚不レ給也、棄二妻子一、去二兄弟一而自亡焉、三十戸之邑、一夫田荒不二耕耨一、少二一戸税一、必取二諸二十九戸一而盈焉、已不レ能レ出二己税一、棄レ家奔亡、况耐下并二人税一出上レ之乎、尋有二亡者一、重収二二家税於一邑一、故奥羽常毛之間、荒蕪之田、相二望於野一云」（井上四明『經濟十二論』、『叢書』巻十九、四一九頁）。

離農遊民発生の最も大きな原因が、各論者にとって、支配者の苛誅にあると映じたことは、以上の諸例によって明らかであろう。この支配者の苛歛誅求の原因が、その財政難にあることはいうまでもない。そして、この財政難の由る所以は、各論者にとって、あるいは貨幣経済の発達[1]にあるいは都市の発展[2]にあるいは太平久しきによる奢侈に、等々にありとされる。

（1）　各論「熊沢蕃山の遊民論」参照。

（2）　各論「荻生徂徠の遊民論」参照。

離農遊民発生の原因は、上述のように、商業が直接農村に侵入することによるものであるともされた。しかし、この場合、商業の発展そのものが農民の生活を困窮に陥れ、ために離農遊民を発生するということについては、徳川時代の論者は、積極的な評価をなし得ないで、むしろ直接には支配者の誅求にありとしている。支配者の誅求の原因を商業の発達―貨幣経済の発達に求めるけれども、これによって商業の発達―貨幣経済の発達を、離農遊民の発生の原因として直接に積極的に評価していない。彼らの議論が実際論であることによるものであろうが、またその見解の限界を示すものである。

第三章　遊民対策論

一

遊民論が、『大学』のいわゆる「生之者衆、食之者寡、為之者疾、用之者舒、則財恒足矣」を理論的基礎とし、『礼記』王制の「無曠土、無遊民」を理想として、農業生産論の反面を構成するものであることは、既に述べた通りである。従って、この農業生産論として説かれる遊民論は、具体的な対策が論ぜられるに当っても、それが如何に農業生産力を発展させ、あるいは維持させるかを主眼点として展開されている。

遊民論は、先ず農業生産論である。かくて、遊民を無からしめ、農業生産力を増大あるいは維持させるために、遊民を直接に農業労働力として使用し、以て農業生産力を高めることが問題となる。遊民を駆ての新田開発論は、論者の意識すると否とに拘らず、この点から論ぜられるものと解することが出来る。

遊民による新田開発論は、徳川時代の全期を通じて、これを見出すことができる。初期においての例は、山鹿素行、及び熊沢蕃山である。山鹿素行は、遊民が多く新田開発の功がないときには、生産量と消費量との不均衡から物価が騰り、小民が皆餓莩とならざるを得ないから、天下の人民を校量して遊民を集め、これによって新田開発を行うべきであるという。熊沢蕃山は、新田開発そのものに対しては、その利害関係あるいは仁政論の立場から、必ずしも積極的な意見を持つものではないようであるが、遊民のかたづけのためならば新田開発も可しとしている。蕃山の経済論も、米遣い経済論である以上農業論であることはいうまでもないが、ただ彼の農業論は、米穀の不足をすたり米の節約・蓄積によって補うことが出来ると考えた生産論としては消極的な性格のために、遊民による新田開発論が、仁政論的な消極的表現を以てされたのであろう。彼の遊民新田開発論も、農業生産論として説かれているものである。

「凡そ天地は唯生々無息の理のみなれば、人多き時は田多く出来、人少き時は田少く、民の有餘不足に從て各生々あるのみなり、然るに天下に游民游手多くして新田開發の功なく、居ながら食をくらふに足れるならば、年を追て萬物のあたひ古に百倍して、小民皆餓莩に至るべし、人君は民の父母にして、民を餓死に至らしめんこと甚不仁の至也、こゝを以て案ずるに、天下の間の人民を校量し、其民口を正して游民をあつめ、土地水利をはかりて新田の利をなさしめんことは人君の大徳也、游民次第に多く耕すもの少き時は、ついには盗賊出來りその末々は兵亂となり、民の生生一度に竭て、土廣く民少なかりし古に歸すべし、是天運循環の道也、但當時一郡一國の太守、强て新田の開發を促して利潤を専とすること多し、是又右に云所の考あらざるゆへに弊多きもの也」（山鹿素行『山鹿語類』、『叢書』巻三十三、三五頁）。

「國に田畠ばかりにて、山林不毛の地なきは士民ともにたよりあしき物なり、野は野にてをきたるぞよく候、其上新田をひらきて、古地の田あしく成所あり、よく〳〵かんがへ有べき事に候、たとへさはりなくよき新田なりとも、君子ならばたゞにはおこすまじ、おこさばかならず其義あるべし、義といふは大道をこなはれて、ありかゝりの遊民のかたづけなくば新田ををこして有付候べし、鹽濱國土の山林に過て、材木、薪、不自由なる時その濱を減ずべきに、鹽焼どものかたづけのために新田をおこすべし」（熊澤蕃山『集義外書』、『叢書』巻三十

三、二二二頁）。

前期の代表的な二論者によって、遊民による新田開発が説かれているが、中期においても、この議論がみられる。三輪執斎は、江戸中の無宿者及び国々で追放さるべきもの、あるいは博徒などの遊民を、曠遠の地に遣して新田開発に使役せよと説き、素行・蕃山などの論に比して、遙に詳細にこれを規定している。即ち、彼はその策を語って、「曠遠の地は数萬石新開あるべき方を見立候て、江戸中無宿の徒、並に國々追放あるべきもの、並に博奕うち、三笠附などいたし候放埓ものの類を、其處へ被レ遣、其處の竹木を被レ下、自分の家作を仕り、住居候て新開仕、渡世可レ仕候、土地により或は三年五年七年のうち、無年貢たるべし、そのもの共の内、年老人品を見立て、五人組を立て候て、組頭となし、夫々のその一類のもの、又は闕所の銀にて具を與へて業に附かしむべし、または遠島のうちよりも、御免にてこの所へ被レ入ものもあるべし、或は入墨などをして其處へ送り、江戸中へは入墨のものに宿をかし候事御法度被二仰付一、もし江戸住仕候はゞ死罪たるべし、また乞食村のものにても、望候ものにはあたへて作らしめ、乞食を免かれ、常民になるべきは赦すべし、其處の代官は別に御撰可レ有事、さて江戸中比丘尼並遊女など、并抱へ持居候ものまで、一所に追遣し、妻に望み候ものには、赦してあたへ、農業につくべし、江戸にて少女を買取り、遊女比丘尼に仕立候事、堅く御停止可レ被レ遊か、號令の詞あるべし、若し法をおかし候はゞ没収してかの新開へ可レ遣事、諸村法度、出家いたす事、心任せにならぬすぢの事、六十六部、順禮、山上まゐり、建立諸勸進、この類のうちにて法の立様あるべし、右の通に被二仰付一候はゞ、相催し新開不レ被二仰付一候とも、年々萬石に五十石も作り出し可レ申候」（『執齋先生雜書』、『叢書』巻二十三、三二二―三頁）という。また、荻生徂徠にも、この意見が見られる。ただ、徂徠の論は明瞭を欠くが、これは、彼が遊民の発生増加を本主本国を離れて都市に集中する離農現象にあるとし、江戸における離農遊民の対策としては、第一に本主本国への人返しを説くためである。即ち彼は、本主本国を有する離農遊民の対策としては人返し―帰農を、さらに本主本国のない浮浪の遊民には、諸国を吟味して新田開発をすることを説くものである。

「諸國ヲ吟味セバ、地弘ク民少キ所モ有ベシ、地狭ク人多キ處モ有ベシ、左様ノ處ヲバユリ合スル様ニスベシ、其仕形モ可レ有コト也、往年五島淡路守公儀へ願ヒ、江戸ノ鷹被ヲ申請、五島へ連行タルコト有、彼地ニ人少キ故也、又當時所々ニ新田開發有ニ、多ハ江戸ノ者請負ニテ開ク故、無ニ耕人一其所ノ人ヲ雇ニ其處ニモ今（一本作人）ハナシ、依レ之功ヲ成就シ難シト承ル、其筈ノコト也、此等ノ處へ仕着ル仕方モ有ベシ」（荻生徂徠『政談』巻一、『叢書』巻三、三五九頁）。

徂徠のこの後半の記述には、商人請負新田のことが説かれているが、松平定信の遊民による新田開発論にも、商人請負新田を彷彿させるものがある。「土著の富民ありて遊民をやとひ開墾せんと思ふものは、又一統に戸口をはかりて田地をさづけ、其所にて富民を以て保長とし、四五年の後、田の肥たるやせたるをはかりて貢税を納め、富民も新集の戸も一様にすべし、かくの如くすれば遊民も業を得、曠地も其利を盡して、年を歴れば自然に富强に至るべし」（松平定信『政語』、『日本經濟大典』、啓明社、昭和四年、第十三巻、四一七―八頁）。中後期における新田開発に、商人の請負新田の多くなった事実の反映であろう。

荻生徂徠においては、離農遊民の対策としては帰農が説かれ、帰農の本国を有たない遊民の対策としては人少の土地への新田開発が説かれている。遊民の発生が離農に由ると認められるときは、その対策としては本国への帰農を説くことが順序であろうが、山鹿素行も、生活に困窮して僧尼・神官などの遊民に転ずる者には、これが帰農（本主本国への）を論じている。[1] 従って、中後期において、遊民の発生・増加が特に離農現象に由ると認められるときには、この遊民の対策としては、本国への帰農が主眼となる。後期における遊民の新田開発論を通観するに、その遊民の性格が、何れも本主本国への帰農をなし得ぬ者という特徴を濃くしているのは、このためであろう。即ち、中井竹山は、都市の遊所に営む遊民を新田開発に使役すべきことを説き、三木広隆は、必ずしも遊民ではないが、耕地不足の貧窮者—日傭稼の者などの新田開発を論じている。

「道頓堀曽根崎新地抔數十年來有來リタルハ、先其游手空民ニテ世ニ有間敷渡世タル事ヲ説喩シ、（中略）其期ニ至果シテ改ズ、又ハ表向ハ改テモ内分ニテ舊業ニ立返リヲル者有バ、吟味ノ上逐一召捕テ妻子トモニ遠地ニ遷サル可、此遠遷ト云ハ常例遠流ノ類ニ非、東山・北陸・南海・西海等諸道ノ内公領ニテ、土地曠濶民鮮少成所ヲ擇遣シ、家財ハ其儘下シ置レ、其替リニ銘々ニ農具ヲ用意致サセ、其地ノ役所ヨリ三ケ年ノ内ハ夫食ヲ遣シ、新田ヲ開發セ令可、其身ハ習ヌ事ニテ可成ノワザ成トモ、其子ニ成テハ随分良民ト成、官ニモ最初一旦ノ費ノミニテ末々裨益ト成可」（中井竹山『草茅危言』巻九、『叢書』巻十六、四六一—二頁）。

「水土宜シケレバ人家殖、地狭ケレバ人民餘ル、仍テ三法ヲ立テ別地ニ移シ墾田ヲ為シメ、税法ヲ正シテ妄偽ヲ制シ、民心ヲ質直ニ為スハ、地方ノ要法也、其三法トハ、一ニハ子孫多キ者ヲ撰ミ、二ニハ田畑少ニシテ日傭稼而已ヲ業ト為ル者ヲ撰ミ、三ニハ其土地ニテ営ミ兼ル者ヲ撰ミ出シテ、此三ツノモノヲ以テ開發地ニ移シ、家作農具ハ勿論、衣食迄モ一ケ年分ヲ與ヘテ農人ト為シ、其内少シハ才覺有テ貞實ナルヲ撰デ、取締モ可レ為レ致コト也」（三木廣隆『經國本義』、『叢書』巻十七、三六三—四頁）。

（1）　各論「山鹿素行の遊民論」参照。

また梅辻飛驒守は、江戸中の浮浪無頼の遊民を、当時行われた印旛沼開発事業(1)に使役せしむべきことを説いている。

「此度御改革被仰出、御厳重の御取調によりて、彼の数萬の不當者〔江戸の浮浪遊民等ヤクザ者〕身の處置に迷ひ、或は關外へ走りて悪業を振舞、或は御当地に潜りて分別をなせる折柄、又々人別取調旁にて、以之外混雑の趣に相聞え候、最も此人別の御突合せの御取調は、何分萬々の人數と申、殊に彼の不當者の一分にては、虚談而已を構へて慥ならざれば、此御調事の御行届は始終如何のもの哉、假令此不當者本國へ立帰りたる處が、迚も本業は相成間敷、又御當地に被差置たる處が、行末身の立行出來間敷、何にも終には御厄介に相成候より外に可レ行道は無レ之候様被レ察候、夫に付此度印旛沼の御開發は、究竟の御時節と奉存候、其譯は兼て印旛沼開發一件別記に相認め候如く、最初四五百人御傭ひの人足共、毎日御用相仕舞候後、夜にも入り候はゞ、其日に御渡しに相成候賃銭勘定を其儘何となく被レ為二差置一被レ下候はゞ、御當地に潜り罷在候、不埒者は勿論、關外及び所々に散亂いたし候役人共、彼の由聞付次第馳集り可レ申儀は、眼前の儀に御座候、右萬々の人数書は御開発御用相勤、夜は賃銭勘定仕候時は、上々様の御存不レ被レ為レ在格外の金銀出入の融通は、案外の儀に御座候、於是美酒佳肴の繁昌而已ならず、今日迄江戸表に潜り罷在候怪敷女ども萬々人、此外年來此道に手馴候廢人ども、うた・三味線彈を始として、其以下無量のやくざ等不レ殘彼場所へ立寄り、夫々渡世可レ仕候、然る上は何れ不行儀の事共可レ有レ之候得ども、十年御開發中、此場所限りは何卒大目に御覧被二成下一候はゞ、難レ有仕合奉レ存候、乍レ恐此度被二仰渡一候御趣意〔江戸の遊民無頼取締法をいう〕は、下々一體善道に立歸候様の御仁慈は、実に難レ有御儀には御座候得共、彼の廢人等は迚も實道へは立歸り不レ申候様被レ存候、付ては印旛沼一方は逃道に御明け置被レ下候はゞ、廢人ども丈は寄り集り、各好む處を以て生涯を相終候上は、幾許の御慈悲に可レ有二御座一と奉レ存候」（『蟻の念』(2)、『叢書』巻二十九、五〇一―二頁、〔　〕内は引用者）。

（1）『蟻の念』の著作は天保十四癸卯年である。印旛沼開発については、此年六月に再興されている。年表参照。

（2）『蟻の念』の作者が梅辻飛驒守か否かは極めて疑問である。然しここでは、一応瀧本博士の推定に従っておく。

新田開発論と共に、中期以降には荒地再墾論が現われてくる。離農現象によって耕地が荒廃するとき、新田開発よりも荒地再墾をより重要であるとする意見は、中期以降少くないが、これが遊民論と結び付いて、遊民による荒地再墾論となる。植崎九八郎は、新田開発よりも荒地再墾の重要なることを説き、遊民をして荒地を再墾せしめよという。即ち、「鰥寡孤独は御憐愍可レ被レ遊者に御座候、近來凶作に付無宿者菰かぶり多く相成申候、中には身持不埒にて無宿に成候者も可レ有レ之候得共、先は窮民と可申者に御座候、只今迄或は佐渡へ被レ遣、又は浅草溜へ被レ遣、近頃は穢多町へ被レ遣候由（中略）ケ様の御手當は相當不レ仕候儀奉レ存、御吟味の上其元々へ御歸被レ遊候儀本義に御座候得共、無宿に相成候程の者共に御座候得ば、其元々に付難澁も出来、又無據趣意に寄、咎人も出来可レ申候、幸近來國々に荒地出来候由御座候得ば國々へ御割付、一ケ年程も御扶持被レ遊農業為レ致候ば、暫時に一人の民と相成、荒地も再發仕難レ有儀奉レ存候、右之通御仁政を以御救被レ遊候上、不届相働候者は嚴敷御咎被ニ仰付一候はゞ、縦令不所存者多候共、良民に相成不レ申儀は有間敷奉レ存候、兎角流民無レ之荒地出来不レ申候事、第一の御經濟と奉レ存候」（『植崎九八郎上書』、『叢書』巻十二、三八九―九〇頁）。この場合には、明らかに本国へ帰農し得ない者ということが意識されている。

様々な条件によって農を離れる者は、それが本を捨てるものとして一般に遊民視される。この離農遊民の発生・増加が意識されるとき、それが農業労働力減少の結果としての農業生産力低下を意味し、ためにこの遊民の対策としては、積極的には先ず本国への帰農が考えられるのが順序であろう。離農遊民の本国への帰農は、既に初期にも説かれたが、その具体的な論議は、離農現象が次第に顕著になる中後期になるに従って、一層活潑に展開されて来る。荻生徂徠は、「當時御城下ニ居者多ク諸国ノ者ナレバ、右ノ限ヲ以御城下ノ人数ヲ限、其ノ外ハ悉ク諸国へ返スベシ」（『政談』巻一、『叢書』巻三、三五八頁）と離農遊民の人返しを説くが、後期に入るに従っては、このような単純な強制的帰農を説くよりも、「耕二荒蕪一者、與二其田一、授二農器一、復二五年或七年税一、窮而客作之民、授レ田歸レ農」（井上四明『經濟十二論』、『叢書』巻十九、四一九頁）のように便宜を与えて奨励を策する勧農的な議論が多くなり、遂には「百姓ノ人別ヘリタリトテ入百姓ヲセンヨリ、先ヅ御國中ニツブレ百姓ナキヤウニ、農ニ利アリテ力田スルヤウニアリタキ事也」（藤田幽谷『勧農或問』巻上、『叢書』巻二十、九七頁）と離農遊民発生の防止を第一とする議論を生み出すようになる。実際問題として離農の傾向が一層大となり、実際的対策としては、農業労働力の減少による農業生産力の低下を如何にして防止するかの方が、より切実な要求となってきたためであろう。

帰農論としては、離農遊民を直接に本国に帰さんとする議論と共に、如何にして離農遊民の発生を阻止しようかという間接策がある。実際的効果としては、むしろこの方がより直接的である。従って、遊民発生の原因が様々な観点から捉えられたように、この阻止策も発生の原因と関連して、きわめて活潑に論議されている。

離農遊民発生の原因を都市の発達に認め、この立場から都市を制限せんとする者がある。荻生徂徠・室鳩巣・藤田東湖等がその代表的なものである。

「元來外廓トテ堀ヲ掘、堤ヲ築コト武備ノ一也、夫程ニナクトモ、木戸ヲ附テ境トスベキコト也、元来此境不レ立ユへ、何方迄ガ江戸ノ内ニテ是ヨリ田舎ト云彊限ナク、民ノ心儘ニ家ヲ建續ルユヘ、江戸ノ広サ年々ニ弘マリユキ、誰許ストモナク、奉行御役人ニモ一人トシテ心付人モナク、イツノ間ニカ北ハ千住、南ハ品川マデ家續ニ成タル也、是亦古法ヲ不レ知誤リ也、都鄙ノ疆ナキ時ハ、農民次第ニ商賈ニ変ジユキ國貧シクナル者也、農民ノ商賈ニ變ズルコトハ、國政ノ上ニハ古ヨリ大ニ嫌フコトニテ、大切ノコト也」（荻生徂徠『政談』巻一、『叢書』巻三、三四五頁）。

「只今江戸の繁昌、日本にては古今に無レ之事に御座候、然る處御城下に一同入込罷在候故、是程廣大なる武藏野に候得共、尺寸の地も残り不レ申人家に罷成候、其に遊民悪黨共其間に紛れ居申候故、中々仕置も難レ仕□□科人絶不レ申候、是に依て奉レ存候は、寄合組小普請其外無益の者共は、江戸廻り五里三里、外八王子、葛西、戸塚、板橋邊に百人貳百人程宛住居仕候様に罷成候はゞ、末々商人の類も其に付て集り可レ申候間、御城下自然と人少に罷成可レ申候、第一諸士勝手の為にも宜敷、江戸の風俗も改、又は火事の沙汰も静り可レ申と奉レ存候」（室鳩巣『獻可錄』巻之上、『叢書』巻三、一五六頁）。

「昇平久しく續く時は、游民都下に多き事古に倍すなり、是を農民に歸せんとするに、都下の惰游に習たる民、一日耕さば十日病べし、故に誰も農を願ふ者なし、又是を願ふ程に游民を困にせば、上を怨で事を起すべし、又其中の四窮に哀なる事もあるべし、唯都下民戸の額を定め、ふやさぬ様に手當して減ぜば減じ、次第にせば漸々減ずべし、又農民國を出でざる様になすも、一概に禁ぜば甚だ窮する者あるべし、只其歳の限りを立其所をなし、其家を成す様に所の有司世話すべし」（遠山景賢『利權論』、『叢書』巻十一、五二五頁）。

「町家の數を限り、御城下に浮食游惰のもの壹人も無レ之様云々」（藤田東湖『土着の議』、『叢書』巻三十二、一八五頁）。

「都テ無頼ノ人都下ニ多ク集ルハ、制度ヨカラヌ故ナリ」（帆足萬里『東潜夫論』巻上、『叢書』巻二十六、四〇八頁）。

「太平二百年民游逸ヲ好ムユエ、山中ノ民ハ日日ニ減ジ、三都諸侯城下ノ民日日倍ス、是レ宜シカラヌコトナリ、山中ノ民ロハ百年ノ前ニ比スレバ已ニ半ヲ減ズ、山國ノ諸侯ナドハ甚ダ以テ迷惑スルコトナリ、是レハ三都並ニ諸都會諸侯城下ノ市、ミナ人戸ヲ限リテ限制ヲタツベキコトナリ」（同上、巻中、『叢書』巻二十六、四一七頁）。「置二郊關於四方一、關外不レ得レ有二諸侯之別業一、士及工商之室、距レ關未三二十里一也、禁レ開二茶肆酒肆一、距レ關二十里、始置二驛亭一、其地戸口亦有二定額一、私廢二田圃一、為二茶肆酒肆一者、罪没二其田圃一入レ官矣、而郊關之内、徑二千七百雉、永從二聖王之制一也」（井上四明『經濟十二論』、『叢書』巻十九、四一五頁）。

また農民が本業を離れるのは、末業たる商の利を追うからである。従って、この立場からは、「富て金銀有りても一時に失ふは金銀也、田所は一時に失ふ事なく、年々利を生む故也、因て農家に生れたる輩の商賣を羨むべからず、農業を専にするなれば、家を失ふ事なし」（藤井直次郎『世營録』、『叢書』巻十七、四八八頁）のように農本思想の宣揚をいう者もあり、あるいは実際的には、「郷村農民ノ家ニ在テ、味噌・丞醤《シヤウユ》・油等免札ヲ受ズ、自家ニ造リ賣ル者寡カラズ、農民ハ耕務ノ暇ハ、日傭ノ外一切ノ職務ヲ禁ジ、若シ犯ス者ハ、渠ガ嗜ニ應ジテ市中ニ遷移スベシ」（正司考祺『經濟問答秘録』巻九、『叢書』巻二十二、二四〇頁）と農民の商売をするのを厳禁せよという者も多い。そして、「商人ハ少キ程勢ヒヨキモノニテ御座候、其ノ譯ハ農民ハ多ケレバ田地ヲ爭ヒ作リ候テ、取實ヨク候故、勢強ク相成、商人ハ少ケレバ賣物ヨク賣レ候故勢ヨク相成候、左候得バ農民ノ數ヲ多ク仕候得バ、町方ニモ利潤ニ相成候儀ト奉レ存候」（武元立平『勸農策』巻上、『叢書』巻二十、五七七頁）というような、当時としては注目すべき議論も現われる。要するに、農民が商の利を追って末業游惰の民とならないように、農民の商業を事とすることを禁ずる議論はきわめて一般的である。

上の苛斂誅求が、農民を流亡せしめることはいうまでもない。従って、「夫安レ民之政、在下用二循吏一省中税斂上」（井上四明『經濟十二論』、『叢書』巻十九、四一九頁）とか、「侈惰ノ多キハ農ニ利ナキガ故ナリ、今煩擾ヲ去テ民生ヲ安ンジ、横斂ヲ除テ民心ヲ慰シ、力役ヲ較シテ民力ヲ寛ルクシ、力作ニ優ニシテ游手ノ者困、兼併ヲ破リテ貧富幸不幸ナク、三折返シ常免ニテ、勤倹次第ニテ、衣食足リヤスシ、是農ニ利アリテ、令セザレドモ本ヲ務ムル術ナリ」（藤田幽谷『勧農或問』巻下、『叢書』巻二十、一五七—八頁）のように収斂を薄くすることが説かれる。また、遊民に力役を課し、庸銭を庸すべしという論もある。帰農の直接策ではないが、これも農民が末業の遊民とならないために説かれている。藤田幽谷は、勧農の術として末作の者に力役を厳しくして、農に利あることを極力主張している。

「力役者役二民之力一也、人君用二民力一労二役之一せしめて事をなす、（中略）而して力役の品、常に土木の功あり、（中略）次に軍役旅役あり、（中略）次に游民に役を用ゆ、是は業なく職あらざるものはこれに力役をあてゝ、其無レ職して常に游ぶを戒しむる也」（山鹿素行『山鹿語類』、『叢書』巻三十三、一五五頁）。

「今ハ庸・調ヲ田租ニ混合シテ、年貢高ク成リタレバ、喩歳役ノ日数不足ナリトモ、百姓ヨリ庸布・庸銭ヲ上ヘ納メシムルコトアルベカラズ、サテ工商ノ徒ハ田租ヲ高クシテ、庸調マデモ一ツニ納メシト云フコトナレバ、末業游手ノ輩モ頭数ノ歳役勤ノ不足セバ、其ノ日ヅモリニテ庸銭ヲ納ムルコト、今ノ大工ノ御普請方ニ於ケルガ如クナルベシ、是レマデ仕ツケザルコトナレバ、末業游手ノ輩ハ迷惑ニ思フベケレドモ、末業游手ノ者迷惑シテ、田地ヲ力作スル者ノ役寛キコト、勧農ノ要術ナリト知ルベシ」（藤田幽谷『勧農或問』巻下、『叢書』巻二十、一四〇—一頁）。

「町人ヲ始トシテ一切ノ遊民田地ヲモタズシテ結構ニ生活ヲスル者多シ、如レ此ノ類ニ銭ヲ出サシメテ、農夫ノ肩ヲヤスムル様ニスベキナリ」（廣瀬淡窓『迂言』坤上、『叢書』巻三十二、一一六—七頁）。

遊民による新田開発論及び帰農（勧農）論は右の通りであるが、また遊民による蝦夷地などの属島開発論がある。この遊民による属島開発論は、勿論蝦夷地などの属島が、対外接触の結果特に注目されるに至った後期において現われる。

○浮浪者・非人・穢多などの遊民の移民を説くものは、

「驅二游民及非人一、耕二荒蕪間曠之地一、則奥羽蝦夷之野、鉏耰布レ地」（井上四明『經濟十二論』、『叢書』巻十九、四二六頁）。

「日本國中に人別帳外にて隠れ居る流浪者は、江都を始めとし諸國繁華の土地に夥し。此者共は無業にして國用を費すのみに非ず。悪事を業と爲し、良民を損ひ庶民の災害となる者夥き事也。甚だ惜き者共なれば御手當あり、雪國出生の者は蝦夷地へ遣し、雪の降らざる國の出生の者は東洋の小笠原島抔へ遣したき者共なり」（本多利明『蝦夷土地開發愚存之大概』、『近世社會經濟學説大系・本多利明集』、解題四八頁。尚、利明は後に至って遊民の移民を不可とするに至った。その経緯については、各論「本多利明の遊民論」参照）。

「今ノ穢多ト云モノ、古奥羽ニ住セシ一種ノ夷人ノ裔ナリ、（中略）宜ク盡ク召集メテ大神詞ニ詣シ、秡除シテ平人トナシ玉ヒ、是ヲ蝦夷空曠地ニ移シ、耕種畜牧ノ業ヲ開カシムベシ」（帆足萬理『東潜夫論』巻上、『叢書』巻二十六、四〇三頁）。

○日傭を移民せよというものは、

「当事諸侯供連と申者、譯もなく多人數召連候事にて、夫も手人にても候はゞ、警衛の為と申儀も可レ有レ之候得共、多分は渡りもの日雇にて候間、（中略）日雇を召連候儀は、誠の外見計にて實用無レ之間、不レ殘手人に致し候様被レ命候はゞ、手人にては左様に多人數抱置候儀相成兼候間、自然供立減少すべし、（中略）此類「あまりもの」は其まゝ差置候得ば、不慮の儀出來可レ仕も難レ計候得ば、是等は大概親方と申もの有レ之、夫々子分を揃居候間、其親分のものを能々被二仰含一御手當被レ下候て、或は海防の場所、或は蝦夷地新開の地へ被レ遣、取付方御世話有レ之候はゞ、江戸にては稼ぎ方も無レ之故、喜んで参り可レ申候」（藤森弘庵『新政談』巻三、『叢書』巻三十二、二三四―七頁）。

○犯罪者の移民をいうものは、

「日本國中の盗人、或は法度を犯したる抔の死刑に處すべき罪人を悉く助命せしめ、其次の輕き罪人も悉く（蝦夷に）送り遣したならば、或は漁獵を仕、或は耕作を仕て生計を保つべけれ。固より助命を蒙りたる躬なれば也。自然と開發も成就し、異國と日本の境界も立て、國家鎮護の基を開かば抜群の大功ならずや」（本多利明『蝦夷土地開發愚存之大概』、前掲、四八―九頁）。

○都市の遊民を助長する商人、或は遊民としての浪華の豪商を遣して開発することを説くものは、

「江戸は大都會の事にて、萬國の寄り集る處、遊手の民多く、（中略）扨又江戸に遊民多く集る根元をさり候はねば遊民散ぜず、遊民散ぜざれば、風俗を正す事難し、故に先遊民を散ずる手段を先とす、（中略）蝦夷地に於て、金山・銀山・石炭山・并新發田地・商賣向等に参りさへ致し候得ば、稼ぎ渡世十分出來て、十分の利を得べき様に上より手入をし給ひて、手順を付て被レ遣、直に行ても取つゞくべき形勢を示し給はゞ、江戸は利益なくして取續難く、彼地は利益多くして取つぎ安を見ば、*中以下の者は必競ひては彼地に趨くべし」（藤森弘庵『新政談』巻三、『叢書』巻三十二、二二二頁以下。*中以下の商人の意）。

「畢竟は遊民の大なる者〔浪華の豪商を云う〕を其儘差置るゝも如何なれば、何卒課役を被二仰付一、是迄の栄耀歡樂全く太平の御餘澤なる國恩を報くはすべき事當前也、其御用公役は、蝦夷地并諸國金銀銅山等の發開をも被二申渡一、主人は云ふに不レ及、番頭別家手代迄不レ殘遠境僻地へ一ケ年代りの詰越を致させ、無レ滞御用を勤たる者は苗字帯刀御免、功に應じて御褒美をも賜るべし」（平塚茂喬『末黑のすゝき』、『叢書』巻三十二、四二〇頁）。

遊民による蝦夷地（属島）開発論は以上の如くであるが、また国防上の見地からなどとして、遊民の移民は役に立つまいという意見もある。例えば、植崎九八郎は「多くは世に無用の隠居厄介の類参候由、仍て何ぞのときは別て用には立申間敷候」（『牋策雑収』、『叢書』巻十二、四四五頁）と国防上の見地から、また藤森弘庵は「輕罪のもの及び非人を駈て蝦夷へ被ㇾ遣、開發せしむべきと申ものあれ共、是は秦の始皇罪人を發して長城を築かせて、終に陳勝、呉廣の乱を引出せし故轍なり」（『新政談』巻三、『叢書』巻三十二、二二三頁）と治安上の理由で、それぞれ遊民及び軽犯罪者・非人などの移民を不可としている。本多利明も、犯罪者移民についてはその見解の消長は不明であるが、遊民の移民については、「御府内を初め、諸國繁昌の土地に徘徊する遊民を移し遣はし度者共なれと、迚も遊民は用立間敷、遊民に成程の者なれは、邪智も有て法令といへとも我に利なきは用ひす、我慢放埒にして良民を侮り」（『蝦夷道知邊』、『近世社會經濟學説大系・本多利明集』、三三一―二頁）と、後に至って前説を否定するに至っている。(1)

（1）　各論「本多利明の遊民論」参照。

二

遊民による新田開発論、あるいは特に中期以降における帰農論、さらに後期に現われる蝦夷地開発論など、遊民対策の具体的内容には変化・変遷があるが、これは大体において、農業生産力の発展・維持を策する農業生産論として説かれてきたということができる。これに対して、遊民を工業に就かしむべしという意見がある。この種の議論は、何れも徳川時代各藩で行われた国産の奨励と関係して、その思想的萠芽が見られる。そして、国産の奨励が他藩との交易を目的にするものであることはいうまでもない。林子平は、藩の財政難匡救策として、先ず楮幣を発行することを急務とし、次に国産の奨励を説くが、彼が「遊人隙人も小産物小細工に取懸り、むだ喰ひの人も無レ之様に相成、都て御國中に乞食莚被等の一人も無レ之様に仕たき大願に御座候」というのをみれば、積極的な意見ではないが、遊民を工職に就けようという思想が萌しておるということができよう。

「御國産と楮幣と何れをか先にと評し候時は、先づ楮幣を製し候方可レ然奉レ存候、（中略）右の譯合故、楮幣は急務にて御座候得共、是のみにて御國産を不二仕立一候得ば、其一を得て其二を失ふにて御座候、何れにも御國産の方も不二指置一、御取始の儀専要に奉レ存候、扨此兩條は無二相違一御國中寛に相成、遊人隙人も小産物小細工に取懸り、むだ喰ひの人も無レ之様に相成、都て御國中に乞食莚被等の一人も無レ之様に仕たき大願に御座候」（林子平『上書』、『叢書』巻十五、三八―九頁）。

右は遊民をして工職に就かせよという議論の萌芽的なものであるが、この明瞭な意見は、正司考祺において明瞭に現われる。考祺は、遊民の多きが国の蓄積を妨げる最大の原因であるから、遊民を全て職に就けることが富国の第一の策であることを述べ、遊民徒口の者僧侶を百分の一に耗し、遊芸者は悉く工職に就けて国内の生穀も製器も共に足り、その上で有余を以て不足を補う交易を可しとしている。遊民による工業生産論ということも出来る。しかし、この考祺の議論は、農業よりも工業をより利あるものとし、遊民をして工職に就けようというのではない。彼の思想を検討すれば、農は国の本なりという考を根底として、遊民を無からしめるならば、生穀製器共に足りるという。そして、この結果の有余の製器を以て、不足の品を交易によって補うという。生産論としての遊民論は、農業生産論を前提した上で、工業生産論として説かれている。(1)

「我邦ハ民數ノ總計ニ合セ比レバ、徒口ノ民甚多ク、農工不足シテ、生穀製器ノ職寡キユヘ、俗云同子喰ト云者ニテ、物估不相応ニ貴クシテ給用不足シ、自然ト正心ヲ失ヘリ、是萬年承平ノ基ニ非ズ、交易ト云ハ、有餘ヲ以テ不足ヲ補フ為ナリ、我邦人數ト物估ト不都合スルハ、國偏小ニシテ人數多ク、其上徒食多キ故ナリ、由レ之未毎年異國ニ交易スル所ニ至ラズ、然ルニ其總計合勘ナク、數副商舶ヲ召シ給フハ、全下情ニ疏キニヨレリ、古来異國交易ノ産物ハ、我邦ニ未有餘ニ有ザルユヘ、物估貴ク成テ民心慊トセザルハ、不足ヲ以テ有餘ニ易玉フ故ナリ、由レ之今徒口ノ游民・僧侶・修験ヲ百分一ニ耗シ、俳優・浄瑠璃・三絃者、及妓娼ノ類悉工職ニ就シメナバ、生産有餘ト成ルハ目前ニ視ベキ事ナリ、然バ異國ニ五年ニ一遍ハ渡ルトモ、不足無レバ物估昂騰セズ、人民慳心無カルベシ」（正司考祺『天明録』巻三、『叢書』巻二十四、六一―二頁）。

（1）各論「正司考祺の遊民論」参照。

遊民論が、生産論としては、その根本的性格を農業生産論であるとすることは屢説した通りである。そして、後期において、国産奨励・国内交易の要を出発点として、遊民による工業生産論が現われ、正司考祺において、対外交易を媒介として、明らかに遊民を工業に就かしむべしという意見に発展した。しかし、考祺の議論も、生産論としては勿論農業生産論を第一とし、遊民論としても、農業生産論の前提の上に、工業生産論が述べられた。生産論としての遊民論は、根本的には農業生産論たる性格を変るものではない。しかし、この生産論としての遊民論は、幕末ペリー来朝三年前、佐久間象山によって、その性格を根本的に転換するに至った。象山は、我邦が米穀が富饒であるにも拘らず国力の振わない原因の第一を僧侶を始め遊民の多いことにあるとし、第二、第四の原因としてそれぞれ貿易・工業の行われないことを挙げ、別に外国が貿易の利を以て国の大利としていることを述べ、富国の実を得るために、徒口の遊民約二百万を悉く工業に就け、力学・器学を興して人力を援け、さらに諸処に工場を設けて工業生産を奨励し、以て外国と貿易すべきであるという。象山は、商工業の大利を認めた上で、遊民を悉く工職に就けんという。生産論としての遊民論は、ここに根本的性格を工業生産論に転換したということができる。

「御國力不レ被レ為レ届候、窃ニ其故ヲ求メシニ、四箇條御座候様奉レ存候、其一ハ遊民多クシテ、徒ラニ其財用ヲ耗靡シ候ニ御座候、其二ハ貿易・理財ノ道外蕃ノ如ク開ケザルニ御座候、其三ハ物産ノ學未ダ精シカラズ、山澤ニ遺材アルニ御座候、其四ハ百工ノ職、力學・器學ヲ知ラズ、人力限リアルニ御座候、（中略）今天下ノ佛寺四十六萬餘宇、一寺ニ一人ノ僧ヲ減ジ工職ニ就カセ候ヘバ、四十六萬餘人ノ工職出デ來リ候、二三人減ジ候ヘバ百三四拾萬ノ工職出デ來リ候、加之ナラズ僧徒ナラザル遊手ノ民イカ程モ有レ之、又正道御教諭ノ為メニ惡徒ニ陷ラズ、刑戮ヲ免カレ候者モ有レ之、夫等御趣法次第皆職業ヲ務メ候様可ニ相成一、左候ハヾ只今迄世上ニ無レ之工職ノ數二百萬人出デ來リ候ハ、容易ノ儀ニ可レ有ニ御座一候、然ル上ニ力學・器學ヲ興シ、外蕃ノ通リ便利ナ器械ヲ制シテ人力ヲ助ケ、又彼ノ國國ノ方法ニ倣ヒ、諸所ニ工作場ヲ開キ、互ニ相勵ミ候様御董正有レ之、又物産ノ學ヲ明カニシテ澤山ノ遺財ヲ収メ、其出來立候貨物ト共ニ船ニ積ミ、五世界ニ御通商御座候ハヾ、莫大ノ御利分ニテ、防海其外ノ御用途ニ隨分御餘計可レ有ニ御座一、其餘計ヲ以テ益々御國力ヲ被レ為レ振候様被レ為レ勉候ハヾ、上様思召通リ五世界第一等ノ御强國ト相成候ハン事、年ヲ數ヘテ可レ奉レ待儀ト奉レ存候」（佐久間象山『上書』、『叢書』巻三十二、五〇四―八頁）。

三

遊民を無からしめる対策は、生産論の立場からは、主として右のように論じられている。しかし、遊民を無からしめる具体的な方法はこれに尽きるものではなく、遊民の発生が様々な観点から捉えられたように、対策もまた様々である。

遊民発生の因が金銀論から述べられたように、金銀論の立場から遊民対策を説くものがある。既述の如く、三浦梅園は、金銀が偏重されるときは通用金銀が多ければ多いほど煩しさを増して遊民が増加することを認め、その対策として当然金銀偏重の弊を除くことを論じ、又流通貨幣量が財に比して不均衡に大であるときは物価が高騰して貧富の懸隔が大となって遊民の生ずることをいう本多利明は、通用金銀――流通貨幣量を適宜調節して物価を安定させる時には、遊民が退転して四民の別が締保つことを論じた。要するに、特にインフレーション的期に富が商に集中して奢侈が盛んになり、ために遊民の増加することを認めて、これが対策を論ずるものである。商の手にある金権を上の手に収めて遊民の日々に減ずることを説く遠山景賢や、家中の奢侈を止めることによって城下の遊民が難渋して減少するという高澤鶴鳴の論も、特に金銀論の立場からするものではないにしても、反インフレーション的対策によって遊民を無からしめんとする思想は、右に通ずるものである。

「大學云、『生レ之者衆、食レ之者寡、則財恒足矣』と、若此術を能用ひ、商賈の金を貸すを禁じ、上に利権を執の後名實正しくなるならば、遊里の繁華消亡し、游冶の風俗日々に止、諸侯大夫士皆富で、若亦金の柄を執、田租の半をも給らば、民驅らずして農に走り、本を務る者多、地力十分に盡す時は、収納日々に増なるべし、又游民は日々に減じ、各其所を得し時に教を施す事あらば、何を以てか従はざらんや」（遠山景賢『利權論』、『叢書』巻十一、五二三―四頁）。

「前に申候通御家中奢侈相止儉約全く相調候ば、御城下遊民の類渡世難澁の者出来可レ仕候、其取扱により町方不レ靜程の儀も可レ有レ之哉此儀兼て其心得を以取扱、尤被二仰付一様も可レ有二御座一儀、畢竟右の趣にて遊民無用の無頼者等減少仕候は、御城下の行儀相調、御締方筋昔よりの御制度も全被レ行其上御國御静謐に繁昌永久の御社稷、萬々歳恐悦の御儀に奉レ存候」(高澤鶴鳴『高澤錄』、『叢書』巻十六、二三一―二頁)。

金銀論から反インフレーション的対策によって遊民を無からしめんとする議論と通ずるものに、倹約論、あるいは儒教的風教論から、いわゆる所繁昌論に反対して遊所・遊芸等の遊民の無いことを説く反所繁昌論がある。この種の議論は、勿論直接には倹約論や風教論から説かれるものであるが、実質的には反インフレーション的性格を有つということもできる。その代表的な例を挙げれば、

「遊女町は惡黨の巣穴、狡夫の淵藪也、富人を貧人にし、善人を惡人に化し、人の子を損じ、市井の手代の主人の物掠めるの根本也、然ば有來れるも止度事なれ共、急に之を去ば飢寒の者の出來ぬべきも不便なれば、不レ得レ已して漸を以處置可レ有に任ずべし、後世は所繁昌とて、奉行たる人之を許して、町々迄も盛ならしむるは何事ぞや」(三輪執齋『正享問答』、『叢書』巻十一、五九五頁)。

「近年上方にては、神社佛閣人の聚る所にて必游女町を建、並田舎大郷には市をなし遊女を集め、天狗、頼母子、芝居、博奕所々の溢れ者夥く寄集りて所のにぎわいする、是いかなる義ぞや、聖賢の政に不レ承こと也、孔子の顔回へ邦を治るの問答に、放二鄭聲一遠二佞人一と仰られし、芝居、游女國家を治るの砒霜石と云ことを可レ知、上方風俗の怠弱にして、男女とも淫亂の風俗、不義不作法を何とも思はぬ様になりたるは、全く此害によれり、黄蘗の隠元禪師此國へ初て渡り、上方遊山所を一見して畜生國也と云へり、さりとは狼藉なる申分、日本人にしては聞て居られぬ無念のことなれども、大唐の廣き處にても如レ此場はれたる不作法はなきと見へたり、初て見てはいかさま畜生國と云るは尤なることにや、昔はまだも田舎は風俗堅くして、所々の國主は嚴しく法度して猿牽手狂坊さへ游民とて住居を不レ許、國境より追歸したり、いづれか今は上方の淫風移りて男女

いたづらになりたる、仕置者夫に心はつかて上方の風儀をよきと覺へ、人多く聚まれば所の繁昌と思ふこと、さて〳〵大なる了簡違也、淫聲美色は政の大毒、大概人も存たることなれば、長々云に不レ及、（中略）或曰、いかにも聖賢の政には左様もあるべし、なれど今日の俗政は左様にかたく云てもならず、先金銀設ことなれば世間並にゆるさねばならず、已むことを得ざることも有べし、子曰《ママ》、金銀山の如く其處へ設るとても、人たる者不義なることをして金銀を設ることは、人たる者の本意にあらず、何にても義理のかまいなく設ることあらば、許すべしと云はゞ、も一拍子にては盗として只取るより外のことなかるべし、そのうへこれを所の賑いと云こと全く不吟味也、（中略）金銀設てさへ不義なることを、況や其處の衰微に成ることをうか〳〵と許すは苦々敷ことども也、さて又夫さへ可レ有に、他の領内の境へ持て行て是を興行し、他國の金銭を吸取はかりごと是いかなることぞや、隣國は互に申合て吾人よき様にこそすべきに、隣國の患をかまはぬこと、白圭が水を治ること、孟子以二隣國一為レ壑と譏られたるは、同く此事に非や、（中略）或又曰、尤しごくのことなれども近年仕置する人是を知らぬにてもなけれども、所いたみて上への年貢とゞこほり、未進有を申立るゆへ、無二是非一許すと云、予曰、それは沙汰の限り也、公儀へ納る年貢米は神明へ奉るにひとしく、拵るさえ不浄なる手にはかけさせぬ筈なるに、遊女芝居の代物を貢米に奉ること勿體なきこと也、箇様の事申出さば、急度曲事にこそ申付べけれ、云々」（大月履齋『燕居偶筆』巻下、『叢書』巻六、四三四―八頁）。

「富商を減んとて、青樓遊所を郷里に建、富商の金を散さんとすることあり、その金誰が手に落るや、皆游民の手に入るなり、是れ游里日々に繁華にして、不耕不織飽食暖衣するもの多き故、上下皆窮するに至るなり、且は風儀の害となり、游冶風を變すべし、哀哉夏畦に病める民に賦し、士大夫是れを商に運び、商是れを游里に運ぶ、是本末顚倒して、丘民日日に減損するの基なれば、此弊小事にあらざるなり」（遠山景賢『利権論』、『叢書』巻十一、五二三頁)。

「所ノ繁昌トハ質美ノ風儀能立テ、良民ノ本立テ厚ク、仰デ父母ヲ養ヒ、俯シテ妻子ヲ育ミ、凶年續キテモ死亡ヲ免ルノ手當アル事ナリ、華靡ノ風ニテ良民根本薄クナリ、浮末游手ノ民ノミ大利ヲ得ルヤウニ成ルハ、少シモ繁昌ニ非ズ、是コソ衰微ノ基ナリ」(正司考祺『天明録』巻三、『叢書』巻二十四、五七頁)。

この反所繁昌論と通ずるものに、藤森弘庵の遊民論がある。弘庵は、江戸に遊民の多い所以を婦女の多いことによるとし、この婦女を江戸から散ずることによって、江戸の遊民を無からしめることを説くが、婦女多くして遊民の多い理由が、婦女が奢侈を尽すからというのを見れば、結局右の議論と相通ずるものである。

「江戸は大都會の事にて、萬國の寄り集る處、游手の民多く、奢侈に移り勝なる地なれば、其風天下に及ぶ故、天下も日々に奢侈になるは勢なり、されば天下の奢侈を禁ぜんとならば、先江戸より始むべし、扨又江戸に遊民多く集る根元をさり候はねば遊民散せず、遊民散ぜざれば風俗を正す事難し、故に先遊民を散ずる手段を先とす、(中略)江戸に遊民多く集る源は、婦女の多きにあり、(中略)美麗を好むは婦女の常情、首飾調度衣服飲食に至る迄、新奇流行時を追て增長し、音曲遊宴日々新に月に盛にして、色々の物好を盡し、諸色の賣れる事、水の流るゝよりも速にして、利潤夥敷事なれば、地方の商賈競ひて江戸に來り、法外の大利を得るに任せ、又其金銀を輕視して、分外の侈りを極る故、(中略)四方の無頼遊手の徒、其甘味を慕ひつどひ來る故、人別年を追て夥敷なる事なり、近來此遊手多く集るを厭て、人返しの法令を下し、江戸を拂ひ退くべしと申ものもあり、是は人情事務を知らぬ妄説なり、當時江戸の遊民小商人の類、みな諸國に家あるものにあらず、又家あるにもせよ、俄に追ひ拂ひ村里へ遣し、農業につかしめんとしても、今迄なかりし田地を、左様に得らるゝものにあらず、是必數萬の人路頭に迷ひ申べし、數萬の人路頭に迷ひ候様の事をいたし候ては、忽ち一揆流賊となり申すより外あるまじ、是大亂の本なり、又嚴法を設け罪を正し、輕罪のもの及び非人を駈て蝦夷へ被レ遣、開發せしむべきと申ものあれ共、是は秦の始皇罪人を發して長城を築かせて、終に陳勝・呉廣の乱を引出せし故轍なり、都て如何なる事も、無理にては行はれず、勢を以て駈り候得ば、容易に行はるものなり、（中略）扨其仕方は第一江戸の婦女を減ずるなり、婦女の減じ方先御奥向より始むべし、御奥向の婦女減じ方、既に御取締の條子申述べたり、その上は親藩并御守殿に令して、不レ残三分の二を減ぜしめ、下々迄諸事簡易にして事を省かしめ、奢侈の風を禁じ、其後は諸侯并旗本の人々迄令して、成丈減ぜしめ、召仕婦女何人と申事を書出さしめ、分外に多き分は、尚又御沙汰ありて滅《ママ》ぜしめ、少き分は勝手次第とし、家中召仕の分も右に準じ候て、なる丈減少致候様令せられ、其上諸侯藩中家内國に差置き、手明御旗下衆計十里四方在住、三千石以上無役の人、家來陣屋住居等の儀被二仰出一候はゞ、江戸中婦女大半減ずべし、此婦女既に減ずれば、町人の甘味大に減じ、江戸に在りても大造の利益ある事を得ず、其時に當り是を處置する策なければ、亦一揆の本となるなり、故に是を處置せんとならば、天下の農商を分ち、以来農人商賈となる事を許さずば、江戸の中以上の商人、國々城下婦女多くなり、繁昌すべきをしりて、其便利に從ひ、思ひ思ひに分散移住すべし、又蝦夷地に於て金山・銀山・石炭山・并新發田地・商賣向等に参りさへ致し候得ば、稼ぎ渡世十分出來て、十分の利を得べき様に上より手入をし給ひて、手順を付て被レ遣、直に行ても取つゞくべき形勢を示し給はゞ、江戸は利益なくして取續難く、彼地は利益多くして取つぎ安を見ば、中以下の者は必競ひては彼地に趣くべし、其上にも邊地を厭ひ候者、歸農の志あらば、國々令して、有力の者は居住を與て、自から廢地を耕し、永業とする事を許し、無力の者は夫々農具家作の料を給はりて、耕作をする事を許し、廢地を開くものは、十年の鍬下を給はりて課役を免し、農の大益ある事を示し給はゞ、喜んで農に歸するものも數多なるべし、此三通を以て駈らば、何の苦もなくすらすらと人別減ずべし、然る上にて奢侈を禁じ、風俗を正すの法も行はるべし」（藤森弘庵『新政談』巻三、『叢書』巻三十二、二二二―五頁）。

反所繁昌論が反インフレーション的性格を有ち、遊民対策論としては、遊民を無からしめることを眼目とするが、これに反して所繁昌論的遊民論は、インフレーション的政策によって遊民に職を与え、この姦悪化を防ぎ、その害を阻もうとする。太宰春台の遊民対策は、吉宗の緊縮政策によって遊民が職を失い、その賊化する危険を防ぐために遊所を設けることを説き、これによって金銀の流行がよくなる利ありとしている。彼の議論は、遊民は教化して絶滅し得ないという遊民観と、時の吉宗の緊縮政策への批判を含んでいる(1)。植崎九八郎の議論及び梅辻飛騨守の所繁昌論的遊民対策も、同様の遊民観を明らかに窺うことができるし、前者が松平定信の緊縮政策への反対を唱える者であり、且後者の議論も水野越前守の緊縮政策時代の所産であることを考えれば(2)、彼等の議論の時代的制約の一致を知ることができよう。徳川時代における放漫政策と緊縮政策との交替の事実にあって、三つの緊縮政策時代たる吉宗・松平定信・水野越前守の各時期に春台・九八郎・飛騨守がそれぞれ位置を占めることは、きわめて暗示に富むものである。

「凡民ハ、農工商賈ノ正業ヲナスヲ良民トイフ、其他ヲ雑戸トイフ、既ニ上ニ見エタリ、然ルニ二人ノ性ニ正業ヲ好ム者アリ、正業ヲ好マズシテ、雑戸不正ノ業ヲ好ム者アリ、不正ノ業ヲ好ムハ、皆無頼ノ徒也、此無頼ノ徒ヲ教化シテ良民トナスコトハ、堯舜モ及ビ玉ハズ、サレバ帝都王城ニハ種々ノ雑戸ヲ立置テ、彼無頼ノ徒ノ生産トス、戯場、娼家、粉頭店、私科子等ノ如キ是也、都城ノ大小、人民ノ衆寡ニ随テ、其數ヲ多クモ少クモスル也、今日本ノ都城ハ、江戸、京、大阪也、大阪ハ江戸ヨリ狭ク、京都ハ大阪ヨリ狭ケレドモ、戯場、粉頭等ノ多キコト江戸ニ數倍セリ、江戸ハ海内第一ノ都會ニテ、士大夫以下人民ノ數百萬トイフコトヲ知ラズ、然ルニ吉原ノ娼家、堺町ノ戯場ノ外ニ、戯場モ粉頭店モ絶テナシ、近キ頃迄都下處々ニ在シヲ正徳享保ノ間ニ悉止ラレタリ、従来不正ノ業ニテ、生業ヲ営シ無頼ノ徒、一旦ニ其業ヲ失テ、飢寒ニ及ブ者幾千萬トイフ數ヲ不レ知、本ヨリ遊惰無頼ノ性ナレバ、正業ヲ習テ良民ト成ルコトモ能ハズ、遊惰ノマヽニテ身命ヲ養ントスルニ、然ルベキコトモナキ故ニ自ラ博徒トナリ、其卒ハ困窮シテ盗賊放火ノ兇徒トナル、是自然ノ理也、已ムコトヲ得ザル勢也、サレバ凡帝都王城ニハ、戯場、娼家等ノ遊楽ノ所ヲ多ク立置クベキコト、治道ノ一端也、是ニ三ツノ利アリ、一ツニハ此遊楽ニ因テ都下繁華也、繁華ハ太平ノ象也、是ナケレバ都下冷静也、冷静ハ衰微ノ兆也、二ツニハ天性無頼ノ徒、是ヲ以テ生産ヲ營テ、盗賊放火等ノ悪事ヲナサズ、定テ刑ニ處スベキヲ知ツツ悪事ヲナスコト、本其好ム所ニハ非ズ、困窮シテ已ムコトヲ得ザルヨリ起ルナリ、三ツニハ、凡世間ノ金銀ハ、流行シテ滯ラザルヲ善シトス、彼遊樂ノ所多ケレバ、民間富家ノ金錢、散出シテ世ニ流行ス、遊樂ノ所ナケレバ、富家ノ金銀出ベキコトナクシテ、久シク府庫ニ藏マル故ニ、世間流行ノ金銭少クナル、此三ツハ皆國家ノ利害也」（太宰春臺『經濟録』巻九、『叢書』巻六、二六八―九頁）。

「元来不義の姦婬を遠ざけ候為に、遊女町御立被二下置一候事に御座候、先江戸表に新吉原町は御免の場所に御座候、往古より和漢共に宿泊には遊女體の者有レ之候、是は吉原に繼御免同様に御座候、然るに御府内段々繁華に御座候に順ひ、茶屋と名付内々遊女體の賣主次第に所々に出來候、此の儀は都會には大小相應になくてならざるものにて、且又雑戸とて遊藝等を以渡世仕候もの、是亦なくてならざる事に御座候、左なくては生得の懦弱者、癈疾之者等、士農工商の業仕兼候もの共暮し方無二御座一候、惣て天下の廣大は有用之物ばかりには成がたく、無用之用と申儀なくてはならざる儀に御座候」（植崎九八郎『牋策雑収』、『叢書』巻十二、四一二―三頁）。

（1）各論「太宰春台の遊民論」参照。

（2）これに関する梅辻飛騨守の議論は、第一節に引用した『蟻の念』の一節によく窺うことが出来る。重複のため、ここでは引用省略。

所繁昌論的遊民論は、反緊縮政策的、即ちいわば反デフレーション的性格をもつが、徳川時代の地方書の一、二には、「職人、商人、醫師、山伏、道心者の遊民多き村方は能村なり、其村繁華にて、右體のもの渡世によき故に是に集るなり、村方人數多は村方福裕故、他村に出る奉公人無レ之、村方へは他村より奉公人入込なり、夫故人數も多く、其外右體の奉公人ある故、人數加増するなり」（『地方落穂集』巻一、『叢書』巻九、一五頁）、「職人・商人・醫者・山伏・道心者等遊民多キ村ハ、ヨキムラ也、村カタ繁華ニテ渡世仕安キ故爰ニ集ル、村方豊作ニ附、他へ奉公ニ出ル者ナク、他ヨリ奉公人ノ込タカニ合セテ人數モ多ク、仍テ人多キハ豊饒ノ村方ト知ルベシ」（大石久敬『地方凡例録』巻二、『叢書』巻三十一、一〇五頁）、「困窮ノ村々ニハ醫師・出家・山伏・浪人ノ類少シ、夫婦イサカヒ多キモノナリ、富有ノ村ニハ諸勸進多ク、遊民アリ」（同上、巻十、『叢書』巻三十一、五九一頁）というような観察がみられる。

所繁昌論及び反所繁昌論としての遊民論は、以上の如くであるが、大勢としては勿論反所繁昌論が優勢である。そして、この反所繁昌論が、主として風教論の立場から遊所を禁制しようとする。この種の議論は、きわめて多い。

「端々の遊女堅く停止、是等は皆奉公人拂底に罷成候て、籏本中も難儀仕候故、遊民を禁んぜられ候故に候、（中略）遊女御制禁の事、第一風俗に懸り、一段の儀に候」（室鳩巣『兼山秘策』第一冊、『叢書』巻二、二一八頁）。

「何分京師ト大阪ノ江戸堀トハ速ニ禁絶ス可所ニ有、總ジテ是等ノ禁令ハ寛裕ナレバ、愚昧ノ民怠テ從ズ、嚴急ナレバ頑傲ノ輩往々刑ニモ陥ル可、故此號令有ンニハ、先游手空民タル事ハ人道有間敷事ノ譯ヲ能説諭シ、扨不實ノ商俄ニ停止有テハ、差當テ難儀モ致スベケレバ姑事ヲ緩クシ、令ノ下リシヨリ譬バ十ケ月ノ内トカ、又ハ丸一年抔ト期間ヲ立テ、其間ニ何ナリトモ面々正實ノ業ヲ立テ渡世ス可、右ノ期限ニ及デ因循シテ改メザル者ハ、其節急度曲事ニ處セラル可トノ事ナラバ、一人ヲ刑セズシテ事ヤム可ニヤ」（中井竹山『草茅危言』巻九、『叢書』巻十六、四五三―四頁）。

「元ヨリ三都ソノ外ニモ御免ノ傾城街アリテ、（中略）市街ミナ是ニ染リテ風俗アシク、子女ノ風ミナ娼女ヲマネビテ、（中略）コ、ニ一術アリ、コノ業ノモノニ御益ヲ倍シ玉ヒテ、其金ヲ聚メラレ業ヲ改メ正民トナルモノニハ大抵二三年ノ貯ヘ正業ノ元トナルホドヅツ金ヲ與フベシ、カクノゴトクシテ一人ニテモ減ズルニ隨ヒテ、其戸ヨリ出スベキ出金ヲ殘ルモノヨリ增テ出サシムベシ、ダン〳〵ニカクシテ行時ハ、年々ニ減ジ出金多クナリテ迷惑スベシ、大テイ二三百家マデ減ジタルトキ、一ケ處新傾城町ヲ御免アリテ、其餘決シテ嚴禁アラバ實ニヤムベシ、然ルニカ、ル大造ノコト三都ヲハジメ天下ノ船着宿驛マデ一同ニ命ゼラレ、私ニ免スコトナク、又同法ナルベシ、然ドモコノ術二三十年ノ功ヲ積ザレバナルベカラズ」（山片蟠桃『夢之代』巻六、『叢書』巻二十五、三四三―四頁）。

遊所を禁遏することによって職を失う遊民については、中井竹山はこれを僻遠の地に遣して新開せしむべきことを説き、正司考祺はこれを悉く工職に就け、娼妓には紡績を行わしむべし[1]と論じたことは、既に述べた通りである。

（1）各論「正司考祺の遊民論」参照。「当時海内ノ妓女幾千萬ゾ、若正業ニ附テ紡績ヲ営マバ、天下富潤ノミナラズ、其身モ子孫相續シ、老ニ及デ安逸ナルベキニ、云々」（『天明録』巻三、『叢書』巻二十四、五三頁）。

遊所禁遏論と共に、「今専ラ風ヲカヘ俗ヲ變ズルモノハ戯場浄瑠璃ノ類ナリ、哥舞妓ヲ以テ最甚シトス、（中略）故ニ爰ニオイテ制度禁戒ナクシテハ、天下ノ風俗コレガ為ニ何等ノ處ヘツレ行ル、モシラズ」（山片蟠桃『夢之代』巻五、『叢書』巻二十五、二八三頁）とか、「近年民奢侈の餘り、遊藝を好むが故に、繁華の地には、碁・將棊・雙六・立花・活花・蹴鞠・俳諧・茶の湯の類を教て、業とするもの多し、是皆民の業を懈怠し、飢寒の憂を招く媒介なり」（不詳『滄浪夜話』巻二、『叢書』巻三十二、六三―四頁）と遊芸の徒を無用として、「二十歳以上、五十歳以下の民は、遊藝を禁ずべし」（同上、七四頁）とか、あるいは正司考祺のように、遊芸の道具の製造を禁止せよとか、あるいは「自國ニ游民ドモ談優・浄瑠璃等ヲ嗜ミ、人ニ教ヲ施ス者在ラバ、彼ガ嗜ニ任セテ庶人ノ一等ヲ降」（『經濟問答秘錄』巻九、『叢書』巻二十二、二四五頁）せなどの策を語る者は多い。

遊芸を事とする者の他に、博奕打が遊民であることはいうまでもない。幕府の博奕・三笠附等の禁令の変遷は、いかに博奕が流行し、博徒が跋扈したかを物語っている。従って、「夫れ博奕の御詮議古より御法制强しと雖、更に止事なし、抑火消、博奕打、盗賊の類は、縦ば三足のかなへの如し」（田中丘隅『民間省要』下編巻之四、『叢書』巻一、七二二頁）とか、「博奕打之儀（中略）、此者共は誠に遊民之中にも其心底を考候はゞ、禽獸とも虎狼とも可レ中大に良民を僞りそこなひ申候」（高野昌碩『富强六略』、『叢書』巻十七、二五六頁）とか、博奕打が遊民のうちでも最も姦悪な者と見られるのは普通であって、「博奕ノ事（中略）、先一箇條ニハ骰子博牌ヲ造ヲ嚴ニ禁ズル成可、（中略）是ニ掛リ居ル工人商人モ夥キ事成可、必竟ハ游手空民ノ類ニテ、人ヲ過惡ニ陷ルノ罪又甚シ」（中井竹山『草茅危言』巻九、『叢書』巻十六、四五四―五頁）と、博奕道具の製造販売に従事する者も遊民とされ、「博奕・加留多ヲ賣ル事重ク禁ゼズンバ、己ガ利欲ヲ以テ國害ノ基ト爲ル、若シ禁ヲ冒サバ、闕所ノ罪ニ處シテ官ニ没《イル》ルベシ」（正司考祺『經濟問答秘錄』巻七、『叢書』巻二十二、一八二頁）と、その販売などの禁止が説かれる。また、この博奕の徒を追放しても他国の害になるから徭役に使えとか、あるいは特異なものとして、扶持を与えて刀を免し、武用に供せよとかいう議論も散見することができる。

「博奕打共禁獄等被ニ仰付一、又は御國拂等に相成候ても、他所へ出候へばやはり他國之害に罷成候、依て相考候に、此者共は罪人には候へ共、律之大辟之數にも無レ之候間、往古之作法城且舂と申様成儀に習ひ大小屋を立、見付次第相捕、其中に籠め置、米を搗せ、籾を摺せ、或は縄むしろ・沓・草鞋之類それ〳〵の手職を申付、其日々飯料に仕り、又は御堀御普請・川よけ・石ひろひ等之大徭役へは別て此者共を御召使ひ、此御法を以二年も三年も御試被レ成候内、追々覺悟相直り候者、御吟味之上村歸し被ニ仰付一候様仕度候、元來當時人別減少之砌、御追放に可ニ相成一程之罪人をば、士民に相限り不レ申右之小屋に籠置、御國内之人をへらし不レ申萬一之御備に仕度候」（高野昌碩『富強六略』、『叢書』巻十七、二五七頁）。

「力士角力取の類、獵人・博徒・盗賊・乞食等に至るまで、心を付て、武用に供すべき者は、皆夫役を免し、或は扶持方を賜り、或は刀を免し、博徒・盗賊は罪を免し、乞食は良民となし、伍法を教、頭を付、鷹野・猪狩等の時、進退を教れば、武士に等しく用立也」（『滄浪夜話』巻二、『叢書』巻三十二、六九頁）。

附論　日傭論

日傭及び出替奉公人などの下層階級は、徳川時代の商品貨幣経済の発展即ち商業・高利貸付資本が、直接的にあるいは間接的に農民を困窮化せしめることによって、特に中期以降大量に発生することはいうまでもない。この場合、それが特に本業たる農を離れたものであると意識されるときは、多く遊民視される傾向があることは、既に論じた通りである。しかし、この日傭階級が、農村にあって農の本業に従事するときには、これは遊民視されることはなく、むしろ積極的に評価される。例えば、山鹿素行は「周禮太宰の職に間民と云あり、是は無レ職して人にやとはれつかはるゝもの也、人にやとはれて其日のあたいをとりてこれを産業とするは游民にはあらざる也」(『山鹿語類』、『叢書』巻三十三、二八頁)といい、また田中丘隅は「四民の外、定まれる家業のなきもの世上に多し、或は地かり、店かり、出店衆となり、農と成り、又は其日の日傭賃取て妻子を養て過るあり、市廓に付ては飀商をして、村里に居ては小作を作りて、世を渡る者國土に過半なり、是なん、世に交りて世上の寶となり」(『民間省要』上編巻之二、『叢書』巻一、二八四頁)という。農を勤める日傭・奉公人階級を遊民視する傾向はない。

農村にあって本業に傭われる日傭・奉公人階級を遊民視する傾向はないが、都市にある日傭階級は、あるいは蔑視され、不良視され、さらに遊民視される傾向が強い。

「汝《なんじ》が三味線の音《ね》は、我耳《わがみゝ》にあさましきねいろに聞ゆるぞ、ちんとろ〳〵と鳴《なる》は、いかさま行末は日傭《ひよう》とりの風情《ふぜい》にて世をわたるべきにやと、眉《まゆ》をしかめて歎《なげ》きけるとなん」(西川如見『町人嚢』巻一、『叢書』巻五、七三頁)。

「棒手振、日雇取ナドノ游民モ、在所ヲ離テ御城下ニ集ル者年々ニ彌増シテ」(荻生徂徠『政談』巻二、『叢書』巻三、三八七頁)。

「世間ノ浮説區々ニテ、東都ハ日傭ノ者ドモ事閙キ時ハ、日ニ賃金一歩ハ不足ノ様ニ思ヘリト云、(中略)若閑ヲ得レバ、日傭ノ姦民等私欲ヲ以テ火ヲ起スコトモアリト風聞ス」(正司考祺『天明録』巻五、『叢書』巻二十四、八九—九〇頁)。

この日傭階級が、全て遊民視される訳では勿論ないが、その傾向は相当強い。そして、時代と共にこの下層階級が次第に増加し、武士の窮乏が奴婢を使用し得なくなり、ようやく出替奉公人、あるいは日傭を使うようになると、これが武道に悪影響を与えるものとして難ずる議論がかなり多くなってくる。

「今御城下ニテ召使フ出代者ハ、方々渡リ歩行一ツ家ニ足ヲ留ル心無ケレバ、何事モ世俗ニ云遣放シト云者ニナリ、健ナル者ハ年ノ若キ中ハ渡リアリキ、年寄バ辻番抔ニ成、果ハ乞食ニナリ、火付盗賊ヲモスル類ノ者也、其内ニ少シ朴ナル者モ、年久ク江戸ニ居、百姓ノ業ニ遠ザカレバ、麦飯糧食ヲ否ニ思フヨリ、奉公ノ先ニテ行合夫婦ヲ拵へ、町へ引込棒手ヲ振一生ヲ送ル、（中略）シカレバ譜代者絶テ、皆出代リ者計リニ成タルハ、武道ノ衰廢ニテ、武家ノ爲ニハ至極ノ悪キコト也ト知ベシ」（荻生徂徠『政談』巻一、『叢書』巻三、三七四―五頁）。

「出替者ハ歳々ニ主家ヲ替ユル故ニ、是ヲ使フ者モ、恩ヲ施ス心薄ク、使ハルヽ者モ、主人ニ忠ヲ致ス心淺シ、殊ニ江戸ニハ、四方ノ亡命無頼ノ者多ク來テ、出替者トナリテ世ヲ渡ル故ニ、迯走スル者甚多シ、是ヲ保フ者モ、亦無頼ナル市人ナレバ、恃ムニ足ラズ、出替者ヲ使テ、金銀財寶ヲ損亡スル者、年々其數ヲ知ラズ、（中略）然レバ出替者ハ、國家ノ治メニ害アルコト莫大也」（太宰春臺『經濟錄』巻九、『叢書』巻六、二五九頁）。

「御城下ニ日傭トリ減ジ、游民ノカタヅク事是ホド重疉ナル事ナシ、武士ハ日傭取少クシテ、僕従ナクバ何程ノ役祿高キ人モ、眞ノ家來抱ヘザル内ハ、姑ク供連ナキヤウニ定メ、云々」（藤田幽谷『勸農或問』巻下、『叢書』巻二十、一六三頁）。

「當時諸侯供連と申者、（中略）多分は渡りもの日雇にて候間、（中略）日雇を召連候儀は、誠の外見計にて實用無レ之間」（藤森弘庵『新政談』巻三、『叢書』巻三十二、二三四―五頁）。

日用（日傭）に対する幕府の政策は、承応二癸巳年に日用札のことを定め、明暦三丁酉年には日用の最高賃銀の制限を定め、寛文五乙巳年には日用座を設立している。(1)江戸における日用取階級の激増によるものであろう。
徳川時代の論者で、日用札あるいは日用座等のことについて語る者がない。ただ山鹿素行が「日傭人の事、十五以下六十以上は、何方にても札なくて日傭たるべし、不レ然ば日傭のもの悉く札をつけ、衣類を一様にいたし可レ然也、五人組相改め、家業をつとめずして日傭を取るものを禁ずべし、尤も日傭頭を定むるにあり、奉公人奉公をやめ日傭のものになることを禁ず」（『山鹿語類』、『叢書』巻三十三、九四頁）と僅かに言及している。

（1）「年表」参照。

日傭階級が蔑視され、不良視され、さらに遊民視される傾向があることを既に説いたが、日傭階級の全てがそうであった訳ではない。しかし、日傭階級は、失業を契機として遊民浮浪の徒に転化する可能性が大きい。三浦梅園は農民層が分化して奴婢階級となることを認め、これが一度凶年には浮浪の遊民に転ずることを説いている。(1)かくて、時代と共に日傭階級が増加し、特にこれが都市における下層階級の増加として、一つの社会問題的な相貌を呈しつつあったためであろうか、下層民としての日傭階級に対する社会政策的議論も少くない。

（1）各論「三浦梅園の遊民論」参照。
「今之俗、人家買二貧民之失産者一、為二奴婢一焉、有二周期者一、有二半期者一、有二更日者一、有二累歳者一、出入之候、各地有二其風一、總謂二之奉公一、蓋近年倹歳則不レ雇、而多下不レ得二以就一レ食者上」（『價原』、『叢書』巻十一、四一三頁）。

日傭階級への社会政策的対策としては、土木並に普請等の事業によって彼等に利を与え、その困窮を救済するという意見は少くない。幕府の土木事業などにも、既にこの思想が表われている。太宰春台の議論は、その代表的なものである。

「土木營作ノコトニハ、役夫ヲ徴スコトナクシテ、都下ニテ傭夫ヲ雇ヒテ、毎日ニ賃錢ヲ與ヘ玉フ、如レ此ニ萬事皆金銀ヲ出シテ用度ヲ辨ゼラル故ニ、上ノ人奢靡ヲ好ミ玉ヒ、屢々土木ヲ興シタマヘバ、商賈ハ貨物ノ售レテ、金銀ヲ取ルコトヲ喜ビ、百工ハ其業ヲ鬻テ、大利ヲ得ルコトヲ喜ビ、都下ノ傭夫ハ日々ニ賃錢ヲ取コトヲ喜ブ、凡何ニテモ上ニ耽リ好ミ玉フコトアレバ、其事ニツキテ金錢出テ、民間ニ流ル、故ニ、上ノ奢侈ハ下ノ潤澤トナル、是ニ因テ今ノ民ハ上ノ奢侈ヲ冀フ也、若上ノ人儉素ヲ好ミ玉ヘバ、金銀皆上ノ蓄藏ト成テ、工商以下役徒ノ細民迨、利ヲ得ルコトナキ故ニ、却テ困究ス、是今ノ政古ト異ナル所也、ケ樣ニ法制ノ古ト易レルヲ不レ知シテ、一概ニ古ノ道ヲ以テ今ノ世ニ行ハントスルハ、柱ニ膠スル類也」(太宰春臺『經濟錄』巻五、『叢書』巻六、一五五頁)。

「深山ヨリ御流木時々相出サレ候ハヾ、(中略)如レ此コトハ民間ノ潤澤不レ少候ヘバ、幾重ニモ御吟味ナシ玉ハンコトカニ奉レ存候(中略)譬ヘバ一萬兩ノ御物入ニテ、深山ノ大材御流木ニ相出サレ、八千兩ニ御賣方成シ置レ候ヘバ、現ニ二千兩ノ御損失ニハ御座候ヘ共、右御損金他國ヘ抜ケ候コトニモ無レ之、民家雇ヒノ人歩日傭金ニ下シ玉ル時ハ、右金御國ニ止リ候ユヘ、直キニ御上ノ御金同然ニ奉レ存候、次ニハ困窮百姓或ハ名子水呑ノ家業無レ之者ドモ、右人歩ニ召仕ハレ、其價ヒ下シ玉ハル時ハ、右ノ者トモ渡世相續仕候」(作者不詳『上信』宝暦四年、『叢書』巻八、四八四頁)。

日傭階級は、遊民視されないときでも、それが失業の可能性が大であることから、遊民への転落の可能性も大である。大塚昌伯は、このことを指摘し、これらの下層階級に貸付金の制度を立てて救済すべきことを論じている。文中「五萬兩の金を積、引替の備とし、新作五萬兩の金札を以貸付の法を行ふ」の個所は、下層民対策の問題を別にしても、当時としては注目すべき意見である。

「五萬兩の金を積、引替の備とし、新作五萬兩の金札を以貸付の法を行ふ、（中略）此窮を救の第一とす、中分以上の者は家督田地等有レ之候故、金子借入も心安相調可レ申、下等の者・棒手振・日傭人抔元來無二家財一故、纔に二三歩の金といへども借得がたく、譬ば二歩の金有レ之候へば、壹歩の益ありといへども、如何共難レ致候、貸人なければ商賣も出來ず、難澁困窮日々に加はり、終には離散し、又乞食に成下り候者も間々有レ之、嘆かはしき事に御座候、ケ様のもの如レ此相ならざる前に、其性を見其態を察し、見込を以借付候へば、可二取立一様も可レ有レ之候、貧窮者家具見込にて貸付候事故、損失無レ之様相計可レ申候、或は商賣取組、開店開業筋立候儀、役判を以貸付、質物に不レ及、十年成功の上可レ奉レ借、蓄金より別々質屋・古衣屋・古道具屋、上中下三段の株金を定、板札を渡し可レ申候、左すれば彼等も勝手に相成申候、株札所持のもの商賣相止候せつは、他人へ相讓可レ申候得ば、元銀に可二相成一候、當時は類商賣甚多く、聊金貯候者は質屋を始め、目利自慢のもの道具屋を兼、本商賣の妨に相成申候、且又盗賊失物抔は此三商賣の内へ持行候故、御吟味も出来易、即事に相分可レ申候、金十ケ年の間利用方へ預り、引替手當金の利足に相成可レ申と、箇様の仕方立候得ば、下々隅々まで難澁者は無レ之様に相成、落たるを拾はざる御代と相悦可レ申候」（『經濟五策』、『叢書』巻二十六、五四八―九頁）。

日傭階級に対する社会政策的意見としては、また梅辻飛騨守のそれを挙げることができる。彼は、江戸の町数を大体三千町と見積り、市中の一万両以上の分限者一万五千人を選抜して、これを各町内へ五人宛配当して住まわせ、この五人を町人の取締役として、町々における日傭取・野菜売・紙屑屋などのその日暮しの下層民を保護救済せよという。

「扨江戸町数はいか程有レ之候事哉、甚不案内に御座候得共、下々風聞には、三千餘町も有レ之候哉に承り傳へ候、右荒増三千町の見込、其町名を竹札三千本に相記し、鬮箱に入置候也、次に町人分限一萬兩以上の者を一萬五千人御撰み被レ遊、是も同斷右名前同竹札一萬五千本に相記し、同鬮箱に入置候也、但し他國より出店の分も其人數へ御加へ可レ被レ下候事、云々（中略）、右御穿鑿御行届の上、於二町奉行所一先づ其町名の鬮箱より一本何町を振出す、次に町人名前の鬮箱よりは五本振り出す也、扨其五本は分限五人の名前なれば、其五人を此度改て何町の住居と定む、斯の如くする事三千度に及べば、一萬五千人は三千町へ振り分り候也、右の通り三千町の一町に、五人づつ分限の町人を御振り分け被レ下候はゞ、端々難澁町へも能き町人五人づゝ振り分り、御府内平等に相成り（中略）、斯の如く三千餘町へ夫々落着候上は、此者共へ其町々の取締役を可レ被二仰付一候、（中略）此外裏店小店の末々には、或は野菜賣、或は日傭取、或は紙屑買等の其日稼の族も可レ有レ之候、（中略）右取締役見廻り、五人評議の上、彼の難澁者の家内の中、譬へば十歳に成り候兒を引取り、（中略）斯の如く軒別に相改、難澁の向々へは、實意の相談を加へ、いか様にも取續き候様いたし遣候時は、以來格外難澁の者は無レ之候様相成べく候、（中略）扨此度取締り役五人より、町内の者不廻りの向へは元手金を貸し遣し、夫々商賣の元〆を致し候、今日には誰に不レ限、商賣向不出精の者は見咎急度申付候事、幷に裏店小店へも五人の中不時に相廻り、不行儀を相正し、且故なく家業相休み候族有レ之候時は、是又急度相咎、早々家業に出候様申付候也」（『蟻の念』、『叢書』巻二十九、五〇二―六頁）。

第四章　浪　人　論

浪人を発生せしめる最大の直接的原因が、幕府の対策による諸大名の除封・減封にあったことはいうまでもないが、さらにこの外に、熊沢蕃山は、「後世はしからざることあり、君の氣に入たるものに國郡をあたへ、取立んために闕所の地あらん事を願へり、故に子孫なきをば家を絶し、あれども嫡子ならざるをは、とりあげず、まりてすたれたるをば取立ず、家中に口説など出來れば、しつめはせて、それにかこつけ身代をばこし、子孫の不覺を教はせて、惡事出來次第に所をめしはなてり、この故に流浪人多出來るなり」(『集義外書』、『叢書』巻三十三、二五一―二頁)と士風が衰え、武士が自己の利を専らにして他を陥れることから、また太宰春台は、「壬寅ヨリ以來、米價甚賤ク成テハ、金俸ノ爲ニ米ヲ出スコト、前ノ一倍ニ過グ、又近年來、大小ノ諸侯皆貧究シテ、國用不レ足故ニ、給人ノ祿ヲ減ジ、或ハ死亡アル闕ヲモ補ハズ、或ハ罪モナキニ、永キ暇ヲ給フ類頗ル多シ、三十年前ノ昔ニクラブレバ、諸侯ノ人ヲ畜フ處、給人以上ハ人ニテ減ジテ、給人ノ爲ニ米ノ出ルコトハ、既ニ三分ノ一ヲ減ズト見ユ」(『經濟錄』巻五、『叢書』巻六、一二五頁)と諸侯の窮乏が直接に浪人を輩出せしめることを語っている。

除封・減封、あるいはさらに蕃山や春台の説くような事情から禄を離れた武士即ち浪人が、特殊の者を除いて次第に困窮の度を加えていったことは想像に難くない。蕃山は、「諸浪人遊民の歎き、言語に述べがたし」とその惨状を述べている。このような窮迫した浪人が、その素質を次第に低下してくるのは固よりであろうが、荻生徂徠は、彼等がようやく困窮していく有様を、結局世上が詰ったからであるとし、ために彼等が姦曲をこととするようになると、次の如く語っている。

「殊ニ武家ノ浪人ト云者ハ、工商ノ業ヲモ不レ知、親類近付ノ力ニテ計世ヲ送者ナルニ、近年武家ノ風儀惡ク成、人々頼シキ心消失、只利勘ノ心強ナル、是又三巻目ニ云如ク、皆上タル人ノ心ヨリ起タルコトニテ、見繼人無故渡世ニ困リ、世間ノ惡キ風俗ニ引レテ、僞証ナド種々ノ惡事ヲスルコトニ今ハ成タリ、其上ニ長煩モスルカ、不仕合續ケバ右ノ類ニ成也、尤士ノ商賣ヲ爲ヌト云ハ、元來利倍ノ家業ヲセヌコト也、年寄タル親ナドヲ持タル者ノ渡世ニ詰テハ、棒手ヲ振リ日雇ヲ取類ハ、浪人ノ爲トテ士ノ操ニ少モ汚無コトナレドモ、風俗ニ連テ世間ノ人ニ眼無キ故、左様ノコトモ成ラズ、外ヲ飾ルコトヲ第一ト爲ヨリ、種々ノ僞リ証ヲモ爲コトニ成タル也」（『政談』、『叢書』巻三、三六五頁）。

浪人の素質が次第に低下し、果ては姦曲偽証をも為すに至るとは、その原因を世上の困窮からする彼等の窮乏にあるとすることと共に、各論者にとって、一致した見解のようである。しかし、初期の浪人には、未だ気骨あり節操を失わない歴々の浪人も数少くなかったであろう。そして、この浪人に対しては、初期の論者は概ね同情的であって、その歴々の者には、扶持を与えてこれを救済せよという。山鹿素行・熊沢蕃山・荻生徂徠に、この救済論がみられる[1]。

「不レ得レ止歴々牢人いたせるは不便の義なり、相あつめて公義より一人の扶助をも與へられ頭を付けられば、大用ともなりぬべき也、これに付ては制法さま〴〵あるべき也」（山鹿素行『山鹿語類』、『叢書』巻三十三、九三頁）。

「問、諸大名家中の人餘りあり、其上に此大勢の浪人に本知遣はし、本知なきにも父母妻子を養ふほどの祿をあたへば、遣はすべき知行なからん歟、云、しからず、浪人の間、公儀のめぐみなれば本知にかゝはらず、各浪人の家口をかぞへて、十人の家人あるには二十人扶持の積りにして、浪人百人に貳千人の扶持なり、米四千石餘か其中千石已上、或は格よき浪人名ある歴々は人口によらず、家内十五人ありとも、貳十人有とも、五七拾人扶持も給はるべし、小身の浪人家口五六人のもあるべし、外に男一人女一人の給分宿賃など遣はす共、米五千石餘ならん、右の積りにて事たらずとも、萬石餘にはさのみ出すべからず、四萬石の積米ある諸侯には、六七千石壹萬石の扶持米を出させて預け給ふべし、此積りにて他は知べし、其中呼出し度と思はるゝものあらば、本知をあたへるか、又は親の跡知行ならば、相對次第に知行遣はして抱らるべし、浪人自分に在付あらば斷を云、扶持をあげてゆくべし、かねて貯ありて引込居る浪人、又はよき親類知音ありて、合力あるものは其通りたるべし、國々へ呼給はん事は、屋を作り引越騒動なれば、今迄宿かり居たる所に其まゝさし置、其中には歴々なる人一貳人惣名代に禮を行て目見《メミエ》し、其外は江戸參府の往來近き所にて目見致すべし、ゆく〳〵は勢次第にて、其主人の國所へも引越事もあらんか、是大數なり、くはしき事は、其時所に隨ふべし、今天下貴賤共に困窮難儀は借金なり、是を盡くすまし下され、已來借金なき樣ならば、諸人のくつろぎ大慶是に過べからず、無告の諸浪人の飢寒の気遣ひなくならば、此二つはさしあたり仁政の大なるものなり」(熊澤蕃山『大學或問』、『叢書』巻一、一四三—四頁)。

「大名ノ家ノ謀叛ノ筋モ、御咎ノ筋モ無クテ、家ノツブレタルハ其家來ニ咎無、然ルニ家ツブルレバ家來流浪スルコト世ノ風俗ト成、詮方無事ナレドモイタマシキコト也、元来武士ナレバ町人百姓ノ業モ成ズ、渡世スベキ樣無レバ、果ハ樣々ノ惡事ヲ仕出スモ有、是身ノ咎ナレドモ、畢竟上ノ政道ノ足ヌ處トモ可レ云カ、因レ是婿或ハ養子ニテ迹ヲ立ルコト、世ノ穏ナル筋ニ叶ベケレドモ、然ドモ天道ヨリ滅シ玉ヘル家ヲ人作ニテ相續スルコト、是又冥慮ニ恐有事也、外様大名ハ其初家來ノ力ニテ、一國一郡ヲ切隨ヘ、其力ニテ今ニ至ル迄國郡ノ主トナル、御譜代ノ者モ其初家來ノ力ニテ御奉公ヲ申上國郡ヲモ賜リタリ、是其主人ハ己ノ力ノミニ非ズ、全ク家來ノ功也、然レバ御譜代外様ノ大名ノ家來モ全ク上ヘ對シ天下ヘ對シテ御奉公無ニシモ非ズ、古郡縣ノ代ハ大名ト云フ者無ユヘ、其家來モ一人一人皆天子ヨリ勳田ヲ賜リ、永久ニ子孫ニ傳ヘ、其大將ノ家トハ各別ニ成ケレドモ、今ハ封建ノ代ナレバ、主人一人ニ國郡ヲ下サルヽニテコト濟ミ、其家來ヘハ主人ヘ下サレタル内ヲ割與レテ、其功ニ報ユルコトニ成タリ、サレバ主人ノ家ツブレテ面々モ流浪スルニ、何レモ是非無キコトニ思ヒテ、上ヲ怨ル人モナシ、去ドモ主人ノ家ツブルレバ、流浪シテ後ノ難儀有ンコトヲ思ハヾ、此以後又如何ヤフノコト有ランモ、時代ニツレテハ計ガタシ、然レバ此仕形有ベキコト也、總ジテ罪無テツブレタラン大名有ラン時、其家中ノ士百石以上ノ分ハ假令幾千石ニ至ル共、地方ニテ知行五十石宛被レ下レ之、ヤハリ其國ニ差置レ郷士トスベキ也、去レバ、十萬石ノ家潰レテ、公儀ヘ十萬石上ルベキヲ八萬石ホド上リテ二萬石ハ件ノ郷士ノ領ニ成ベシ、五十石ヲ不足ト思ヒ、他所ヘ立サル人ハ心次第ナルベシ、只諸士ノ流浪ヲ不便ニ思召テ如レ此ナシ玉フコト、莫大ノ御仁德成ベシ、然バ大名ノ家潰ル共流浪ノ者モ少ナク國ノ治ニモ宜カルベシ、其城御番城ニナル時モ、小身者ヲ遣サレテモ、番人ハ右ノ郷士ヲ加テ事足ルベシ、又其城ヲ別人ニ被レ下時モ、其郷士ヲバ城付トシテ、城主ノ氣ニ入取立テンモ、罪有テ刑戮センモ、元來ヨリノ家中ニカハリ無バ、大名ノ家中ノ諸士永ク主人ノ惡道ニ組スルコト有マジ、其子孫永々迄ニ謀叛ニ組スル氣遣有間ジク、猶又仙臺ノ臣片倉、長門ノ吉川、肥前ノ諫早、阿波ノ稻田ナドノ類ヲバ兼テ時々參勤ヲモ被二仰付一、別段ニ御目見ヘヲモ御奉公ヲモ被二仰付置一テ、左様ノ時節ニ至テハ、兼テノ御奉公ヲ以知行ヲ半減ニモシテ可レ被二召出一、如レ斯有ラバ、外様大身ノ大名ヲ御ツブシアランコトモ御心ノマヽ成ベシ、是大名ヲツブスベキ爲ノ策ニハ非ズ、日本國中ハ上ノ御心儘成様ニ被二成置一ザルトキハ、時ニ取リテハ政道ノ指ツカユル所有コト故、如レ是愚按ニ及ベリ」（荻生徂徠『政談』巻四、『叢書』巻三、四九四―五頁）。

（1）　各論に詳述。

浪人に扶持を与えてこれを救済せよという議論は、荻生徂徠以降に聞くことはできない。社会問題上の最も重要な一つであった浪人問題も、ようやく中期以後に移行するにつれ、表面から姿を消し、浪人も次第に社会の各層に浸潤・定着していったからであろう。それと共に、浪人の素質は一層低下し、多くは社会の下層に潜在化して、中には浮浪の徒になる者さえ少くなかったようである。

浪人救済論と共に、取締りを論ずる者も少くない。この種の議論は、幕府の浪人取締対策(1)と対応して、初期においても見られるが、中期以降の浪人対策論は、扶持を与えよという大規模な救済論は全く姿を消し、「諸浪人凡下タリトモ、國器ニモ可二相成一候秀才ニ御座候ハヾ苗氏刀相許サレ、侍分ニ列サシメ、學校書生ニ相入學問切磋仕ラセ候ハヾ、御國ノ秀才空ク朽チ棄リ不レ申、御用ニ相立可レ申候」（作者不詳『上言』宝暦四年、『叢書』巻八、四三〇―一頁）のように、浪人のうち俊秀の者を取立よという議論もあるが、多くは、浪人に頭支配をつけて取締を策するなどの議論が中心となる。春台の議論には、未だ同情的な言辞が覗われるが、それ以降の浪人論には、浪人に対する同情的な言辞は再び見られず、浪人観の変遷と共に、対策論の内容も取締的なものが強くなる。後期の浪人論の代表的なものは、朝川善庵の議論であって、既に職業的に分化した浪人の組合を組織して頭支配をつけるべきであるという。浪人問題の変遷と共に、浪人論の内容的変化を知ることができよう。

「町中諸牢人宿かりの事、先主をたゞし請人證人をとるべし、朝夕のつとめ不レ正、或は夜あるき、或は人あつめ、或は分限に過たる體有レ之て、しかと仕りたる方へ出入の沙汰も無レ之ば、五人組これを改て所を拂ふべし、子細むつかしくば、奉行所に至て下知を可レ受也、惣じて天下泰平日久しき時は、家々よりの牢人多く、小者中間刀を用意いたし、羽織はかまをこしらへ名字を自らなのりて歴々の牢人になるあり、又初めは刀さし若黨などいはれしもの、器量骨法よくてついには侍のごとくいゝなす類あり、之に因て處々に牢人多く相聚まれり、故に中間小者、主人のゆるしなくては若黨になることを禁ずべし、主人ゆるして縁にあがらしめば其家を不レ可レ出、末々まで本主の下知に可レ從也、如レ此しては放埒の侍あるべからざるなり」（山鹿素行『山鹿語類』、『叢書』巻三十三、九二―三頁）。

「今都下ノ人民ノ中ニ、支配ノ役所ナキモノ二ツアリ、一ツニハ浪人、二ツニハ道心者也、（中略）江戸ハ輦轂ノ下ニテ、昔ヨリ浪人ヲ禁ゼラレズ、且海内ノ輻湊スル所ニテ、生産ノ營モナシヤスキ故ニ、浪人タル者多ク東都ニ集マル、平日ハ安穏ニ居住スレドモ、時々事ニ因テハ、點儉ヲ加ラレテ困苦スル者アリ、其居處ニ宅地ヲ借シ、館舎ヲ借ス者モ、是ヲムツカシク思テ、浪人ヲ厭ヒ遠クル者アリ、是浪人ノ一ツノ患也、浪人ニ支配ナキ故ニ、事アレバ町奉行ニ隷スレドモ、事ナキ平日ニハ、上ノ政令ヲ受クル所ナシ、事アリテ町奉行所ニ出レバ、商賈ト同等ニ接待セラルル故ニ、浪人ノ身ニハ耻辱也、（中略）愚意竊ニ思フニ、浪人ノ管轄ハ、朝廷ノ士大夫六位以上ノ人ノ中ニテ、一人是ヲ定メ、副役ヲ附ケ、其下ニ卒徒ヲ附テ、都下ノ諸浪人ヲ主領セシメ、凡浪人ノ都下ニ居住スル者ヲバ、其來處ヲ正シ、父祖ノ由緒ヲ詳ニシ、其姓名並ニ都下ニテノ居處ヲ帳簿ニ記シ、浪人ノ中ニテ、又先祖正シク家産モ豊ニ、人品モ好キ者ヲ、都下ノ四方ニ一人宛定テ、其長トシテ政令ヲ傳シムベシ、如レ斯ナラバ、浪人タル者、皆廉隅ヲ砥礪シテ、無頼ノ行ヒヲナス者少カルベシ、又近年ハ家筋アル浪人ニ非ズシテ、農工商賈ノ中ヨリ、サモラシキ者ハ、浪人ト偽テ二刀ヲ帯シ、都下ニ居住シテ士民ヲ欺ク者頗ル多シ、若浪人ノ支配所ヲ立テ、其來處ヲ正サバ、ケ様ノ輩自ラ止ムベシ、是治世ノ補ニアルノミナラズ、又武備ノ一助ナルベシ」(太宰春臺『經濟錄』巻九、『叢書』巻六、二六〇―一頁)。

「有下名稱二處士一、僑二居平市井之間一、以レ技爲レ生、以レ財自售、而榮二其身一者上、又有三名稱二浮屠一(中略)、又有三名稱二巫祝一(中略)、此數者、治世必有之人、而郷里所レ崇、小民所レ尙、固不レ爲レ無レ益也、然彼自處二其身一、一以爲レ士、一以爲レ僧、爲二巫祝一、出無レ受二令長之教一、處無レ列二編戸之籍一、則陋戻庸愚、亡命無頼之徒、濫二吹其間一、而挾二奇邪之術一、欺レ人誣レ民、放蕩縱恣、大開二賭場一、竊匿二罪人一、誑二誘子弟一、眩二惑良民一者、蓋居二其半一矣」(山縣大貳『柳子新論』、『叢書』巻十七、七九頁)。

「一體浪人は別て種類多く、諸侯方又は御籏本方に相勤、子細有レ之浪人いたし候ものゝ外、儒者・醫者・書家・畫家・武藝・卜筮家・手習師・算術師等も御座候て私に帯刀いたし、貴人の御家にも立入仕候得共、一統したる事無二御座一候間、よき人物は少なく不人柄のものゝみにて、是迄山事を巧み惡事仕出し、騒動に及び候は多くは浪人より事起り申候、畢竟頭支配の取締り無レ之故、自然と天下浪人と心得候て、憚る氣色なく我まゝに相成候、其内に小ざかしき者は御籏本方の仕送用人となり、知行の百姓を聚斂し、主人家をもとも潰れに及び候様の惡計をなし、左なき迄も金子口入人公事の尻推などを家業とし、不義の金銀を貪り候など、今日の世の中に枚挙いたしかね候、又渡奉公を稼ぎ候者は、指當り主に有付奉公いたしながら、宜敷所もあらば身退けん覺期にて外奉公口を問合せ、少しも給扶持よき方へと心指し候より、自然と主人へは不實の奉公いたし、士風も軽薄に成行、其外去年迄日雇取候者も、今年は醫師となり、昨日迄魚菜商内いたし候者も、今日は手習師と姿をかへ候など、元より藝術の熟不熟にも頓着なく門戸を張り候得ば、廣江戸の事故どうやら、こうやら、生活に相成候、たれかれも骨折なく飽食暖衣し、人にも尊敬いたされ候を幸とし、逐々家業替いたし候より、日にまし游民のみ多く、すでに都市に住居いたし候醫者計りも六萬人餘も有レ之由承及申候、尤醫師・手習師のみならず文武・書畫家等も同様にて、實に師たるべき人物は甚以て希少に御座候間、儒者は儒者、醫者は醫者、武藝家は武藝家、手習師は手習師と夫々組合をたて、右家業いたし候もの丶内其藝術に達し候を撰び、組合の取締りいたし、藝術の熟不熟も吟味をとげ、又無家業の浪人も同様組合をたて、身持等も相互に心付あひ、奉公口有レ之節は頭支配より主人方へ指出し候様になし、若仔細有レ之主人替いたし候も、一たん支配へ引請、其由承届候上にて有付候様取計候はゞ、身元糺しも行届、其人物の善悪邪正も分明にて、御取締り宜敷可二罷成一かと奉レ存候得者、何卒浪人にも頭支配被二仰付一候様あり度儀に奉レ存候」（朝川善庵『濟時七策』、『叢書』巻二十一、四六五―六頁）。

（1）年表参照。

第五章　僧　侶　論

一

徳川時代において、僧侶階級が、遊民の最も尤且大なるものとされたことは、既に第一章に論じた通りである。この僧侶階級は、「吉利支丹請《ウケ》にて、不義無道の出家漫《ハビコ》り」（熊澤蕃山『大學或問』、『叢書』巻一、一五七頁）、「佛法此土ニ行ハレテヨリ、民ノ中ニ出家シテ僧トナル者多シ、既ニ出家スレバ、戸籍ヲ離レテ四民ノ外ナル故ニ、租税ヲモ出サズ、徭役ニモ使ハレズ、遊手ノ者トナル」（太宰春臺『經濟録』巻九、『叢書』巻六、二五四頁）のであって、「一小村トイヘドモ僧徒居ザルハ無レドモ、真ノ佛法ヲ行フ僧ハ一人モ無シ」（正司考祺『經濟問答秘録』巻五、『叢書』巻二十二、一〇三頁）とさえいわれる。

僧侶は、何等財の生産に従事しない。しかも、この僧侶が益々多くなっては、国の穀つぶしが増えることである。国が「生之者衆、食之者寡」して富むとすれば、この遊民があっては富饒の国になることはできない。僧侶を、かく難ずる例は枚挙する煩に耐えない。

「後世國家太平年久して文華日々に開け、人民上下となく、奢侈に至りぬれば、（中略）僧徒多くなりて、手を束ねて衣食をつひやす、是を以て生レ之者すくなくなりぬ」（三輪執齋『執齋先生雑著』、『叢書』巻三十三、三二一頁）。

「今日ノ和尚ハ又々韓退之ノ時分ヨリハ猶々堕落シテ眞ノ喰ツブシナリ」（海保青陵『善中談』、『叢書』巻十八、一三頁）。

「日本中ニ寺員凡三十二萬餘、其中ニ門徒二十餘萬ト聞及ベリ、然レバ一寺ニ三人ニ積テモ、僧員凡ソ百萬ニ及ブ、是皆無職ニシテ、民ノ艱難セシ穀祿ヲ喰ヒ潰ス者ナリ」（正司考祺『經濟問答秘錄』巻十八、『叢書』巻二十三、三七頁）。

「僧徒・朱騐・婬聲ノ遊民無様ニスベシ、縦豊年續テ國計豊トイヘドモ、飲酒ニ潰サレ、無職ノ者ニ喰盡サレテハ、破桶ニ水ヲ入ルガ如ク、少モ富饒ノ邦トハ爲リ難シ」（同上、巻二、『叢書』巻二十二、三七頁）。


僧侶が「遊民之巨魁」（高野昌碩『富強六略』、『叢書』巻十七、二五三頁）であり、国の穀潰しであると一般にされるのは右の通りであるが、また仏教の隆盛が天下の家宅を奪って寺院を建て、ために耕田が不足し、百姓が田富を奪われて遊民となると説くものがある。仏教の盛大が僧侶の多いことと共に、農業生産に支障をきたすものとして説かれているということができる。


「天下の民農工商にして、此を教ゆるを士と云、此外に無家の業して天下の農業を費やし家宅をせばむる、是當時の寺社なり」（山鹿素行『山鹿語類』、『叢書』巻三十三、一二六頁）。

「天下の山林川澤の佛者の爲に奪はれるものを、合せて三十餘國につもりたり、或は新地、或は替地などとて、寺地とするを見れば、百姓のいのちをつなぎ妻子を養ふ上田富をとられ、屋敷を追立られ、潰して大寺數多建て、剰へ門前とて、町家を作り人にかし、寺領の上の知行とす、（中略）かくのごとく年々諸國におゐて、民の稼業をとられて、流亡するもの、いか程といふ事を知らず」(熊澤蕃山『宇佐問答』上巻、『近世社會經濟學說大系・熊澤蕃山集』)。

「我邦ニハ不毛ノ地寡シトイヘドモ、治平久ク生齒蕃息シ、國ニ由テハ田畠不足シ、農民モ已事無ク外慕ノ心ヲ起シ、徒ロノ者漸々繁キニ及ビ、大ニ國害ト爲ル、(中略)其譯ハ寺院(中略)、統テ市町ニ建立ス、(中略)素餐尸祿ノ寺院ヲ建置キ空地ト成スハ、寔ニ國家ノ無益、民職ノ碍障之ニ過タルハナシ」(正司考祺『天明錄』巻三、『叢書』巻二十四、四七―八頁)。

かくて、「渡世の爲に是非なく出家したる者多ければ、還俗せしめて、渡世だにあらば、還俗するもの多かるべし」(熊澤蕃山『大學或問』、『叢書』巻一、一五九頁)、「法をそむき寺社のつとめ不㆑正の輩は、速に釋氏神慮にそむくべければ、還俗せしめて本主本國へかへし、本の家業をなさしむべし」(山鹿素行『山鹿語類』、『叢書』巻三十三、一二九―三〇頁)のように還俗して本業に帰すことが説かれ、また「浮屠修驗ノ宅ハ及ブダケ縮省シ、且ツ内職ヲ營シムルニ如ズ」(正司考祺『經濟問答秘錄』巻八、『叢書』巻二十二、二〇九頁)とか、あるいは僧侶を悉く工職に就けよという佐久間象山のように、僧侶を生産的業務に携わらせることが論じられる。しかし、僧侶遊民の弊害が事を窮めて説かれているにも拘らず、その対策論の性格は案外に極端なものではない。仏教亡国論さえ説くにいたった熊沢蕃山にしても、「問、佛寺はいかゞ、云、是は急には成べからず、急にせば坊主の難儀なるべし」(『大學或問』、『叢書』巻一、一四八頁)というほどである。

「今速に釋氏をたち淫祠をこぼたんとすること、又聖人の教化にあらず」(山鹿素行『山鹿語類』、『叢書』巻三十三、一二六頁)。

「僧は遊民之巨魁にて御座候、乍㆑去人情之維持する所にて急に御潰にも相成兼可㆑申歟、左候はゞ御領内寺々之知行を先拾ケ年之間御借上被レ成候様に仕度候」（高野昌碩『富強六略』、『叢書』巻十七、二五三頁）。

二

僧侶対策は、その具体的内容において、きわめて平凡であって変化に乏しい。その第一は、度牒によって僧の数を制限せよというものである。これは、全ての論者によって、ほとんど例外なしに説かれている。

「僧尼・社人となるの類、私を以てせしめず、必ず奉行に至て其下知を受けしむ」（山鹿素行『山鹿語類』、『叢書』巻三十三、三三頁）。

「昔の得度の法を再興して猥に我と出家する事を禁じ給はん」（熊澤蕃山『大學或問』、『叢書』巻一、一四八頁）。

「古ハ出家ニ成コトナラズ、（中略）受戒得度ス、（中略）然ルニ今世ハ此制禁ナキユヘ、出家日ヲ追テ夥シ」（荻生徂徠『太平策』、『叢書』巻三、五五五―六頁）。

「凡出家スル者ニハ、度牒ヲ給ハランコト願ハシキ也、サテ出家スレバ、四民ノ外ナル者トナリテ、租税徭役ヲ免ルルナレバ、度牒ヲ乞フ時ニ、身抜ノ金ヲ出スベキ義也、其金ヲ収テ度牒ヲ給フベシ」（太宰春臺『經濟錄』巻九、『叢書』巻六、二五五頁）。

「人毎ニ必度牒ヲ受テ後ニ出家ヲ遂ル事ニテ、（中略）是ハ異端ノ害ヲ押ルノ第一番タルコトナレバ、此法ハ必有タシ、（中略）又度牒ヲ受レバ其度ニ官ヘ上納金ノ定有可」（中井竹山『草茅危言』巻七、『叢書』巻十六、四二七―八頁）。

「出家ニハ得度ノ法ニ準ジテ、御領中ノ民ヨリ妄ニ剃髪スル事ヲ禁ジ」（藤田幽谷『勸農或問』、『叢書』巻二十、九七頁）。

「今の僧は天下の遊民にして、出家の業なし、（中略）是にて度牒と云ふを請け、是よりして剃髪し法師となる、（中略）今の僧は（中略）実に國用の者にあらず、故に今よりして僧をみだりに爲すべからず」（司馬江漢『春波樓筆記』、『叢書』巻十二、三一七頁）。

「度牒ヲ下サレテ而後ニ出家スルコト古法ナリ、今日ゴトクヤタラニ勝手次第出家スルコト政ノ大害ナリ」（海保青陵『善中談』、『叢書』巻十八、一三頁）。

「出家スル者ハ、金ヲ出シテ度牒ヲ申シ受ルコト、和漢ノ古例ナリ、今ハ其ノ方已ニ廃セリ、是庸ノ法明カナラザルニヨレリ、今庸法ヲ用ルトキハ、度牒ノ法モ再興スベキ理ナリ、（中略）凡僧ヲ度スルコト、ミダリニスベカラズ、必其數ヲ限ルベシ」（廣瀬淡窓『迂言』坤上、『叢書』巻三十二、一一七頁）。

「僧徒ハ國家無益ノ遊民ユヘ、貧家ノ孤獨、又ハ不具者、又ハ門徒・修験・盲僧等ノ子ニ度牒ヲ渡ス事、國家富饒民數衆多ノ基也」（正司考祺『經濟問答秘録』巻十八、『叢書』巻二十三、五三頁）。

「往古度牒之法に習ひ、猥に僧に成候事嚴敷御停止に仕度候」（高野昌碩『富强六略』、『叢書』巻十七、二五四頁）。

「天下ノ佛寺十萬ニ過グベシ、僧尼ノ數ハ數十萬ニ及ブベシ、（中略）宜ク天下ノ佛寺ヲ併セテ十分ノ一トシ、一寺ノ旦那千軒以上トナスベシ、（中略）必ズ家筋正シク學問アリテ、年四十以上ノ人屢不仕合ナドニ、今世ヲステント思フ人ニ出家ヲ許シ玉ヒ、度牒ヲ給シテ遊樂セシムベシ」（帆足萬里『東潜夫論』巻中、『叢書』巻二十六、四一八―九頁）。

新寺の建立を制禁し、あるいは寺院改易の法を立てて、これを廃滅せよという論もある。

「恐多くも權現様御神慮深く、新寺建立を御制禁被レ遊候儀、天下の遊民を成丈御減じ可レ被レ遊の御趣意、御

仁心の到り奉二恐感一候」（植崎九八郎『牋策雑収』、『叢書』巻十二、四八二頁）。

「御當代ニ由緒無寺ニハ追々廢滅仰付ラルベケレバ、當住僧一代切ニテ後任ヲ置ベカラズト有テ、其僧死スレバ田祿ヲ没収シ土木ヲ撤シ、地ヲ民ニ與ヘ墾闢セシム可、夫ヨリ次第ニ名寺ノ分ニモ及デ、何卒十ノ二三ヲ減ジ度者也」（中井竹山『草茅危言』巻七、『叢書』巻十六、四二五頁）。

「寺院改易ノ法立トキハ、無益ノ游民多クハ減ジテ、國家ノ疲弊却テ全盛トナルベシ、（中略）故ニ只其新建ヲ禁ジ、古刹ヲ興スコトヲ停止シテ許サズ、サテ上文ノ寺僧改易ノ法ヲ立テ、三五十年モタモチテ後宗旨手形ヲヤメテ度牒ヲ命ゼラレナバ、民心服スベシ」（山片蟠桃『夢之代』巻五、『叢書』巻二十五、二八九―九〇頁）。

布教を制限して、このための規制を説くものもある。

「出家社人宿かり、是以て證文あるべし、出家の身として町家をもつこと堅く禁制也、勿論町屋に佛だんをかまへ、或は勸進のため佛體を路道に曝し、或は護摩壇を町屋に設けなど致さしむべからず、當分の借家は格別也、久しくおくべからず、尤も人あつめをいたし談議をのべ、神道勸請などゝ號して奇怪を云ことを禁ず、尤又寺々より持出して古佛古繪をかけ人をあつむること禁制なり」（山鹿素行『山鹿語類』、『叢書』巻三十三、九三頁）。

「是故ニ眞ト佛道ニ導クニハ、先ヅ制度ヲ立テ女參ヲ制シ、男子ハ五人ヨリ上ハ集ル事ヲ禁ジ、説法ハ我民ユヘ、官ヨリ孝悌ノ道ヲ説法スベシ、僧徒ノ致スニ及バズ、多クノ人ヲ集ル事ヲ養《ママ》ハ、民間ニ來ルハ、葬禮一遍ヨリ外ハ叶ハズ、供養ハ揚供養ニシテ、寺ニ於テ讀經回向シ、卒都婆《ソトバ》ニ書テ遣ハシ、供養ハ一類朋友ノミ招イテ祭リ、祈禱・咒咀モ寺ニ於テ勤メ、其外一切民間ニ往ク事ヲ大禁シ、托鉢ノ時モ門ニ立テ、内ニ入ル事ヲ禁ズル時ハ、勤メズシテ佛心ニ叶ヒ、僧道モ盛ニ成リ、民ノ憂モ寡シ、是大仁政也」（正司考祺『經濟問答秘錄』巻二十、『叢書』巻二十三、八八頁）。

正司考祺の議論は、布教を全く禁じて、僧侶は葬礼だけを行えばよいという徹底したものである。これは、彼の「佛法ハ（中略）、其本ハ唯塵垢ヲ去テ、一身ヲ修スルヲ主トシ」（同上、巻十七、『叢書』巻二十三、二頁）という仏教観によるものであろう。

考祺の議論が、僧侶の業をただ葬礼だけに限るというのに対し、儒教の祭鬼神の立場から、仏の葬礼を廃して儒礼を以て葬祭を行うべしという者がある。

「三都及ビ國府城下ニ、學校ヲ立テ學生ヲ置テ、ソレニ由ルモノハミナ儒宗ヲ立テ、宗旨手形ヲ出シ、佛寺ニカヽハラズ、儒風ヲ以テ葬禮シ、天下ノ庶民ミナ極樂地獄無コトヲシラシムベシ、又伊勢ヲ始メ諸社ノ神職佛寺ニヨリテ葬禮ヲシテ忌日ヲ弔フコトヲ禁ジ、コレモ亦神道宗ヲ立テ宗旨手形ヲ出シ、祭祀ノ法ヲ立ラルベシ、此神儒ノ二宗ヲ立ラレテ、佛寺ノ外ニテ人別戸口ヲ點檢シ、天下ノ民數ヲ庶人ニシラシムル時ハ、オノヅカラ是ニヨルモノ多カルベシ」（山片蟠桃『夢之代』巻九、『叢書』巻二十五、四七六―七頁）。

「先ヅ邪説ノ亂ルコト能ハザル正理ヲ以テ御一法ヲ被レ為レ立、夫ヲ御持久被レ遊、御怠慢無二御座一候間、（中略）邪説亂ル事能ハザル正理トハ、天下ニ佛ニ依ラズ、儒禮ヲ以テ葬祭仕候儀ヲ御免許被レ為レ在候ト、度二僧尼一ノ法ヲ嚴ニセサセラレ候トノ儀ニ御座候」（佐久間象山『上書』、『叢書』巻三十二、五〇五頁）。

特異な議論としては、不法の出家に宮刑を行えというのがある。「我邦ニテハ宮刑ナシ、出家ヨリ外ニ民ノフエスギヌ法ナシ、（中略）今不法ノ出家ヲ執ヘテ宮刑ニ行ハヾ、不法ノ出家止而已ニアラズ、出家ノ數グヒト耗ベシ、宮刑ヲ行フハ出家ヲニクムニアラズ、出家ヲアハレムナリ」（海保青陵『善中談』、『叢書』巻十八、一四―五頁）。

また兵民に仕立よというものもある。これは、山伏などの刀剣を帯びるものがいわれる。

「禰宜山伏も又遊民に御座候、（中略）依て是等は兵民に仕立、其内にて才徳ある者には學文を仕込み、其者に郷村之教化を仕らせ、才徳なき者には武藝を仕込、其家之格式にしたがひ、見付番などのやうなる事に御仕ひ、やはり本職土着のまゝにて、交替輪番之様に爲二相勤一申度奉レ存候、左候得ば所々之御番人減少、此御物入相省かれ可レ申候、此者共既に御除地等も被二下置一、常に帯刀迄御ゆるし被二差置一候間、是非々々御役儀爲二相勤一、君臣之差別屹と呑込せ置申度ものに御座候、但門徒寺は妻子有レ之候間、山伏之部類相組入可レ然奉レ存候」（高野昌碩『富強六略』、『叢書』巻十七、二五五頁）。

「醫師・社家・山伏皆刀劍ヲ帯テ、武士ニ擬スルモノナレバ、是亦取リ用ユベシ、僧モ時宜ニヨリテハ取リ用ユベシ、凡如レ此ノ類皆相應ニ格式ヲ與ヘ其譯ヲ立レバ、面目ノコトニ思ヒ、戰場ノ役ヲモ辭セザルナリ、是兵卒ヲ多クスルノ法ナリ」（廣瀬淡窓『迂言』坤上、『叢書』巻三十二、一一二頁）。

僧侶階級の下層の雑類も多い。これらが遊民であることも勿論である。

「順禮うてがう諸願人ぬけ參り等、こと〴〵く遊民にして國のついえ也、堅く禁じてその人を改め、尤宿をかすべからざる也」（山鹿素行『山鹿語類』、『叢書』巻三十三、一〇三頁）。「山伏・比丘尼・みこ・かんなぎの事、町中に相雑はり居るべからず、尤棚に社壇をかまへ奇怪を云ふことを禁ず、（中略）次に諸勸進の輩願人、是又處々に於て改め、奉公人たるべきものは請人方へよびよせて糺レ之、町人たるべき輩、農人たるべきもの、各其出處親類知付にたゞして本へかへらしむべし、宿をかすべからず」（同上、九四頁）。

「道中ごまのはひ渡世、伊勢參、はとの貝、六部、山伏、願人、行人、社人、言觸（中略）、右の品々の類國家の遊民にして、民を食む虫のごとしといへど、斯る中に金ためて持ものは、いつとなく奢りに長じ、其汚れたるをかへりみず、民間に大面して高ぶるあり、惣じて此類の輩の種類、國の食を費し、民間を誣ひ悩ます事、中々雲助宿なし抔小き類と似るべからずして、事を作する事は大也、御代長久に随て、猶此遊民のふへた事夥敷、凡そ國家四民の分量にくらべては、其數過ぎたりとやせん、今の世の生盗は、是等が業に過たるはあらじ、夫れ國土の盗賊は、御制戒の第一なれば、顯れてする事なし、有といへど聞事稀なり、彼等が小盗は表立て制戒なし、小きありといへど、常に其害何の大盗に及ぶ事あらん、いづれの内よりかゝる邪を佛法神道の用具として、正法の妨げとは爲しけるぞや、時至ば明君是等にも御心あらば、いか成る御掟か出でらん知がたし、且又惡座頭の世に害をなす事、所々に述るがごとし」（田中丘隅『民間省要』中編巻之四、『叢書』巻一、五七三―八三頁）。

「道心者ト云者ハ、頭モ無レ之締ノ無者也、去共是又鰥寡孤獨ノ類ニテ、畢竟窮民ナル者ナレバ詮方モ無者也」（荻生徂徠『政談』巻一、『叢書』巻三、三六二頁）。

「道心者ヲバ、都下ニテ然ルベキ寺院ヲ一所定テ、宗旨ニ拘ラズ、皆其寺院ニ管轄セシメ、其道心者ノ郷里來處、並ニ剃髪ノ師ヲ詳ニシテ、其得度シタル寺院ヨリ、文書證文ヲ彼管轄ノ寺院ニ送リ、管轄ノ寺院ヨリ其道心者ニ文書若ハ木牌ヲ授テ、一生是ヲ帶セシメ、其中ニ又其長ヲ數多立テ、平日ノ政令ヲ傳シムベシ、凡道心者ハ、寺院ノ内ニ住スルハ少クシテ、市中田里ニ雜居スル者多シ、然ル上ニ管轄ナキ故ニ、無頼ノ者多クシテ、姦惡止ムコトナシ、若管轄スル所アリテ、時々ニ査點ヲ加ヘバ、無頼ノ輩身ヲ容ル所ナクシテ、姦惡少止ムベシ、是國政ノ補ナルベシ」（太宰春臺『經濟錄』巻九、『叢書』巻六、二六二頁）。

第二部　各　論——学者別研究

第一章　山鹿素行の遊民論

一

山鹿素行の経済論は、主として『山鹿語類』の裡に窺うことが出来る。従って、その遊民論もまた、『語類』によってその大体を知ることが出来る。

「遊民」なる語のもつ意義が、各論者によって、多少とも差異を有することは、既に第一部において論じたが、素行にあっては、遊民なる語が、如何なる意義をもっているであろうか。素行は、『語類』の或箇所において、『周礼』太宰に言う「間民」を以て遊民であると説明している。

「先民の品を定むること三民にして、其詳なることは周禮太宰以㆓九職㆒任㆓萬民㆒と云へる也、九職と云は、民の司どりて業といたすこと九段の品あれば也、（中略）九曰、間民無㆓常職㆒轉移執㆑事と云へり、間民は游民のこと也、定職あらずして何方へなりともやとはれつかはれて其日を營んで世を渡る也」（『山鹿語類』、『叢書』巻三十三、五―六頁）。

「使㆓僕隷㆒事あり、これは我に重代の僕隷なき事は、間民游民なりの内より、云々」（同上、一七三頁）。

この例にあっては、遊民とは間民、即ち日傭・出替りなどの傭人階級のものを指すようであるが、他の箇所では、素行は、この間民とは遊民を指すものではないといっている。

「周禮太宰の職に間民と云あり、是は無レ職して人にやとはれつかはるゝもの也、人にやとはれて其日のあたいをとりてこれを産業とするは游民にはあらざる也」(同上、二八頁)。

このように素行は、一方では間民とは游民のことであるといい、他方では、遊民ではないという。このことは、一見明らかに矛盾であって、『語類』における用語の不統一を示すものと考えることも出来よう。けれども、もしここで、間民とは遊民なりとする前二例は、素行が『周礼』太宰の「間民」なる語を引用するに当って、これを説明するために、便宜的に「游民」なる語を使用したのであると仮定すれば、この場合における「游民」なる語は、素行の当時一般に使用された意義内容をもつ「游民」なる語であって、素行の真意は、「間民」は「游民」にあらず、とする後の例にあるということも出来よう。この推定は、前引用文第二例の「間民游民なり」との割注の使用法からも考えることが出来るのであるが、また次の文例からも推定の根拠を得ることが出来ると思う。

「太宰以二九職一任二萬民一、(中略) 九曰間民、無二常職一、轉移執レ事と出せり、(中略) 所に居て傭賃を以て四方に經營して事を勞役する、是を間民と云へる也、是等の類不レ定ときは、奴婢僕従あらざるがゆへに國用不二自由一を以て、九職の内とする也」(同上、一七〇―一頁)。

即ち、素行によれば、間民とは国用を弁ずる上になくてかなわざるものであり、決して無用の者ではない。『礼記』王制の「無曠土、無遊民」からすれば、間民とは、この遊民ではない。

素行の『語類』は、もと周官の本文に拠り、王制を説き、唐虞三代の経済制度を理想としている[1]。従って、この『語類』の全体の構想からすれば、先聖王が九職の一に定め、かつ国用の不自由を除く間民が遊民であると素行によって考えられたとは思えない。素行にとっては、「国に游民あらしめざらん」(同上、三三頁)ことが必要であり、「国に游民なく朝に幸位な」（同上、一三九頁）きときに、始めて「農の時を不㆑奪して量㆑入為㆑出の道」（同上、一三九頁）が開かれ、『大学』にいわゆる「生㆑財有㆓大道㆒、生㆑之者衆、食㆑之者寡、為㆑之者疾、用㆑之者舒、則財恒足矣」の理想が達せられるという。然りとすれば、国用の不自由を除く間民が、聖王の意においても、また素行の意においても、遊民でないことは明らかであろう。

（1）　瀧本誠一『日本經濟典籍考』、三二五頁。

素行にとって、間民が遊民でないとすれば、遊民とは何を指すのであろうか。間民が国用の不自由を除くが故に遊民でないとすれば、遊民とは、逆に国用を自由にせざるものであろう。国用を自由にせざる者とは、これを生産の面からみるならば、農夫の怠惰にして田産を廃する者であり、また田産なくて常に遊行徒食する者であろう。然り、素行は、これらの者を明らかに遊民なりと断じている。

「游手と云は游民の事也、游民は田産を持ながら其いとなみに惰《おこた》りて事をつとめざるを云也、或は民百姓の子弟田産なくして常に游行して日を費やすをも云へり」（同上、二七頁）。

また他方、これを消費の面から見るならば、遊民とは、「無家の業して天下の農業を費やし」（同上、一二六頁）、「米穀を食つぶす者」（同上、二八頁）である。素行の遊民論が、彼の生産論の反面であることを知ることが出来よう。

要するに、素行の謂う遊民とは、職業をもつことなく、世を渡り、また職ありとも国にあって遊惰を事とし、古先聖王の九職を勤めずして、財の生産に従事せざる者をいうようである

「天地之間の生民・男女・大小・貴賤・貧富・内外、いづれも各其職業あらずして世を渡ることなし」（同上、

六頁)。

二

素行によれば、民百姓はもと暗愚の者であり、従って、「衣食の資不ㇾ足ときは必ず盗賊に興し偽詐を行て、ついに身を失ひ父母妻子を苦しめ傷ましむるに至る」(同上、四頁)者である。素行は、太平久しくして人民が次第に増え、物価も古に十倍するに至って、漸く衣食の資が足らなくなると、この下民暗愚の百姓が、次第に業を捨てて遊民となり、またこの遊民多くして一層物価が高くなって困窮することを説いて言う。

「世久しく太平に屬して人民次第に増長し、米粟・布帛のあたい鳥獣・野菜の商買古に十倍するを以て、下民愚暗の百姓、子孫を養育なりがたきは或はこれを僧尼・神官にいたし、或は己が身渡世に苦みて道心と號して業をのがれて世をいとなむ輩多きもの也、一民業をすつれば一民必ず餓るの理なるに、人君これを制するの政なくんば、國に游民多くして次第に米穀・布帛の價高直たるべし」(同上、三五頁)。

衣食の資が足りないときには、暗愚の民は業を棄てて遊民となるが、また仮に衣食の資が足りても、上に教戒を施さなければ、下民は愚なる故に遊民となって業を勤めないようになる。

「衣食保養の不ㇾ足は、人多くして田地少きか、田地多くして人少きか、田民相應すと云ども教戒不ㇾ足して游民となり、游楽佚民たる多くして其業を勤むるに怠りあるを以てす、是教戒の不ㇾ足が所ㇾ致也」(同上、四―五頁)。[1]

(1) 野村兼太郎博士の言われるようにこれも人口の相対的過剰を言うのであろう(野村兼太郎『徳川時代の經濟思想』、日本評論社、昭和十四年、二二一頁)。

遊民の生ずるのが、一に衣食保養の不足にあり、他に教戒の不足にあるとすれば、国用に任ぜざる遊民を無からしめるには、一方に衣食保養の道を与え、他方に教戒の法を講ずればよい。

民に衣食保養の道を与える根本策は、民に恒産あらしめんとする田産の制である。「田産の制と云は、民に田地を与へて是を耕墾せしむるの法也、然るに授田の法、先一民の可レ耕力役を考へて、而して其所レ養を考へてこれに授くる也[1]」（同上、六―七頁）。

（1）　田産の制については、野村兼太郎博士の前掲『徳川時代の經濟思想』二一二頁以下、参照。

田産の制が行われて衣食保養の道が与えられても、教戒が行われなければ、遊民が生ずる。従って、遊民を無からしめるには、制を立てて遊民を教戒する法がなければならぬ。田産制もこの教戒によって全きを得る。「次に戒二游手一と云へり、游手と云は游民の事也、（中略）もし其間に游民あらば、伍々の組として是を改めて教戒し、教戒久しくして不レ已時は、則是を所のきも入・名主・庄屋に相ことはり、奉行に告てこれを戒しめしむる法也、凡そ田産の制、一民業に怠れば一民飢をうくること定れることはり也、國に米穀其價高直なることは、游手游民多くして米穀を食つぶす者の多ければ也、然れば所の游民をあらため是を戒むること田産の制也」（同上、二七―八頁）。

素行の生産論が、その田産の制にあることはいうまでもないが、この田産の制は、一方に遊民を教戒してこれを無からしめることによって、真実の田産制となることが出来る。素行の遊民論が、彼の生産論の反面を構成している所以である。かくて、民に恒産あり、恒心あらしめ、遊民を無からしめることが出来る。

「孟子曰、無二恒産一而有二恒心一者惟士為レ能、若レ民則無二恒産一因無二恒心一、苟無二恒心一、放僻邪侈無レ不レ為已

といへり、然れば民に恒の産あらしむることは、唯田産の制を正しくして授田の法を詳にし、是に教戒を専らにするにあるなり」（同上、四頁）。

右が遊民を無からしめる根本の策であるが、既に述べたように、田地少くして人多き時は遊民も多く、遊民の多い時には米穀・布帛が次第に高値になる。然らば、小民にして皆餓莩に至るであろう。かくして素行は、天下の民口を正して遊民を集め、彼等を駆て新田開発させることが人君の大徳であるという。

「凡そ天地は唯生々無息の理のみなれば、人多きときは田多く出來、人少き時は田少く、民の有餘不足に従て各生々あるのみなり、然るに天下に游民游手多くして新田開發の功なく、居ながら食をくらふに足れるならば、年を追て萬物のあたひ古に百倍して、小民皆餓莩に至るべし、人君は民の父母にして、民を餓死に至らしめんこと其不仁の至也、こゝを以て案ずるに、天下の間の人民を校量し、其民口を正して游民をあつめ、土地水利をはかりて新田の利をなさしめんことは人君の大徳也、游民次第に多く耕すもの少き時は、ついには盗賊出來りその末々は兵亂となり、民の生生一度に竭て、土廣く民少かりしの古に歸すべし、是天運循環の道也、但當時一郡一國の大守、強て新田の開發を促して利潤を専とすること多し、是又右に云所の考あらざるゆへに却て弊多きもの也」（同上、三五頁）。

また新田開発だけでなく、無職の遊民を、或は土木・軍役・旅役などに使役することも必要であるという。遊民の無職にして常に遊ぶを戒しめ、終に其業を怠らしめないためである。

「力役者役㆓民之力㆒也、人君用㆓民力㆒勞㆓役之㆒せしめて事をなす、（中略）而して力役の品、常に土木の功あり、（中略）次に軍役・旅役あり、（中略）次に游民に役を用ゆ、是は業なく職あらざるものはこれに力役をあてゝ、其無㆑職して常に游ぶを戒しむる也、以上力役を用ゆるゆへん也」（同上、一五五頁）。

「馬端臨曰、古人于ニ游惰不レ耕及商賈末作之人一、皆于ニ常法之外一、別立レ法以抑レ之、間民或出ニ夫布一、或并ニ出夫家之征一、夫布其常也、并ニ出夫家一所ニ以抑一レ之也云々、是上代聖人の政といへども、民の職業なきに其罰役をかくるは、彼をして姑息の仁あらしめずして、終に其業を怠らしめまじきとの掟也」（同上、一六六頁）。

素行が、その庶民観から遊民発生の原因を教戒の不足にありとしたことが、対策としての教戒の要をいう所以であろう。しかし対策のこの倫理的色彩にも拘らず、素行の遊民論が、生産論であることに変りはない。

三

儒学者を中心とする徳川時代の経済論者にとって、僧侶階級が遊民とされたことは、既に第一部において論じた通りであるが、素行にとってもまた、僧侶階級が遊民であることにちがいはない。ただ、素行にあっては、蕃山ほど徹底的ではなく、それが最小限度国用をつとめる限りにおいては、これを許容しようという態度が見られる。

「出家社人山伏陰陽師等、國に在て國用とならざれば、彌游民の最上たり、吉凶軍賓嘉の禮に因て各國用をつとむべし、而して法をそむき、寺社のつとめ不レ正の輩は、速に釋氏神慮にそむくべければ、還俗せしめて本主本國へかへし、本の家業をなさしむべし」（同上、一二九―三〇頁）。

遊民たる僧侶といえども、国用となる限りこれを許容しようという態度は、極めて儒者の意見としては公平なものであるということが出来る。このような態度を持する素行が、聖人の学を行う儒者と雖も、聖人の道を知らずに、徒に記誦詞章を弄ぶならば、また遊民に異ならないとするのも、故なしとしない。

「若聖人の道を不レ知して、儒の行は如レ此、聖人家つくりは如レ此と形を立ば、儒者の宅は寺院の如く、儒士は僧沙門の體になりて、何のいたしなすこともなく、深衣を着しかんむりをいたゞき、記誦詞章を翫んで世務日用に施すべきなく、文武農工商に用ゆべき道なく、只出家の女犯肉食して國の游民たるに異なるべからざる也」(同上、一三一頁)。

既に述べたように、素行は、太平久しく衣食の保養が不足となって民百姓の業を捨てて僧徒となることを説いたが(一一四頁参照)、かかる徒をして彼が本主・本国にかえし、その業に帰らせることを論ずるのは、もとより当然のことであろう。

「遊民の長あらざれば、其制を示し制外をあらため彼等が情を通ずること不レ能、故に寺社の奉行を設けてその作法をあらため、其公事訴をたゞすべきなり、出家社人山伏陰陽師等、國に在て國用とならざれば、彌遊民の最上たり、吉凶軍賓嘉の禮に因て各國用をつとむべし、而して法をそむき、寺社のつとめ不レ正の輩は、速に釋氏神慮にそむくべければ、還俗せしめて本主本國へかへし、本の家業をなさしむべし、故に巡行の目付并中間に五々を立て其師弟の作法を相ただし、大禁を犯す時は官に是を告しめ、官よりたゞして其非義あらはれば、五人組を罪に行ふべし、如レ此時は釋氏の教神道のをもむき相叶ふべき也」(同上、一二九―一三〇頁)。

「山伏・比丘尼・みこ・かんなぎの事、町中に相雑はり居るべからず、尤棚に社壇をかまへ奇怪を云ふことを禁ず、多く遊民奸曲淫亂の事此間にあり、次に諸勧進の輩願人、是又處々に於て改め、奉行人たるべきものは請人方へよびよせて糺レ之、町人たるべき輩、農人たるべきもの、各其出處親類知付にたゞして本へかへらしむべし、宿をかすべからず」(同上、九四頁)。

「諸願人、巡禮、うてがう、諸の乞食非人、悉く其ゆへんを糺明して、或は本主にかへし或は本國にをくりて家業を致させて可也、出家山伏のたぐい還俗致さば、各本主の方へをくり、本主の差圖たるべし、自分の思をなすべからざる也」（同上、一二九頁）。

僧徒・社人をその本主・本国に返して本業につかせるの外、素行はまた次の如き様々な禁制を述べている。徳川時代において、このような議論も、また極めて多く聞かれるところである。

「出家社人宿かり、是以て證文あるべし、出家の身として町屋をもつこと堅く禁制也、勿論町屋に佛だんをかまへ、或は勧進のため佛體を路道に曝し、或は護摩壇を町屋に設けなど致さしむべからず、當分の借屋は格別也、久しくおくべからず、尤も人あつめをいたし談議をのべ、神道勸請などゝ號して奇怪を云ふことを禁ず、尤又寺々より持出て古佛古繪をかけ人をあつむること禁制なり」（同上、九三頁）。

四

最後に、素行の浪人論について一瞥しよう。

素行は、浪（牢）人を二つの種類に分ける。一つは、止むを得ずして浪人した歴々の士である。これについては、素行は、同情を以てその救済の必要を説き、これに扶持を与えよという。即ち、

「不レ得レ止歴々牢人いたせるは不便の義なり、相あつめて公義より一人の扶助をも與へられ頭を付られば、大用ともなりぬべき也」（同上、九三頁）。

蓋し、彼自ら一箇の浪人であったことと、当時の浪人に未だ気骨ある士の少なからざりしにもよるものであろう。しかし、その救済の具体的な方法については、ただ「これに付ては制法さまぐ〵あるべき也」（同上、九三頁）

というに止っている。

このように、歴々の浪人に対してはその救済を説くが、他方、「惣じて天下泰平日久しき時は、家々よりの牢人多く、小者中間刀を用意いたし、羽織はかまをこしらへ、名字を自らなのりて歴々の牢人になるあり、又初めは刀さし若黨などいはれしもの、器量骨法よくてついには侍のごとくいゝなす類」(同上、九三頁)のたしかならざる浪人(牢人)に対しては、これが掣肘、対策の要を論じている。即ち「たしかなる牢人は格別、不レ然ばこれを宿すべからず」(同上、九三頁)といい、もしそれ程でないにしても、「町中諸牢人宿かりの事、先主をたゞし請人證人をとるべし、朝夕のつとめ不レ正、或は夜あるき、或は人あつめ、或は分限に過たる體有レ之て、しかと仕りたる方へ出入の沙汰も無レ之ば、五人組これを改て所を拂ふべし、子細むつかしくば、奉行所に至て下知を可レ受也」(同上、九二―三頁)といっている。

素行によれば、民百姓はもと暗愚のものである。従って、衣食保養の道の与えられない時には多く遊民となるが、また田地相応しても教戒の足りない時には、田産を廃して遊行を事とする遊民が多く生まれる。かくて国に遊民の多い時には、米穀・布帛の価は次第に高値となり、小民は皆飢寒に苦しみ餓莩となるに至る。素行が、田産の制を正して授田の法を詳にし、また遊民を駆て新田開発を行い、僧徒などの遊手を本業に還し、他に教戒の法を立てて遊惰を戒め、更に遊民に罰役をかけて戒しめるという所以である。

既に述べたように、素行の生産論は、一方に田産の制を正し、他方に遊民を戒しめてこれを無からしめることであった。しかもその田産の制は、遊民を無からしめることによって真実の田産の制となることが出来る。「所の游民をあらため是を戒むること田産の制也」(同上、二八頁)。素行において、遊民論が生産論としての意義を(有することを)知ることが出来よう。

第二章　熊沢蕃山の遊民論

一

熊沢蕃山の経済政策の理想は、仁政論を根幹とするいわゆる富有大業の論である。「仁政を天下に行はん事は、富有ならざれば不レ叶」（『大學或問』、『叢書』巻一、一二七頁）。而してこの富有大業の方策を必須ならしめる理由は、当時における諸侯の財政的窮乏と武士階級の困窮とである。従って、富有大業を成就して蕃山の理想たる仁政を施くためには、まずこの諸侯の財政難及び武士の困窮の原因を知らなければならない。この原因は何であるか。蕃山はこれを『集義和書』において論じて言う。

「問、後世豊年ありて食足ときは士困窮し、凶年にして食不足ときは民餓上下かはる〳〵苦て位つめに亂世と成ものあるは何ぞや、云、此その由り來る所餘多ありといへとも、其大本三有、一には大都小都共に河海の通路よき地に都するときは、驕奢日々に長してふせきかたし、商人富て士貧しくなるものなり、二には粟を以て諸物にかふる事次第にうすくなり、金銀銭を用ること専なる時は、諸色次第に高直に成て、天下の金銀、商人の手にわたり、大身小身共に用不足するものなり、三には當然の式なき時は、事しげく、物多くなる物也、士は禄米を金銀銭にかへて諸物をかふ、米粟下直にして、諸物高直なる時は、用足ず、その上に事しけく、物多ときは、ます〳〵貧乏困窮す、士困すれは民にとる事倍す、故に豊年には不足し、凶年には飢寒に及へり、士民困窮する時は、工商の者粟にかふへき所を失ふ、たゝ大商のみます〳〵富有になれり、是財用の權、庶人の手にあれはなり」(『集義和書』、『叢書』巻三十三、一九九頁)。

即ち、武士困窮の原因は、第一に都市の発達であり、第二に貨幣経済の発達であり、第三に制度なくして徒に事滋きことであるという。しかし蕃山が、この中の第二の点を以て、その最も重要な原因であるとしていることは、引用文後半の記述によって明らかであろう。都市の発達が貨幣経済の進展を促し、武士階級の消費―奢侈が増大して困窮に陥る。しかも、制度のないために、武士の奢侈はいよいよ激しく、その困窮はいよいよ顕著となる。そして独り商人が富を重ねる。財用の権が庶人の手にあるからに他ならない。

財用の権、即ち社会の経済的権力が、庶人即ち商人の手にある所以は何処にあるか。貨幣経済が発達し、すべての交易に金銀銭を使用するようになったからである。

「故に商人、國天下の財用の本末を心に取得て、國天下の利をあみし、山澤の淺深河海の運行を、たなこゝろの内にす、故に商は日々に天下の事に委しく、士は日々に萬事にうとくなりぬ、たゞ庶人の私議するのみにあらず、財用の權、商の手にありて、心のまゝに成るものなり、故に商日々に富て、士日々に貧し」(同上、二〇〇頁)。

困窮の原因が、以上の如くであるとすれば、天下財用の権を諸侯が奪わねばならぬ。商人の手にある財用の権を上に収めることが、蕃山の大富有の業を成就せしめる。然らば、大富有の業を成就し、天下財用の権を収めるには如何にすればよいか。彼はいう。

「天下の高免をゆるし、諸國の武士富足るやうにして、公儀の御蔵幷に諸侯の蔵共に、米みち〳〵て、置所なき様にすべき政あり」(『大學或問』、『叢書』巻一、一二八頁)。

この具体的方法は、米の利用即ちいわゆる米遣い経済の実施と、このための武士の土着を以てする自然経済への復還である。即ち天下財用の権を収めるとは、貨幣経済を廃し自然経済に復帰するというのである。[1] 後述するところであるが、煙草などの生産に従事する者までも遊民とする蕃山の議論も、この米遣いの自然経済論と関連して、その意を知ることが出来る。

(1) 蕃山は、これを行うには幕府の政策が必要であるという。
「諸侯の分にては不レ叶、公儀に大道の御志あれば、今の節は易かるべし」(『大學或問』、『叢書』巻一、一二九頁)。

米遣いの経済において、これを実現するために為すべき第一の事は、世に存する多くのすたり米を、すたらせずして貯蔵することである。しかし、このすたり米が数多く貯蔵されれば、米価は当然下落して、武士及び農民は困窮せざるを得ない。そこで「すたる米をすてずして、米は下直ならず、貴賤とも悦ぶべき政」(同上、一三〇頁)をなすために、米を貨幣として使用しようという。即ち蕃山の米遣い経済論である。

「今は金銀銭の通用なる故、米を賣らでは公役《クヤク》も何も調《トヽノホ》らず、此故に大坂江戸の津にては、賣米のみち〱て買ふ者少なければ、下直に成て諸人困窮す、根本國々の米は思ひの外にすくなし、米の直段を銭のごとく定て、京大坂江戸諸國共に諸色を米にて賣買し、呉服所をはじめて、米にて渡さば其下の職人にも米にて渡し、諸物米にてかふべし、東國衆の京の買物、西國衆と米爲替にもなるべし、少しづゝさしつかへる事はあれども、それは時にあたりて解こと易かるべし、米を賣らでも事のかけざるやうにして、彼すたる米を取あげ、粟《モミ》にて諸國に積置なば、飢饉にも餓る者なく、北狄來るとも兵粮に事欠べからず」(同上、一三〇頁)。

既に述べたように、蕃山の議論は、この米を貨幣として使用すること以上に、自然経済に復帰して農兵の世に還さんというにあると考えられる。そしてこの米遣い論・農兵論が蕃山の遊民論の基本的観念として働いていることはいうまでもない。

「仁政は急にせず、自然に昔にかへすべし」(同上、一四八頁)。

「大道行はれば程なく農兵の昔にかへるべし」(同上、一四八―九頁)。

「仁政行はれ、事調て後又餘りて置所なき米穀を以て、農兵に返し給はん事易かるべし」(同上、一五一頁)。

二

すたり米をすたらせず、米遣い経済によって貨幣経済の世を、究極には農兵の自然経済にまで帰そうとする蕃山が、米を生産すべき土地を奪って無用のものを生産し、あまつさえその生産物によって、世上の奢侈・困窮を助長するような仕事に携る者にまで、その遊民の意義を拡めるのは、蓋し当然のことであろう。蕃山は、煙草などの生産に従事する者ばかりでなく、これに寄食する者までも遊民であるとしている。

「第五には、たばこ地のすたり、第六には、田に綿を作るすたり、(中略)第八には、南蠻菓子、昔に百倍するすたり」(同上、一三〇頁)。

「天下の奢美故諸士の用不足にて年々に高免になりぬれば、百姓も地のものはかり作りては年貢に惑ふ故に、烟草を作りて商人へうり、年貢の足しとす、此たばこに塞ぐ地斗りも日本國中を合せて近江程なる大國二三ケ國は空しからん、それにかかりてすくるものはみな〳〵遊民也、烟草の道具に費ゆる竹木銅鐵やきもの其外あけてかそへかたし、たばこ刻になりて世を渡るものはかりも三萬餘人あるべしと云り、烟草を作らぬよふに、それにかゝりたるもの共もいたまぬやうに、五六年程に御止めなされたる程は、此一色にても、日本の國々広くなり、諸人ゆる〳〵と可仕候」(『宇佐問答』中巻、『近世社會經濟學說大系、熊澤蕃山集』、九三頁)。

積極的な意見ではないが、次の例にみる遊民による彼の新田開発論も、この点から解釈することが出来よう。即ち、新田開発に関しては種々な制限を設ける蕃山も、遊民のかたずけのためなら、これを起しても差支えないという。

「國に田畠ばかりにて、山林不毛の地なきは士民ともにたよりあしき物なり、野は野にてをきたるぞよく候、其上新田をひらきて、古地の田あしく成所あり、よく〳〵かんがへ有べき事に候、たとへさはりなくよき新田なりとも、君子ならばたゞにはおこすまじ、おこさばかならず其義あるべし、義といふは大道をこなはれて、ありかゝりの遊民のかたづけなくば新田ををこして有付候べし、鹽濱國土の山林に過て、材木、薪、不自由なる時その濱を減ずべきに、鹽焼どものかたづけのために新田をおこすべし、鹽濱五百石の人は田地千五百石に入候ともあまり有べく候、鹽濱には人多く入こむものにて侍り、人入こみて後其人を迷惑せさすることはならぬ事にて侍れば、こゝろあらん人は、もし後世に仁政のをこなはれんために殘し置度儀に候」(『集義外書』、『叢書』巻三十三、二二二頁)。

既に述べたように、彼の経済政策が究極において仁政を実現するためのものであったことを、ここにも知ることが出来る。

貨幣経済の発達が、既述の如く、商人だけを富有ならしめるならば、一般士民は次第に困窮に陥り、後世の業は極めて困苦して利のうすいものとなる。従って、当然ここに遊民が生まれる。しかも、この貨幣経済の発達と、これに伴う遊民の発生とによって、都市はより一層拡大し、且より一層発達した貨幣経済のもとに、遊民は更に数多く発生していく。この間の遊民発生の状況を、蕃山は極めて明確に把握している。

「後世の業は困苦して利すくなきが故に、本をすてゝ末に趣き、剰游乎の者みちみてり、本を務るものすくなく、浮食するもの多し、故に京都並に國城下の町屋次第にひろがりて、商買、牛馬、道路にたへず、如レ斯ならば商賈、日々に富て、武士日々に貧乏ならん、武士貧乏ならば、百姓いよ〳〵困窮せん、百姓くるしまば游民ます〳〵多かるべし」（同上、二二七頁）。

ここに言う「後世の業」とは、勿論国の本たる農業を指すものであろう。農業が後世次第に利のすくない業となって百姓が困苦するに至るのは、百姓自身の愚さにもよるのであろうが、(1)結局は、貨幣経済の発達によるものである。蕃山は、貨幣経済の発達が、商賈をのみ富ましめて武士が困窮し、困窮した武士が自己の財政難を解決せんがために百姓を誅求し、この結果後世の業は利のすくないものとなって、一方には国の本たる米穀を作らずして煙草などに田地を費やす百姓とこれに伴う遊民を生じ、また困苦の果、本を捨て末に趣き、農村を離れて都会に走る遊民を数多く生ずるという。遊民発生の原因を、主として教戒の不足にありとする山鹿素行の論に比較して、蕃山の議論は、極めて、よく現実を把握したものであるということが出来る。

(1) 蕃山には、かの有名な「田わけ」論がある。百姓自身の愚さによって、農村に次第に貧富の懸隔の大となることを説いている。

「世間にたわけといふ言葉は。百姓の上より出し。田分にて候。たとへば高貳百石の家督を。兄弟二人にて。百石づゝ持たるまでは。小體になりたるまでなり。その者又小ども持て。五十石づゝにけづれば。もはや地士のかどはたてがたき故に。平百姓にをくなれり。夫婦手づから農事をつとむれば。五十石にてもいまだとかくつゞき侍り。又其百姓子供を持て。二十石三十石づゝわけて。次第にわけゆきぬれば。五石三石づゝの高に成行候。それにてもあきなひ半分にて。米を食さずしてとかくわたれば。豊年にはかつえず候。奉公をいやがりて。豊年にはなるべき程不ㇾ成。此故に奉公人すくなく侍り。凶年には其少高の百姓ども。一度にたをるゝゆへに。奉公人多のみならず。かつえ人出來候。村里に富人あれば。此たをれ者の田地を次第にかいとり候。しかれば子孫のおとろへて。本を失ふことは此田分より初るゆへ。農人にてはなけれども。遠き慮なき。はなのさきなる者をば。たわけと申候なり」(『集義外書』巻之一、前掲『熊澤蕃山集』解題、三四―五頁)。

蕃山の遊民発生論は、極めて現実をよく把握しているということが出来る。このことは、後述するように、彼が、僧侶及び浪人の発生を説く場合にも見ることが出来る。要するに、蕃山によれば、「如ㇾ斯惣づまりに成て、浪人出家其外の遊民もかくのごとく多くは成た」(『大學或問』、『叢書』巻一、一七五頁)のであり、そして貨幣経済の発達と共に、「諸浪人遊民の歎き、言語に述がた」(同上、一七四頁)く、「其分にては浪人遊民等の無告の者も在附ず」(同上、一七三頁)というのである。

三

蕃山にとっては、何ら生産の業に従わない僧侶は、勿論遊民の最たるものである。しかも、これらの僧侶が、日を追い月を追って増加するのは、いわゆる吉利支丹請で、天下一同檀那寺を持つことが定められたからである。したがって、仏教の実は既になく、不義無道の僧侶の瀰漫に、今やその弊窮ったかの感がある。真の仏教によって出家したものは、「萬人に百人」(同上、一五八頁)もない現状である。

「吉利支丹請《ウケ》にて、不義無道の出家漫《ハビコ》り、佛法の實は亡びたるといへり」(同上、一五七頁)。

「坊主共はいにしへと違ひ、戒律のたしなみもいらず、學問もいらず、只吉利支丹と違ふと云のみにて心易く世を貪り、肉食女犯自由なること俗人に越へたり」(『宇佐問答』下巻、前掲『熊澤蕃山集』、一〇六頁)。

このように僧侶がいよいよ腐敗堕落するのは、吉利支丹請によって生活が保証されるからであるが、このことが、世上の困窮によって業を営むことの出来ない者を駆って、渡世のために出家させるに至る。是非なく渡世のために出家したものが、世の益となり得ないのは当然である。従って仏教は、今に至って、遊民・悪人・盗賊の棲処とさえなった。

「其身かたはなるか、士農工商の一人の働きならざる者は、是非なく出家したるもの萬人に千人もあらん、其外は皆渡世の爲に姦謀をなして、婚欲肉食に飽たる事在家に勝れり、同宿諸化《ショケ》江湖抔とて、大寺に寄居者多くは悪人盗賊なりといへり」(『大學或問』、『叢書』巻一、一五七頁)。

かく、仏教は日を追って隆盛になる。そして、この仏教の隆盛が、多くの天下の山林川沢を奪い、また百姓の産を奪って、このために多くの遊民を生ぜしめる。ここに至っては、仏教の隆盛に寄食する僧徒は、天下の生産を阻害する蠹虫である。

「天下の山林川澤の佛者の爲に奪はれるものを合せて二十餘國につもりたり、或は新地或は替地などゝて寺地とするを見れば、百姓のいのちをつなぎ、妻子を養ふ上田畠をとられ、屋敷を追立られ、潰して大寺餘多建て、剰へ門前とて町家を作り人にかし寺領の上の知行とす、(中略)かくのごとく年々諸國におゐて民の家業をとられて流浪するものいか程といふ事を知らず(1)」(『宇佐問答』上巻、『熊澤蕃山集』、七三―四頁)。

(1)　この議論は、正司考祺にも見るところである。考祺は、仏教盛で大寺が市町に建てられるために、良田耕地が不足して遊民が生ずるという。「正司考祺の遊民論」参照。

以上のように蕃山は、仏教の隆盛が、一方にはその内部にあって益々出家の数を増し、他方外部に対しては、天下の土地・百姓を奪って、いよいよ遊民を増加させると論ずる。何れにしても、それが天下の生産を奪うことは勿論である。僧侶が、天下の遊民の最も尤なるものとして、かかる遊民の増加は「天下乱逆のもとい」であるとして、蕃山は仏教亡国論さえ唱えている。

然らば、これが対策は、如何にすべきであるか。しかし、今急に寺請を止めれば、飢渇に及ぶ僧も多いであろう。これは、天下大業の仁政ではない。藉すに、宜しく年を以てしなければならない。

「問、佛寺はいかゞ、云、是は急には成べからず、急にせば坊主の難儀なるべし」（『大學或問』、『叢書』巻一、一四八頁）。

「問、今寺請《ウケ》を止めて、天下の人の信不信に任せば、檀那寺持たざるもの大分ならん、然らば僧は飢に及びなんか、云、是故にまづ仁政を先にして餘米を以て粮なき僧を養へり、みだりにみづから出家するものを禁じ、前にいふ所の得度《トクド》の法行はれば、出家するもの千分が一ならん、三十年の間には、出家も死てすくなくなるべし」（同上、一五九頁）。

先にいう得度の法とは、

「昔の得度の法を再興して猥に我と出家する事を禁じ給はん、何の國何の郡何の村何がしといふもの出家を願ふ時、其村中外村の親類までも寄合、戒定恵《カイジャウエ》の三學をかねて、出家をとぐべきものなれば、其郡の奉行に達し、奉行吟味して國君に申す。國守より公儀の奉行所に達し、御朱印給はりてはじめて出家す、其僧不律の事あれば、僧正是を糺明して公儀へ申す、公儀より國守にかへし給ひて不吟味の過怠あり、國君又其郡奉行所の庄屋一類に過怠あり」（同上、一四八頁）。

かく、吉利支丹請を止めて急に難儀に及ぶ僧には余米を与えて養い、また得度の法備って出家となることを禁ずれば、僧侶の還俗するもの多く、仏教は自然と衰微して、その害も止み、仁政の義にも適うことが出来る。

「渡世の爲に是非なく出家したる者多ければ、還俗せしめて、渡世だにあらば、還俗するもの多かるべし、文字達者なるものは在々所々にて小學の役人ともなるべし」（同上、一五九頁）。

「其在所并に親類として還俗せしめて一生養ふなり、かくのごとくなれば出家する者稀なり」（同上、一四八頁）。

四

浪人問題は、いうまでもなく、徳川初期における重要な一社会問題であった。時の岡山藩の藩政にあずかり、また自らも浪々の日を体験した蕃山が、浪人問題に言及するところあるのは、何ら怪しむに足りない。

慶長以来、幕府の政策によって、多くの諸侯が減封・改易の憂目を見、ために多くの浪人が生じた。しかし蕃山によれば、浪人の生ずるのは、これがためばかりではなく、治平久しく風俗が衰え、武士が互に嫉視反目して相手を陥れることを謀るようになり、ためにまた浪人が生ずるという。

「後世はしからざる事あり、君の氣に入たるものに國郡をあたへ、取立んために闕所の地あらん事を願へり、故に子孫なきをば家を絶し、あれども嫡子ならざるをば、とりあげず、ましてすたれたるをば取立ず、家中に口説など出來れば、しつめはせて、それにかこつけて身代をばこし、子孫の不覺を教はせて、惡事出來次第に所をめしはなてり、この故に素浪人多出來るなり」（『集義外書』、『叢書』巻三十三、二五一―二頁）。

かくて「近世無告の者多し、無告とは、誰をたのみ、何方へよらむ便なく、何をして父母妻子ともに一生をおくるべきやうなきもの也、(中略)今の無告の至極は浪人なり、度々の飢饉に餓死せるも数をしらず」(『大學或問』、『叢書』巻一、一二七頁)という程に浪人は困窮し、果ては、「治世久しければ、牢人ますく多成て遊民の如」(『集義外書』、『叢書』巻三十三、二五三頁)き有様となるに至った。何らの蓄も持たない軽輩の浪人の困窮は、最も悲惨を極める。従って、「末々のかろき牢人は、勇氣にたよりて盗賊を事とするもの出來ぬ、勇氣もなきものは遊民とな」(同上、二五二頁)って、社会治安の上に大きな問題となる。しかし、為政者にとっては、「治平の政は遊民盗賊のたねをまかさる様にすること肝要」(同上、二五二頁)であるという。しからば、この無告の浪人対策は、如何にすべきであろうか。

浪人は無告の者であり、無告のものを救済するのは、仁君の政である。「近世無告の者多し、(中略)仁君の政には先此無告の者をすくひ給へり、今の無告の至極は浪人なり」(『大學或問』、『叢書』巻一、一二七頁)。しかし、「仁政を天下に行はん事は、富有ならざれば不レ叶」(同上、一二七頁)である。そして、富有なるためには、蕃山の説く経済理想が行われていなければならない。蕃山の浪人対策(救済)論が、その経済政策と切り離すことの出来ない所以を知ることが出来る。

蕃山の経済政策が実施されて、その富有の大業が成就する時には、諸侯は、充分に浪人を救済することが出来るばかりでなく、時に臨んで、これらの浪人を一朝の役に立てることも出来る。蕃山は浪人に禄を与えて救済すべきことを論じて、次の如くその方法を語って言う。

「問、諸大名家中の人餘りあり、其上に此大勢の浪人に本知遣はし、本知なきにも父母妻子養ふほどの禄をあたへば、遣はすべき知行なからん歟、云、しからず、浪人の間、公儀のめぐみなれば本知にかゝはらず、各浪人の家口をかぞへて、十人の家人あるには二十人扶持の積りにして、浪人百人に貳千人扶持なり、米四千石餘か其中千石已上、或は格よき浪人名ある歴々は人口によらず、家内十五人ありとも、五七拾人扶持も給はるべし、小身の浪人家口五六人のもあるべし、外に男一人女一人の給分宿賃など遣はす共、米五千石餘ならん、右の積りにて事たらずとも、萬石餘にはさのみ出すべからず、四萬石の積米ある諸侯には、六七千石壹萬石の扶持米を出させて預け給ふべし、此積りにて他は知べし、其中呼出し度と思はるゝものあらば、本知をあたへるか、又は親の跡知行ならば、相対次第に知行遣はして抱らるべし、浪人自分に在付あらば斷を云、扶持をあげてゆくべし、かねて貯ありて引込居る浪人、又はよき親類知音ありて、合力あるものは其通りたるべし、國々へ呼給はん事は、屋を作り引越騒動なれば、今迄宿かり居たる所に其まゝさし置、其中には歴々なる人一貳人惣名代に禮を行て目見《メミエ》し、其外は江戸参府の往來近き所にて目見致すべし、ゆく〳〵は勢次第にて、其主人の國所へも引越事もあらんか、是大數なり、くはしき事は、其時所に随ふべし、今天下貴賤共に困窮難儀は借金なり、是を盡くすまし下され、已來借金なき様ならば、諸人のくつろぎ大慶是に過べからず、無告の諸浪人飢寒の気遣ひなくならば、此二つはさしあたり仁政の大なるものなり」（同上、一四三―四頁）。

蕃山の浪人救済の具体策は、一方に浪人の借金を上より悉くすまして当座の急を救い、他方に諸侯がその積米を以て浪人に扶持を与えんとするものである。勿論この前提として諸侯に積米がなければならぬ。即ち、大富有の業によって諸侯の蔵に、米がみちみちていなければならぬ。蕃山は、別の箇所で、諸侯が米を積む方法を、具体的な数字を以て示している[1]。

（1）『大學或問』、『叢書』巻一、一四一頁、及び、一五二―三頁。

蕃山の経済思想が、究極において農兵土着によらんとする復古的なものであることは、既に簡単に指摘したが、この彼の思想は、その浪人論においても、これを見ることが出来る。即ち、彼は、彼の理想とする古の土着——農兵時代にあっては、天下無告の浪人の存在しなかったことを説いている。蕃山の浪人救済論が、結局その復古的農兵制によって解決されるという思想を示すものであろう。(1)

「むかしは士たるものも農を本とし、在所を持て住居せり、才あり徳有もののえらばれて、京師にも國都にもよび出され、其官職に付たる禄を受て仕るなり、子孫はそのまゝ在所にをれば官職を辞すれば、本の農に引込なり、故に牢人といふもの有べき様なし」(『集義外書』、『叢書』巻三十三、二五三頁)。

(1)　蕃山はまた、屡々断片的ではあるが、「浪人の在附」なる言葉を使用している。例えば、『大學或問』、『叢書』巻一、一七三頁。

蕃山の浪人救済論は、荻生徂徠の論と極めて相似るものである。蕃山と徂徠の土着論に繋りが認められるように、浪人救済論においてもそうである。(1)

(1)　「荻生徂徠の遊民論」及び第一部、参照。

第三章　荻生徂徠の遊民論

一

荻生徂徠生存（寛文六年—享保十三年）の後半、即ち元禄から享保年間に至る間、都市の膨張とこれに伴う貨幣経済の発達とは、一面幕府・諸侯の財政難と武士の困窮、他面商人階級の著しい抬頭とをもたらした。一例をとれば、江戸の人口は、元禄六年には三十五万三千五百八十八人と記されているが、(1)享保八癸卯五月の所計では五十二万六千三百十七人、内男三十万五百十人、女二十二万五千八百七人となっている。(2)またこれに伴う商品・貨幣経済の発達によって、幕府及び諸侯の財政的破綻、大商人の抬頭、諸侯の窮乏の家臣及び農民に加えた経済的圧迫等が、進展しつつあったことはいうまでもない。享保十四年作の太宰春台の『經濟録』は、この間の消息を次のように物語っている。

「諸侯ハ、大モ小モ、皆首ヲタレテ町人ニ無心ヲイヒ、江戸、京都、大坂、其外處々ノ富商ヲ憑デ、其續ケ計ニテ世ヲ渡ル、邑入ヲバ悉ク其方ニ振向ケ置テ、収納ノ時節ニハ、子錢家ヨリ倉ヲ封ズ（中略）、邑入ニテ償ヒテモ猶足ラズ、常ニ債ヲ責ラレテ、其罪ヲ謝スルニ安キ心モナク、子錢家ヲ見テハ、鬼神ヲ畏ル、如ク、士ヲ忘レテ町人ニ俯伏シ、或ハ重代ノ寶器ヲ典當シテ時ノ急ヲ免カレ、家人ヲバ飢シテ、子錢家ヲバ珍膳ニテ饗シ、或ハ子錢家トテ、故モナキ商賈ノ輩ニ、祿俸ヲ與ヘテ家臣ノ列ニ入レ、或ハ買ヒタル物ノ直ヲ償ハズ、工人役夫等ノ賃錢ヲ償ハズシテ、其人ヲ困窮セシムル類、凡ソ廉恥ヲ忘レテ不仁不義ヲ行フ人、比々トシテ皆是也」（『叢書』巻六、一二八頁）。

荻生徂徠は、このような当時の弊の根本原因を、旅宿の境涯と、制度なきこととの二つにあるとした。旅宿の境涯とは、「先第一武家御城下ニ集居バ旅宿也、諸大名ノ家來モ其城下ニ居テ、江都ニ對シテ在所トハ云ヘドモ、是又己ガ知行所ニ非レバ旅宿ナリ、其子細ハ、衣食住ヲ初メ、箸一本モ買調ヘネバ成ラヌ故旅宿」（『政談』、『叢書』巻三、三七六頁）をいう。制度とは、「法制節度ノ事也、古聖人ノ治ニ制度ト云物ヲ立テ、是ヲ以テ上下差別ヲ立、奢ヲ押ヘ世界ヲ豊ニスルノ妙術也、（中略）衣服家居器物、或ハ婚禮喪禮音信贈答供廻ノ次第迄、人々ノ貴賤、知行ノ高下、役柄ノ品ニ應ジテ、夫々ニ次第有」（同上、三九三頁）をいう。

旅宿の境涯と制度のないため、都市は次第に膨張し、商品・貨幣経済が発達して奢が盛んになる。従って農を厭って都に出、これ等の多くは日傭・棒手振の類となって、ために都下はいよいよ拡がっていく。

「總テ百姓ノ奢盛成ヨリ、農業ヲ厭ヒ商人ト成コト、近來盛ニテ田舎殊ノ外衰微ス」（同上、四四四―五頁）。

「農民モ出替リノ奉公人ニ來リテ、直ニ留リテ日雇ヲ取ホテイヲフリ、直ニ御城下ノ民トナル者、日ヲ追ヒ年ヲ追テ夥シク、今已ニ廣サ五里ニ餘リ、屋家ノ稠密イフバカリナシ」（『太平策』、『叢書』巻三、五五五頁）。

「當時諸國ノ民ノ耕作ヲ嫌ヒ、米ノ食ヲ悦ビ、百姓ヲ棄テ商人ニ成故、衰微シタル村々多キコト、度々承ルコト也」（『政談』、『叢書』巻三、三五九頁）。

徂徠にとっては、農は本であり、商工は末である。百姓の田地に在附かぬは大事であるが、商はたとい潰れても差支えはない。封建社会の理論にとって当然のことである。

「本ヲ重ジ末ヲ押ルト云コト、是古聖人ノ法也、本トハ農也、末トハ工商也」（同上、三六〇頁）。「武家ト百姓トハ、田地ヨリ外ノ渡世ハ無テ、常住ノ者ナレバ、只武家ト百姓ノ常住ニ宜シキ様ニスルヲ治ノ根本トスベシ、商人ハ不定ナル渡世ヲスル者故、善悪右ニ云ガ如シ、然レバ商人ノ潰ル、コトヲバ嘗テ構間敷也、是又治道ノ大割ノ心得也ト可レ知」（同上、四二七—八頁）。

従って、農を離れて都下に集り、日傭を取り棒手を振るなどの輩は、いうまでもなく遊民である。「棒手振、日雇取ナドノ游民モ、在所ヲ離テ御城下ニ集ル者年々彌増シテ」（同上、三八七頁）。

而も世上の風は、これら日雇の類を好んで用いるから、遊民は増々多くなる。

「此七八十年以前迄ハ、日傭ヲ雇テ普請スルコトハ無也、小普請金ト云コト其遺法也、京都仕番ニモ此遺法今ニ殘レリト承ル、金ヲ取日傭ヲ雇フヨリシテ、御城下ニ遊民多ク成、亦日傭ノ請負ニ附、様々ノ奸曲アル也」（同上、四〇三頁）。

「日傭ヲ傭フユヘ、游民其所ニ聚リテ、米穀ヲ食費シ、武家ニ仕ユルコトヲ嫌ヒテ、皆游民トナルユヘ、人民ハ多ケレドモ、軍役ノ用ニ立ヌコトニナリユク」（『鈐録』、『叢書』巻三十三、三六二頁）。

しかしこれら農村離脱の者のうちには、城下に出て、日傭・棒手振の階級になって止まる者ばかりではなく、果は、新薦被・無宿者にまで成下る者もある。これは、身の慎みが悪いからでもあるが、畢竟は世の中が詰って生活が困難になって来たからである。

「新薦被ト云ハ、多クハ田舎ノ百姓ニ奢付、耕作ノ骨折業ヲ嫌ヒ、雑穀ヲ食スルコトヲ嫌テ、御城下ヘ奉公ニ來リ、所ヲ不レ定方々渡リ歩行、年寄テ故郷ヘ可レ歸ヤフナク、辻番門番同心ノ荷物擔ナドニ成タル果モ有、又中比ヨリ奉公ヲ止棒手振、其日暮シヲ仕タル者ノ果モ有、（中略）何レモ身ノ恪勤惡キヨリ成タレドモ、元來愚ナル者ノ其愼惡キト云モ、世間ノ風俗ニ連テノコトニテ、其上ニ近年世詰リ世間過難ク爲ル故、如レ此者出來タリ、然バ國ノ治惡キ故風俗モ惡ク成、世モ詰リタル中ヨリ出來ルコトナレバ、畢竟上ノ咎ト云ベシ」(『政談』、『叢書』巻三、三六五頁)。

即ち、遊民の発生するのは、社会経済上の原因に基くものであるが、この弊の由る所は上の咎であり、従って上の政によって解決することが出来るというにある。徂徠の所説が、商品・貨幣経済の発達を眼前にしながら、尚且その土着の法によって社会を理想の古に復すことが出来るとする所以である。しかし彼の議論は、徒に礼法を空論するものではなく、物質生活の重要さを説き、しかもこの物質生活を人間の意志によって変革し得るとなすという。(3) ここに徂徠が、その理想の制度を立てることを時弊匡救の根本策とする理由がある。従って、遊民の発生するのも、畢竟は土着の制が乱れるからである。例えば、今は追放あって古の徒罪の制がないため、遊民奸曲の徒がはびこるという。

「追放ハ元來戰國割據ノ時ノ法ニテ、其時分ハ流罪ト云事ナラヌ故、其代ニ仕タル事也、當時太平ノ代ニ此法有故、遠國ノ追放人缺落人ト御城下ニ集ル故、御城下ハ自ラ惡人ノ津ト成也、(中略)且又百姓抔ハ田宅ヲ没収シテ、ヤハリ其所ニ置テ水呑百姓ニセバ、追放ニハ及間敷コト也、田地モ持ヌ百姓、輕キ町人ハ何方ヘ行テモ同様成物ナレバ、追放ハ何ノ詮モ無コト也、追放ト云事有ヨリ、世界ニ惡人ハ絶ヌ事成レバ、徒罪ヲ立テ追放ハ止度コト也、徒罪ハ三代ノ古モ、異國ノ後代モ、日本ノ古モ有レ之コトニテ、此法無時ハ死罪流罪ノ次ニ階級ナク、取捌キニ足ラヌ所有ト可レ知、米ヲツカセ、籾ヲコナサセ、縄ヲナハセ、草履ヲ作ラセ、荷物ヲ運バセ、車ヲ引セ、其外普請胴突抔其外ノコトニモ召使フコト也」(同上、五一三―四頁)。

要するに、「百千萬般ノ患ハ皆御城下ニ人ノ聚リスギタル處ニ歸スル」(『太平策』、『叢書』巻三、五五四頁)のであって、「仕舞フタ屋」などという遊民の起るのも、これに由るに他ならない。

「仕舞フタ屋ナド云ヤフナル者、工商ノ業ヲ勤メズ、只町屋敷ノ影ニテ渡世ヲシ、剰ヘ己ハ其町屋敷ニハ不レ居、家守ト云者ヲ拵置奉行所ヘモ夫ヲ出シ、安楽ニ耽ヲ俗眼ニ何ノ害モ無コトノ様ニ思ヘドモ、風俗ノ上甚宜カラザルコト也」（『政談』、『叢書』巻三、三五六―七頁）。

不労所得者を無用、遊民とする例は、本居宣長、三浦梅園等においても見られる。(4)

（1）享保六年以前の人別で、比較的信用し得られるのは、この元禄六年の数字であるといわれる（幸田成友「江戸の市制」、岩波講座『日本歴史』）。
（2）男女差の多いことは、江戸人口における出稼人などの比率の高いことを物語るものであろう。
（3）野村兼太郎『徳川時代の経済思想』、三二〇頁。
（4）「業をばなさずして、只金銀のうへのみにて、世をわたる者は、皆遊民にて、云々」（本居宣長『玉くしげ別本』、『叢書』巻十六、三五頁）、また「三浦梅園の遊民論」の項、及び第一部参照。

二

農村からの遊民の発生が、都市の膨張に帰因するものであるとすれば、この遊民を防止するためには、都鄙の区別を設ける必要がある。

「元來外郭トテ堀ヲ掘堤ヲ築コト武備ノ一也、夫程ニナクトモ木戸ヲ附テ境トスベキコト也、元來此境不レ立ユヘ、何方迄ガ江戸ノ内ニテ是ヨリ田舎ト云彊限ナク、民ノ心儘ニ家ヲ建續ルユヘ、江戸ノ廣サ年々ニ弘マリユキ、誰許ストモナク、奉行御役人ニモ一人トシテ心付人モナクテ、何ノ間ニカ北ハ千住、南ハ品川マデ家續ニ成タル也、是亦古法ヲ不レ知誤リ也、都鄙ノ疆ナキ時ハ、農民次第ニ商賈ニ變ジユキ國貧シクナル者也、農民ノ商賈ニ變ズルコトハ、國政ノ上ニハ古ヨリ大ニ嫌フコトニテ、大切ノコト也」（同上、三四五頁）。

このためには、先ず戸籍、路引の制を立てて、世界に紛れ者のないようにしなければならぬ。

「治ノ根本ニ返テ法ヲ立直スト云ハ、三代ノ古モ異國ノ近世モ亦我國ノ古モ、治ノ根本ハ兎角人ヲ地ニ付ルヤウニスルコト是治ノ根本也、人ヲ地ニ付ル仕形ト云ハ、戸籍路引ノ二ツ也、是ニテ世界ノ紛者無ノミニ非ズ、是ニテ世界ノ人ニ統轄ヲ付ル故、世界ノ萬民悉ク上ノ御手ニ入テ、上ノ御心儘ニナル仕方也、此仕事無時ハ日本國中ノ人ヲ打散シニ置テ、心儘ニ面々構ヲ働スル故、上ノ御手ニハ入ヌ也、去バ世界ノ萬民ヲ手ニ入ルト手ニ入ザルトノ違ハ、是ナル故、此治ノ根本ト云コトヲ知ルベキ也」（同上、三五三―四頁）。

「當時ノ如ク他國ト混亂サセズ、自由ニ他国ノ人ト成コトヲ禁制スル時ハ、日本國中ノ皆所ヲ定テ其所ノ土ニ付故、人タル者ニ皆頭支配有テ、離者ト云者ハ一人モナク、依レ之紛者ト云ハ曾テ無コト也」（同上、三五五頁）。

この制度を立てた上は、いわゆる人返しの方法を行えばよい。即ち、徂徠は、都市における離村者を本国に返して、日傭・出替奉公人などの遊民を生産に携わらせ、彼の理想たる土着論を実行せんというのである。徂徠以後、本業を棄てて都会に集った農村離脱者を帰村させんとする議論は枚挙に暇がないが、この徂徠の論は、その嚆矢をなすものである。

「古ハ地ヲ量テ民ヲ置ト云コト有リ、六十餘州悉ク一國〳〵ノ人別ヲ見テ、サテモ城下ノ人ト關八州ノ人トノ總人數ヲ考ヘ、關八州ヨリ出ル米穀ニテ、御城下並ニ關八州ノ人ノ一年ノ食事ノ足ル積ヲ準合ニシテ、御城下ノ人數ヲ定ムベシ、諸國ヨリ來タル旅人、並ニ諸大名ノ家來ハ外ナルベシ、是ハ諸國ヨリ來ル米ヲ食スル積ニスベシ、当時御城下ニ居者多ク諸國ノ者ナレバ、右ノ限ヲ以、御城下ノ人數ヲ限、其ノ外ハ悉ク諸国ヘ返スベシ、返ス仕方ハ其地頭々々ニ申付テ人返シサスベキ也、民ハ愚ナル者ニテ後ノ料簡無者也、御城下渡世惡クナリテモ、一日暮シノ心易クナルハ御城下ナル故、其癖ツキテ一日〱ト送リ、御城下ヲ離テ古郷ヘ返ル心ハ曾テ生ゼズ、又御城下ニ年久ク居間ニ、少々ノ田地モ無ナリ、己ガ屋敷ニモ人住バ、自然ト歸ルベキヤフナシ、公儀ヨリ返サントシ玉ヒテモ、逐出サル丶ト思テ怨ル心甚シカルベケレバ、諸國ノ聞ヘモ惡ク、不仁ナルヤウニ沙汰スベシ、總ジテ地頭ト云者ハ其地ヲ治ル職也、（中略）其治ル國郡ノ民ノ増減ヲ吟味シテ、民ノ數増ハ治善ニ、減ズレバ治惡キニ沙汰シ、是ヲ以テ國司郡主ヲ賞罰スルコト、異國歴代ノ諸書、日本ニテハ令ノ面分明也、此趣ヲ諸大名諸地頭ヘ仰渡サレ、（中略）民ノ其所ニ住兼他国ヘ散行ヤウニハ爲マジキコト也、連々ト人返ヲシ、面々其所ニ有附ヤフニ可レ仕ト屹度可レ被二仰付一コト也」（同上、三五八—九頁）。

「諸國ヲ吟味セバ、地弘ク民少キ所モ有ベシ、地狭ク民多キ處モ有ベシ、左様ノ處ヲバユリ合スル様ニスベシ、其仕形モ可レ有コト也」（同上、三五九頁）。

この人返しの方策が行われないから、武士の困窮と相俟って、出替奉公人などの俗に云う遺放しの者が用いられて、引いては武道の衰微となる。武道の根本から社会改造の方策を論ずる徂徠が、その人返しを説くのは当然であろう。

「今御城下ニテ召使フ出代者ハ、方々渡リ歩行一ツ家ニ足ヲ留ル心無レバ、何事モ世俗ニ云遺放シト云者ニナリ、健ナル者ハ年ノ若キ中ハ渡リアリキ、年寄バ辻番抔ニ成、果ハ乞食ニナリ、火付盗賊ヲモスル類ノ者也、其内ニ少シ朴ナル者モ、年久ク江戸ニ居、百姓ノ業ニ遠ザカレバ、麥飯糧食ヲ否ニ思フヨリ、奉公ノ先ニテ行合夫婦ヲ拵ヘ、町ヘ引込棒手ヲ振一生ヲ送ル、依レ之少々年久シク居テ、家ニナジミノ者出入スルモ、皆輕キ町人也、（中略）シカレバ譜代者絶テ、皆出代リ者計リニ成タルハ、武道ノ衰廢ニテ、武家ノ爲ニハ至極ノ惡キコト也ト知ベシ、此境ヲ得ト了簡セバ、向後武家ニ譜代者出來ルヤフニ取捌クベキコト也、其仕形ハ前ニ云如ク、人別ヲ立テ、田舎ノ者ハ江戸ニ足ヲ留ルコトナラズ、御城下ノ者ハ他國ヘ移ルコト成ヌコトニシテ、武家ノ家來モ妻ヲ持、並ニ其家ニテ生長シタル者ハ、永ク其主人ノ家ヲ離ル、コトナラヌ様ニ定メ、其主人ノ人別ニ附置キ、請人ヲ立サセズ、譜代ノ者ニ定ムベシ、或ハ其者ニ子共多ク、其主人小身ニテ養フコト難レ成、他ヘ出代リ奉公ニ出ストモ、有レ事時ハ其譜代ノ主人如何様共取捌クベシ、（中略）然レドモ畢竟スル所、武家ヲ知行所ニ置ザレバ、御城下ハ物入多クテ、譜代ノ者ヲ澤山ニ持コト成難カルベシ」（同上、三七四―五頁）。

このような議論は、徂徠以外にも少くない。なお彼は、この人返しを行うに当って、非人など路銭に苦しむ者にはこれを与えよという。後世、特に寛政以降、頻発された帰農令における、この方法の議論的先駆と見ることが出来[1]る。

「人返シノコト行レバ、新薦被非人ノ内ヲモ在所ヲ詮議シテ返ス仕方モ有ベシ、是ハ平人ノ人返シトハ替テ、地頭ノ知行ノ治メ悪シキ咎計ニ非ズ、御城下ノ治メ悪キ故、非人ノ出來タル咎半分ナルベケレバ、路錢ナドハ公儀ヨリ下サルベキコト也」（同上、三六七頁）。

（1）　第一部及び附録年表参照。なお、寛政癸丑五年四月二十六日附の帰村令によるに、
「在方より當地江出居候もの古郷江立歸度存候得共路用金又ハ夫食農具代抔差支候ものハ可願出御料所幷小給所寺社領抔之ものハ夫々御手當被下歸村被仰付万石以上領地之ものは領主江引渡歸村可申付候、云々」（司法省編『徳川禁令考』、明治二十七年、第五帙、『司法資料』第百八十號、七八六頁）とある。

三

徳川時代、特にその初期にあって、浪人を最も大量に発生せしめた原因は、いうまでもなく、諸大名の除封・減封にある。しかもこれらの大名のうちには、「謀叛ノ筋モ、御咎ノ筋モ無クテ、家ノツブレタル」（『政談』、『叢書』巻三、四九四頁）ものも多く、従って罪なくして生ずる浪人も多い。これらの浪人に対して、幕府の政策への顧慮を払いながらも、徂徠は、同情を以て論じている。

「大名ノ家ノ謀叛ノ筋モ、御咎ノ筋モ無クテ、家ノツブレタルハ其家來ニ咎無、然ルニ家ツブルレバ家來流浪スルコト世ノ風俗ト成、詮方無事ナレドモイタマシキコト也、元來武士ナレバ町人百姓ノ業モ成ズ、渡世スベキ様無レバ、果ハ様々ノ惡事ヲ仕出スモ有、是身ノ咎ナレドモ、畢竟上ノ政道ノ足ヌ處トモ可レ云カ、因レ是婿或ハ養子ニテ迹ヲ立ルコト、世ノ穏ナル筋ニ叶ベケレドモ、然ドモ天道ヨリ滅シ玉ヘル家ヲ人作ニテ相續スルコト、是又冥慮ニ恐有事也、外様大名ハ其初家来ノ力ニテ、一國一郡ヲ切随ヘ、其力ニテ今ニ至ル迄國郡ノ主トナル、御譜代ノ者モ其初家來ノ力ニテ御奉公ヲ申上國郡ヲモ賜リタリ、是其主人ハ己ノ力ノミニ非ズ、全ク家來ノ功也、然レバ御譜代外様ノ大名ノ家來モ全ク上ヘ対シ天下ヘ対シテ御奉公無ニシモ非ズ」（同上、四九四頁）。

この浪人というものも、武士と同様に旅宿の境涯にあるものであるが、帰るべき故郷を持たないから、世間の風俗に引かれて、果は奸曲偽詐を事とするようになる。

「浪人ト云者元來ハ武家ニ奉公シテ其主人ノ人別ニ結有シ處、今夫ヲ離ヌレバ、有付迄ハ何ノ町何ノ村ニ在ト云トモ、農商ノ外ノ離者ニテ、全體旅人ノ意也、去ドモ返ルベキ郷里モ無レバ、亦旅人ニモ屬シ難シ」（同上、三六二頁)。

「武家ノ浪人ト云者ハ、工商ノ業ヲモ不レ知、親類近付ノ力ニテ計世ヲ送者ナルニ、近年武家ノ風儀惡ク成、人々頼シキ心消失、只利勘ノ心強ナル、是又三巻目ニ云如ク、皆上タル人ノ心ヨリ起タルコトニテ、見継人無故渡世ニ困リ、世間ノ惡キ風俗ニ引レテ、僞誑ナド種々ノ惡事ヲスルコトニ今ハ成タリ、其上ニ長煩モスルカ、不仕合續ケバ右ノ類ニ成也、尤士ノ商賣ヲ爲ヌト云ハ、元來利倍ノ家事ヲセヌコト也、年寄タル親ナドヲ持タル者ノ渡世ニ詰テハ、棒手ヲ振リ日雇ヲ取類ハ、浪人ノ爲トテ士ノ操ニ少モ汚無コトナレドモ、風俗ニ連テ世間ノ人ニ眼無キ故、左様ノコトモ成ズ、外ヲ飾ルコトヲ第一ト爲ヨリ、種々ノ僞リ誑ヲモ爲コトニ成タル也」(同上、三六五頁)。

かく浪人が増え、奸曲偽誑を事とするようになっては、今後如何なる事が起るか計り難い。しかるに、古郡県の時には浪人なく、今の封建の世にこの浪人がある。

「古郡縣ノ代ハ大名ト云者無ユヘ、其家來モ一人一人皆天子ヨリ勲田ヲ賜リ、永久ニ子孫ニ傳ヘ、其大將ノ家トハ各別ニ成ケレドモ、今ハ封建ノ代ナレバ、主人一人ニ國郡ヲ下サル、ニテコト濟ミ、其家來ヘハ主人ヘ下サレタル内ヲ割呉レテ、其功ニ報ユルコトニ成タリ、サレバ主人ノ家ツブレテ面々モ流浪スルニ、何レモ是非無キコトニ思ヒテ、上ヲ怨ル人モナシ、去ドモ主人ノ家ツブルレバ、流浪シテ後ノ難儀有ンコトヲ思ハヾ此以後又如何ヤフノコト有ランモ、時代ニツレテハ計ガタシ、然レバ此仕形有ベキコト也」(同上、四九四頁)。

農兵の古を理想とする熊沢蕃山が、古農兵の時に浪人なきを述べてその浪人救済を論じたように、万民土着を説く徂徠が、古に浪人なきを述べてその浪人対策を論ずることは、当然の論理的帰結であろう。ただ徂徠にあっては、特に救済すべき浪人のうち、その対象が明確にされ、公儀からの対策を必要としているが、これは徂徠の幕府に対する関係と、蕃山の岡山藩に対するそれとの差異に基くと考えるべきであろう。

「總ジテ罪無テツブレタラン大名有ラン時、其家中ノ士百石以上ノ分ハ假令幾千石ニ至ルトモ、地方ニテ知行五十石宛被レ下レ之、ヤハリ其國ニ差置レ郷士トスベキ也、去レバ十萬石ノ家潰レテ、公儀ヘ十萬石上ルベキヲ八萬石ホド上リテ二萬石ハ件ノ郷士ノ領ニ成ベシ、五十石ヲ不足ト思ヒ、他所ヘ立サル人ハ心次第ナルベシ、只諸士ノ流浪ヲ不便ニ思召テ如レ此ナシ玉フコト、莫大ノ御仁徳ナルベシ、然バ大名ノ家潰ル共流浪ノ者モ少ク、國ノ治ニモ宜カルベシ、其城御番城ニナル時モ、小身者ヲ遣サレテモ、番人ハ右ノ郷士ヲ加テ事足ルベシ、又其城ヲ別人ニ被レ下時モ、其郷士ヲバ城付トシテ、城主ノ氣ニ入取立テンモ、罪有テ刑戮センモ、元來ヨリノ家中ニカハリ無バ、大名ノ家中ノ諸士永ク主人ノ惡道ニ組スルコト有マジ、其子孫永永迄ニ謀叛ニ組スル氣遣有間ジク、猶又仙臺ノ臣片倉、長門ノ吉川、肥前ノ諫早、阿波ノ稻田ナドノ類ヲバ兼テ時々參勤ヲモ被二仰付一、別段ニ御目見ヘヲモ御奉公ヲモ被二仰付置一テ、左様ノ時節ニ至テハ、兼テノ御奉公ヲ以知行ヲ半減ニモシテ可レ被二召出一、如レ斯有ラバ、外様大身ノ大名ヲ御ツブシアランコトモ御心ノマヽナルベシ、是大名ヲツブスベキ爲ノ策ニハ非ズ、日本國中ハ上ノ御心儘成様ニ被二成置一ザルトキハ、時ニ取リテハ政道ノ指ツカユル所有コト故、如レ是ノ愚按ニ及ベリ」（同上、四九四―五頁）。

幕府への建言書としての『政談』を見るべきであろう。

四

徂徠の僧侶論には、特に見るべきものはないようである。当時物価が高騰し世上困窮するは、僧侶などの多いためであるから、古の度牒の法を興して其数を制せよという。

「古ハ出家ニ成コトナラズ、南都ノ招提寺、下野ノ藥師寺、築紫ニ一寺観音寺カ慥ニ覺エ侍ラズ是ヲ三戒壇トテ爰ニテ受戒得度ス、毎年人數ノ定リ有テ心ノマヽニハ成ヌ事也、（中略）然ルニ今世ハ此制禁ナキユヘ、出家日ヲ追テ夥シ、此輩又美服玉食スルモ、用ル者多キ一端也、此外山伏願人ノ類、僧ノ名ヲ借テ僧ニ非ズ、風化ヲ敗ル事ヲ家業トシテ子ヲ生ミフヤス、如レ此都下ノ人數多テ、其人ハ皆王侯君子トトモニ美服玉食ヲスレバ、物價ノ貴ク成事尤ノ事也」（『太平策』、『叢書』巻三、五五五―六頁）。

また乞食非人の類については、「死ト紙一枚程ナラデハ隔テヌ者ナル故、恥ヲ知ラズ、刑ヲモ恐レズ、放縦ナル者」（『政談』、『叢書』巻三、三六六頁）であるが、「今ノ乞食非人ハ世ノ風俗ノ惡ト、世ノ詰リタル ヨリ生ジタル者ナレバ、畢竟上ノ治ノ届カヌ所有ニ歸スルコトナル故、是ヲ救フ道有ベキコト也」（同上、三六六頁）とし、路銭などを与えて人返しをすべきであると論じている。

「前ニ云タル人返シノコト行ハレバ、新薦被非人ノ内ヲモ在所ヲ詮議シテ返ス仕方モ有ベシ、是ハ平人ノ人返トハ替テ、地頭ノ知行ノ治メ惡キ咎計ニ非ズ、御城下ノ治メ惡キ故、非人ノ出來タル咎半分ナルベケレバ、路銭ナドハ公儀ヨリ下サルベキコト也」（同上、三六七頁）。

第四章　太宰春台の遊民論

一

太宰春台の経済思想は、その根本的解決策において、師徂徠の説に軌を同じくするものである。即ち春台は、その制度篇中に論じて曰く、

「民ヲ治ムル道ハ、土着ヲ本トス、土着トハ、天下ノ人ヲ皆土ニ着ル也、又地着トモ云フ、異國ハ勿論ナリ、吾國モ古ハ民皆土着也、當代ニ及デ、土着スル者ハ農人バカリニテ、其他ハ皆土ヲ離レ、旅客ノ如クナル者也、是ニ因テ亡命ノ者世ニ多クナリテ、姦惡ヲナス者絶ルコトナシ、(中略)戸籍ヲ立ルモ、先海内ノ人民ヲ悉土ニ着ケザレバ、戸籍ヲ立ベキ様ナシ、是國ヲ治ル一大策ナリ」(『經濟錄』、『叢書』巻六、二五二頁)。

「國家ノ治メハ、士民ヲ土着ニスルヲ本トス」(同上、二七一頁)。

かく春台は土着によって古の自然経済に還らんとするものではあるが、また彼は経済を論ずる者の知るべき四つの点が存するという。

「凡經濟ヲ論ズル者、知ルベキコト四ツアリ、一ツニハ時ヲ知ルベシ、二ツニハ理ヲ知ルベシ、三ツニハ勢ヲ知ルベシ、四ツニハ人情ヲ知ルベシ、一ツニ時ヲ知トハ、古今ノ時ヲシル也、(中略)二ツニ理ヲ知ルトハ、理

ハ道理ノ理ニ非ズ、物理ノ理也、(中略)凡物ノ理ニハ必ズ順逆アリ、故ニ物ヲ治ルニ、理ニ順ヘバ治ル、理ニ逆ヘバ治ラズ、(中略)三ツニ勢ヲ知ルトハ、勢ハ事ノ上ニ在テ、常理ノ外ナル者也、譬ヘバ水ト火トノ如シ、水ハ火ニ勝ツ者ナレドモ、少ノ水ヲ以テ大火ヲ救フ事能ハザルハ、火ノ勢強ケレバ也、(中略)天下ノ事ニ、理ト勢ト二ツアリ、理ヲ知テ勢ヲ知ラザレバ、大事ヲ行フコト能ハズ、勢ヲ知テ理ヲ知ラザレバ、大功ヲ立ルコト能ハズ、(中略)四ツニ人情ヲ知ルトハ、天下ノ人ノ實情ヲ知ル也」(同上、一三—八頁)。

この様な春台の歴史観と、先に述べた古の自然経済に復帰せんとする土着論とが、相反矛盾することは論ずるまでもない(1)。春台以前の学者に土着論が盛であり、以後に少い事実と照応し、更に当時の歴史的発展の速度を考えるならば、春台における現実的政策論と理想論との矛盾が、また彼の歴史的地位を決定づけるものであろう。

この春台の現実的態度は、また彼の人間観の基礎をなしている。勿論彼の人間観も、民を愚とし、従って「若民無二恒産一、因無二恒心一」ものであり、また衣食が足りても政が寛であれば遊惰を事とするに至るというにおいて、一般の庶民観と異るものではないが、しかし彼が、孟子のいわゆる「恒産ナクシテ恒心アル」士も「大抵ハ恒産ナケレバ恒心ヲ失テ節義ヲカグ事多シ」(同上、一〇五頁)というにおいて、その全体としての人間観は、勿論当時武士階級の漸く節操を失わんとする現実にもよるものであろうが、通儒の上に出でようとするものであるということが出来る。

「『無二恒産一、因無二恒心一』トハ、渡世ノ業ナクテ、朝夕ノ營ミニサシツマレバ、飢寒ノ患ニ本心ヲ失テ、一日ノ命ヲ繫ントテ、種々ノ計策ヲ思惟スルヨリ、詐ヲモ行ヒ、不義ヲモナス、常任ニシテ何迨モ變ズマジキ心ヲ變ズルヲ無二恒心一トイフ也、民ハ如レ此ナル者ニテ、士ハ恒産ナケレドモ恒心ヲ失ハヌ者ト、孟子ハイヘレドモ、士モ大抵ハ恒産ナケレバ、恒心ヲ失テ節義ヲカグ事多シ」(同上、一〇五頁)。

勿論厳密な意味においてではないが、かかるいわば自然功利的な人間観が、彼の遊民観のまた基底をなしていることを見ることが出来る。即ち春台によれば、世にある無頼遊民の徒を教化して良民となすことは、全く不可能であるという。徹頭徹尾古先聖王の治に帰らんとする素行の遊民教戒論と比較すべきである。

「凡民ハ、農工商賈ノ正業ヲナスヲ良民トイフ、其他ヲ雑戸トイフ、既ニ上ニ見エタリ、然ルニ人ノ性ニ正業ヲ好ム者アリ、正業ヲ好マズシテ、雑戸不正ノ業ヲ好ム者アリ、不正ノ業ヲ好ムハ、皆無頼ノ徒也、此無頼ノ徒ヲ教化シテ良民トナスコトハ、堯舜モ及ビ玉ハズ」(同上、二六八頁)。

(1)　野村兼太郎『徳川時代の經濟思想』三四七頁。

二

以上の如き春台の人間観・遊民観は、貨幣経済の発展による時流の変遷と蘐園学派の功利的傾向とが齎したものであろうが、このことがまた、春台の遊民論をして特徴的なものたらしめている。春台は、教化によって良民たらしめることの出来ない遊民無頼の徒をして盗賊放火の弊に陥らしめざらんために、都市に多くの戯場を設けて彼らに渡世の職を与えよと論じ、その利点三つを挙げている。即ち曰く、

「此無頼ノ徒ヲ教化シテ良民トナスコトハ、堯舜モ及ビ玉ハズ、サレバ帝都王城ニハ種々ノ雑戸ヲ立置テ、彼無頼ノ徒ノ生産トス、戯場、娼家、粉頭店、私科子等ノ如キ是也、都城ノ大小、人民ノ衆寡ニ随テ、其數ヲ多クモ少クモスル也、今日本ノ都城ハ、江戸、京、大坂也、大坂ハ江戸ヨリ狭ク、京ハ大坂ヨリ狭ケレドモ、戯場、粉頭等ノ多キコト江戸ニ數倍セリ、江戸ハ海内第一ノ都會ニテ、士大夫以下人民ノ數百萬トイフコトヲ知

ラズ、然ルニ吉原ノ娼家、堺町ノ戯場ノ外ニ、戯場モ粉頭店モ絶テナシ、近キ頃迄都下處々ニ在シヲ正徳享保ノ間ニ悉止ラレタリ、従來不正ノ業ニテ、生業ヲ營シ無頼ノ徒、一旦ニ其業ヲ失テ、飢寒ニ及ブ者幾千萬トイフ數ヲ不レ知、本ヨリ遊惰無頼ノ性ナレバ、正業ヲ習テ良民ト成ルコトモ能ハズ、遊惰ノマヽニテ身命ヲ養ントスルニ、然ルベキコトモナキ故ニ自ラ博徒トナリ、其卒ハ困窮シテ盗賊放火ノ兇徒トナル、是自然ノ理也、已コトヲ得ザル勢也、サレバ凡帝都王城ニハ、戯場、娼家等ノ遊樂ノ所ヲ多ク立置クベキコト、治道ノ一端也、是ニ三ツノ利アリ、一ツニハ此遊樂ニ因テ都下繁華也、繁華ハ太平ノ象也、是ナケレバ都下冷靜也、冷靜ハ衰微ノ兆也、二ツニハ天性無頼ノ徒、是ヲ以テ生産ヲ營テ、盗賊放火等ノ惡事ヲナサズ、定テ刑ニ處スベキヲ知ツツ惡事ヲナスコト、本其好ム所ニハ非ズ、困窮シテ已ムコトヲ得ザルヨリ起ルナリ、三ツニハ、凡世間ノ金銀ハ流行シテ滞ラザルヲ善シトス、彼遊樂ノ所多ケレバ、民間富家ノ金錢、散出シテ世ニ流行ス、遊樂ノ所ナケレバ、富家ノ金銀出ズベキコトナクシテ、久シク府庫ニ藏マル故ニ、世間流行ノ金錢少クナル、此三ツハ皆國家ノ利害也」(同上、二六八―九頁)。

この議論は、一つには当時の緊縮政策に対する批判を含むものであろうが、これは、前節に述べた春台の土着論と論理的には矛盾するものである。恐らく彼春台をして言わしむれば、これも時の勢であるとするのでもあろうか。何れにしても、かかる春台の態度が、後に彼をして『經濟錄拾遺』に、諸侯自らをして商売をなさしむべき商業藩営の先駆を論ぜしめた所以であろう。

「今若し領主より金を出して、國内の物産を買ひ取り、民の從來私に賣るよりも利多きやうにせば(賣ノ上一本「他處の商人に」六字アリ)、民必ず之を便利と思ひて喜ぶべし、貨物を悉く買取りて、近傍の國と交易すべき物をば、交易もすべし、(中略)凡そ今の諸侯は、金なくては國用足らず、職責もなりがたければ、唯如何にもして金を豊饒にする計を行ふべし、金を豊饒にする術は、市賈の利より近きはなし、諸侯として市價の利を求むるは、國家を治むる上策にはあらねども、當時の急を救ふ一術なり」(『經濟錄拾遺』、『叢書』巻六、二九五頁)。

遊民無頼の徒をして盗賊放火の凶徒たらしめざらんがために都市に多くの戯場を設けよとなす春台の議論[1]が、風教礼楽の治を以て第一とする当時一般の儒者によって、多くの反駁排斥を以てされたことは、固より考えるに難くはない。ここに、その代表的な一例として、大月履齋の駁論を挙げよう。

「近年上方にては、神社佛閣人の聚る所にて必遊女町を建、並田舎大郷には市をなし遊女を集め、天狗、頼母子、芝居、博奕所々の溢れ者夥く寄集りて所のにぎわいする、是いかなる義ぞや、聖賢の政に不レ承こと也、孔子の顔回へ邦を治るの問答に、放二鄭聲一遠二佞人一と仰られし、芝居、游女國家を治るの砒霜石と云ことを可レ知、(中略)或曰、いかにも聖賢の政には左様もあるべし、なれど今日の俗政は左様にかたく云てもならず、先金銀設ことなれば世間並にゆるさねばならず、已むことを得ざることも有べし、子曰、金銀山の如く其處へ設るとても、人たる者不義なることをして金銀を設ることは、人たる者の本意にあらず、何にても義理のかまいなく設ることとあらば、許すべしと云はゞ、も一拍手にては盗をして只取るより外のことなかるべし、そのうへこれを所の賑いと云こと全く不吟味也、(中略)政は風俗を本とすることを可レ知」(『燕居偶筆』巻下、『叢書』巻六、四三四—八頁)。

もとよりこの履齋の言は、所の賑のために遊所を設けることに対する反対ではあるが、また儒者一般の見解を代表するものである。

前述の春台の遊民論が、一つには当時の緊縮政策による金銀流通の閉塞に対する批判を含むものであろうということを先に指摘したが、別の個所で彼は、日傭を用いることが細民にとっての利となることを指摘している。

また彼の、下層民対策におけるその積極的性質を知るべきであろう。しかしまたこの議論は、日傭階級が多く農村からの離脱者であることを認めその土着を説く以上、(2)矛盾であるといわなければならぬ。彼の理論における非現実性と、政策における現実性との乖離を示すものであろう。(3)

「土木營作ノコトニハ、役夫ヲ徴スコトナクシテ、都下ニテ傭夫ヲ雇ヒテ、毎日ニ賃錢ヲ與ヘ玉フ、如レ此ニ萬事皆金銀ヲ出シテ用度ヲ辦ゼラル故ニ、上ノ人奢靡ヲ好ミ玉ヒ、屢々土木ヲ興シタマヘバ、商賈ハ貨物ノ售レテ、金銀ヲ取ルコトヲ喜ビ、百工ハ其業ヲ鬻テ、大利ヲ得ルコトヲ喜ビ、都下ノ傭夫ハ日々ニ賃錢ヲ取コトヲ喜ブ、凡何ニテモ上ニ耽リ好ミ玉フコトアレバ、其事ニツキテ金錢出テ、民間ニ流ル、故ニ、上ノ奢侈ハ下ノ潤澤トナル、是ニ因テ今ノ民ハ上ノ奢侈ヲ冀フ也、若上ノ儉素ヲ好ミ玉ヘバ、金銀皆上ノ蓄藏ト成テ、工商以下役徒ノ細民迄、利ヲ得ルコトナキ故ニ、却テ困究ス、是今ノ政古ト異ナル所也、ケ様ニ法制ノ古ト易レルヲ不レ知シテ、一概ニ古ノ道ヲ以テ今ノ世ニ行ハントスルハ、柱ニ膠スル類也」（『經濟錄』、『叢書』巻六、一五五頁）。

（1）所の賑と金銀閉塞打開とのために遊所を建てよとする議論は少くないが、遊民論の立場からこれと関係づけて遊所を建つべしとなす論は少い。第一部参照。

（2）土着論を説く徂徠は普請胴突に日傭を用いることに反対している。その根本思想からして当然の論理的帰結である。「昔ハ普請ナドスルニ、日用ヲ雇フコトナシ、皆手前ノ中間若黨ニ普請胴築ヲサスル、親類知人ヨリモ家來ヲ借シテ普請ヲサスル故、物入無シ、大名ハ足輕中間並ニ家中ノ家來ヲ普請ニ使フ、公儀ノ御普請ニモ御旗本ノ家來ヲ出シテ日傭ヲ召使ハルヽコト無、其祖父ノ時代又父ノ弱《ワカ》キ時ノ咄ニテ承リタリ」（『政談』、『叢書』巻三、三七二頁）。

（3）春台はまた、武家の出替奉公人を使用すべからざることを説いている。しかしこの場合春台は、明らかに彼の土着の根本思想の立場に立っている。従ってこの場合には、論理的矛盾はない。

「出替者ハ歳々ニ主家ヲ替ユル故ニ、是ヲ使フ者モ、恩ヲ施ス心薄ク、使ハルヽ者モ、主人ニ忠ヲ致ス心淺シ、殊ニ江戸ニハ、四方ノ亡命無頼ノ者多ク來テ、出替者トナリテ世ヲ渡ル故ニ、迯走スル者甚多シ、是ヲ保フ者モ、亦無頼ナル市人ナレバ、恃ムニ足ラズ、出替者ヲ使テ、金銀財寶ヲ損亡スル者、年々其數ヲ知ラズ、(中略)然レバ出替者ハ、國家ノ治メニ害アルコト莫大也、願クハ是ヲ改テ古來ノ如ク、奴婢ヲバ久ク使フ様ニアラマホシキ也、久ク使フベキ者ト思ヘバ、主人モ小キ過失ヲバ赦シテ恩恵ヲ施シ、奴僕モ此家ヲ去テハ、往ベキ所ナシト思ヘバ、小キ不満ナルコトヲバ怨トセズシテ、主家ニ忠ヲ致ス心アル、是皆人情也」(『經濟錄』、『叢書』巻六、二五九頁)。

要するに春台は、彼の土着の根本思想から遊民の対策を説く場合には金銀通用の弊から論じて論理的不斉合を示さないが、(1)逆に現実論に立脚する時には、当時の緊縮政策に対する一つの反動から、金銀通用の立場に立って下層遊民の対策を論じているようである。

(1)「農民漸々ニ減少スレバ、米穀乏クナル、工商多クナレバ、種々ノ貨物出生シ、四方ヨリモ聚ル故ニ、人ノ奢侈ノ心ヲ引起シ、金銀ヲ重寶スル風俗ニ成テ、國用漸々ニ匱クナリ、上下貧乏ノ端トナル、國家ノ大ナル害也、是ニ因テ聖人ノ政ニハ、天下ノ戸籍ヲ正シクシテ、四民ノ家數、人別ヲ度々改テ、農民ヨリ妄ニ他ノ業ニ遷ルコトヲ禁ズル也、當代ニハ此禁ナキ故ニ、工商ノ輩日々數多クナリ、在々所々ニ徧満シテ、人ノ用ヲ辨ズルハ便利ナル様ナレドモ、人ノ侈心ヲ引起シ、金銀ノ貨悉ク賈人ノ藏ニ納マル、歎カシキコトニ非ズヤ」(『經濟錄』、『叢書』巻六、一〇八頁)。

三

他の論者と同じように、(1)春台もまた士たる浪人に対しては好意を以てその対策を論じている。しかし春台は、素行・蕃山・徂徠などのように、浪人に知行を与えて救済せよとは論じていない。恐らくは、彼らに比してより現実的であった春台が、当時急速に財政難を示しつつあった幕府・諸侯の実状を知ってその不可能を知っていたことによるものであろうか[2]。

(1) 山鹿素行・熊沢蕃山・荻生徂徠等の論者。各論及び第一部参照。
(2) 浪人対策論の変遷とその理由に関しては第一部参照。

春台は、浪人がその浪人改によって困苦し、またその支配なきため商賈と同様に遇せられる恥辱を説き、また近年偽浪人横行の弊を述べて、これが対策として浪人に支配あるべきことを論じ、その方法を語っている。即ち曰く、

「今都下ノ人民ノ中ニ、支配ノ役所ナキモノ二ツアリ、一ツニハ浪人、(中略)江戸ハ輦轂ノ下ニテ、昔ヨリ浪人ヲ禁ゼラレズ、且海内ノ輻湊スル所ニテ、生産ノ営モナシヤスキ故ニ、浪人タル者多ク東都ニ集マル、平日ハ安穏ニ居住スレドモ、時々事ニ因テハ、點検ヲ加ラレテ困苦スル者アリ、其居處ニ宅地ヲ借シ、館舎ヲ借ス者モ、是ヲムツカシク思テ、浪人ヲ厭ヒ遠クル者アリ、是浪人ノ一ツノ患也、浪人ニ支配ナキ故ニ、事アレバ町奉行ニ隷スレドモ、事ナキ平日ニハ、上ノ政令ヲ受クル所ナシ、事アリテ町奉行所ニ出レバ、商賈ト同等ニ接待セラルル故ニ、浪人ノ身ニハ恥辱也、(中略)愚意竊ニ思フニ、浪人ノ管轄ハ、朝廷ノ士大夫六位以上ノ人ノ中ニテ、一人是ヲ定メ、副役ヲ附ケ、其下ニ卒徒ヲ附テ、都下ノ諸浪人ヲ主領セシメ、凡浪人ノ都下ニ居住スル者ヲバ、其來處ヲ正シ、父祖ノ由緒ヲ詳ニシ、其姓名並ニ都下ニテノ居處ヲ帳簿ニ記シ、浪人ノ中ニテ、又先祖正シク家産モ豊ニ、人品モ好キ者ヲ、都下ノ四方ニ一人宛定テ、其長トシテ政令ヲ傳シムベシ、如レ斯ナラバ、浪人タル者、皆廉隅ヲ砥礪シテ、無頼ノ行ヒヲナス者少カルベシ、又近年ハ家筋アル浪人ニ非ズシテ、

農工商賈ノ中ヨリ、サモラシキ者ハ、浪人ト偽テ二刀ヲ帯シ都下ニ居住シテ士民ヲ欺ク者頗多シ、若浪人ノ支配所ヲ立テ、其来處ヲ正サバ、ケ様ノ輩自ラ止ムベシ、是治世ノ補ニアルノミナラズ、又武備ノ一助ナルベシ」（同上、二六〇—二頁）。

春台の僧侶論には特記すべきものはないようである。要するに放逸無慙の僧侶多きを難じて、度牒の法を立てて出家せんとする者を制せよというにある。

「僧ニ布施シテ佛事ヲ行ハシムルハ、本意ナキコト也、許多ノ米穀金銀ヲ費シテ、道徳モナキ放逸無慙ノ僧ヲ集テ、佛事ヲ行ハシメテ、何ノ功徳ヲ成ゼンヤ」（同上、三七頁）。

「佛法此土ニ行ハレテヨリ、民ノ中ニ出家シテ僧トナル者多シ、既ニ出家スレバ、戸籍ヲ離レテ四民ノ外ナル故ニ、租税ヲモ出サズ、徭役ニモ使ハレズ、遊手ノ者トナル、是ニ因テ異國ニハ、民ノ私ニ戸籍ヲ離レテ、僧トナルコトヲ許サズ、僧トナランコトヲ願フ者ニハ、度牒ヲ給テ出家セシム、（中略）此法古ヨリ今ニ至ル迄替ラズ、日本ニテモ、公家ノ世ニハ、玄蕃寮ヨリ、度牒ヲ給テ出家セシメタリ、（中略）近代ニ及デ、イツノ程ヨリカ此法廢レテ、士民皆心ニ任テ出家スルコトニ成ヌ、今ノ世ニ僧ノ多キハ、此故也、僧ノ中ニ無頼ノ惡僧多キモ、此故也、然レバ向後古制ニ復シテ、凡出家スル者ニハ、度牒ヲ給ハランコト願ハシキ也、サテ出家スレバ、四民ノ外ナル者トナリテ、租税徭役ヲ免ルルナレバ、度牒ヲ乞フ時ニ、身拔ノ金ヲ出スベキ義也、其金ヲ収テ度牒ヲ給フベシ、是虐政ニ非ズ、決斷シテ行ハルベシ」（同上、二五四—五頁）。

また支配のない道心者などは、管轄がないため無頼の者多く姦悪止むことがないから、宜しく統制すべきであるという。

「今都下ノ人民ノ中ニ、支配ノ役所ナキモノ二ツアリ、一ツニハ浪人、二ツニハ道心者也、（中略）道心者ヲバ、都下ニテ然ルベキ寺院ヲ一所定テ、宗旨ニ拘ラズ、皆其寺院ニ管轄セシメ、其道心者ノ郷里來處、並ニ剃髪ノ師ヲ詳ニシテ、其得度シタル寺院ヨリ、文書證文ヲ彼管轄ノ寺院ニ送リ、管轄ノ寺院ヨリ其道心者ニ文書若ハ木牌ヲ授テ、一生是ヲ帯セシメ、其中ニ又其長ヲ數多立テ、平日ノ政令ヲ傳シムベシ、凡道心者ハ、寺院ノ内ニ住スルハ少クシテ、市中田里ニ雜居スル者多シ、然ルニ上ニ管轄ナキ故ニ、無頼ノ者多クシテ、姦惡止ムコトナシ、若管轄スル所アリテ、時々ニ查點ヲ加ヘバ、無頼ノ輩身ヲ容ル所ナクシテ、姦惡少止ムベシ、是國政ノ補ナルベシ」(同上、二六〇―一頁)。

以上、春台の歴史観・人間観から遊民観に及び、この遊民観が、当時享保期における吉宗の緊縮政策に対する彼の批判とからみ合って、春台の遊民対策となって現われたことを指摘したが、これは、既に論じたように、彼の現実的立場から論ずる系譜に入るものであって、その根本的理想とする土着論の立場からする論議とは、相矛盾するものであるということを論じた。同じ土着論を説く論者でも、時期を遡るほどこの矛盾が少ない。蕃山の土着論は、一方に米の貨幣化を論じて貨幣経済の廃棄を説いた。蕃山にあっては、当時の貨幣政策は、直にこれを廃するというのであるから、それは彼の土着論と矛盾をもたない。徂徠の議論は、それが彼の土着論を中心として回転している間は、その論理的矛盾をもたない。しかし一度貨幣の問題に直面すると銭の鋳造を論じて、その土着論に対して矛盾を感ぜしめる。これは当時貨幣経済の発展はいよいよ抜き難く、あまつさえ元禄以降よりする数度の貨幣改鋳による弊害が、既に直接社会の上に露呈されるに至ったため、貨幣を論ずるに当っては、その当面の対策に急になって貨幣経済を否定することによって論理的に成立する土着論との矛盾を生じたのであろう。このことは、徂徠よりも、更に一層春台において然りであることは、既に見て来た通りである。しかも春台は、その貨幣を論ずるに当って、徂徠よりも更にインフレーション的政策を取らんとしたことが、彼の議論をして、より矛盾あらしめた所以であろう。しかし春台は、ただこの矛盾の裡に埋没し去ってはしまわなかった。『經濟錄拾遺』の商業藩営の思想は、この点にあって重要な意義をもつと考えられる。春台以後においては、前期的土着論は、経済論の主流から離れて埋没し去ってしまう。春台の議論の歴史的位置を、ここに跡づけることが出来ないであろうか。

第五章　三浦梅園の遊民論

一

三浦梅園は、名を安貞、また晋といい、享保八年豊後杵築に生れ、寛政元年に歿した。梅園の経済思想、従ってまた、その遊民論を窺うことの出来る著書は、主として、安永癸巳二年に成った『價原』である。

梅園は、『價原』の劈頭、即ちその序引において、その著作の理由を説明して、次の如く言う。

「今之俗、人家買㆓貧民之失産者㆒、爲㆓奴婢㆒焉、有㆓周期者㆒、有㆓半期者㆒、有㆓更日者㆒、有㆓累歳者㆒、出入之候、各地有㆓其風㆒、總謂㆓之奉公㆒、蓋近年儉歳則不㆑雇、而多㆘不㆑得㆓以就㆑食者㆖、豐年則直遽騰貴、而多㆘不㆑得㆓以買㆑奴者㆖、且若㆓今年㆒、若以㆓麥價㆒量㆑之、則健奴則上㆓十石㆒、雖㆘至㆓疲弱㆒者㆖、不㆑減㆓四三石㆒、然而考㆓其入㆒、則傭之勤、終不㆑能㆑償㆓其直㆒也、上田君怪焉、乃者辱㆓下問㆒、嗚呼晉也細人、量㆑腹而食、稱㆑身而衣、豈知㆓其佗㆒焉哉、雖㆑然區々之心、竊以爲關係不㆑小、因不㆓自量㆒、探㆓其原㆒而及㆓其派㆒矣、以爲㆓一冊子㆒、命以㆓價原㆒」

(『價原』、『叢書』巻十一、四一三頁)。

即ち梅園は、当時における貧民失産者の多く奴婢傭人となること、換言すれば、封建社会における農民層の分解——封建的経済理論よりすれば、一般には遊民の発生・増加——を認め、彼らの困窮せざるを得ない原因を探求するものであるという。後述するように、梅園はその原因を金銀通用による弊にあるとして、彼の金銀論から、[1]その遊民論を展開している。当時貨幣経済の発達は、封建社会維持の幕府からすれば、既に抜き難い病弊を世に及ぼしつつあった。梅園が、その金銀論から論ずるのも、また故なしとしない。[2]

（1）梅園の金銀論は、遊民論を理解する上の前提となる。後述。
（2）梅園は幕府衰頽期（明和・安永頃より、嘉永六年のペリー来朝まで）の劈頭に位する学者である。彼の占める時期は、前期に引続いて、近世封建社会破綻の第一歩を印しつつあった（本庄榮治郎『日本經濟思想史研究』日本評論社、昭和十七年、二一頁）。

梅園は、その遊民論を、彼の金銀論から述べるものである。従って吾々は、先ず彼の金銀論を検討しなければならない。

梅園によれば、天下には六府なるものがある。六府とは、水火木金土穀であり、天下に至宝というべきは、この六府である。

「水火木金土穀コレヲ六府ト云、（中略）天下ノ至寳ト云者此六府也」（『價原』、『叢書』巻十一、四一四頁）。

この六府の中の金とは、金銀銅鉄鉛の五金の総名である。その重要なることにおいては、第一に鉄であり、第二に銅、第三に鉛であり、金銀はその終に位するものである。

「金トハ五金ノ總名ナリ、分テイヘバ金銀銅鐵鉛、合セテイヘバ皆金也、五金ノ内鐵ヲ至寳トス、銅コレニ次、鉛コレニ次」（同上、四一五頁）。

金銀が、かく五金の中の最も低きに位する所以は何であるか。それは、民生という立場からして、金銀の用が最も劣るからである。今仮に金銀を海内から尽し果しても、他の六府（五材）があるならば、民生の立たぬことはない。有用と無用とを知るべきである。

「先天下ノ勢ヲ慮ル人ハ、能財ノ有用無用ヲ辨知スベシ、譬バ海内ニ如レ此澤山ニ充ル所ノ金銀、今悉盡果タリトモ、他ノ五材アラマシカバ、民生立タヌヿノアルベキヤ」（同上、四一六頁）。

かく金銀は、五金の中最も低きものであるが、これが五金の中にある所以は、金銀が金銀としての用を有つからである。そして、この金銀の用とは、諸貨の壅塞を通ずることである。即ち、諸貨にかえて用るを以てその用とするものである。従って原則としては、「金銀ノ用ハ只諸貨運輸ノ用バカリナレバ、楮鈔ニテモ飛銭《カハセ》ニテモスムモノ」（同上、四二〇頁）である。[1]

「金銀ハ諸貨ニ易ヘテ用ルヲ以其用トス、（中略）諸貨ノ重大ニシテ移シ難キニハコビヲツクルモノナレバ、其用舟車ニ近キモノ也」（同上、四一五頁）。

（1）然らば、何故に金銀を用いて楮幣を用いないかというに、この点に関する梅園の言は、これを聞くことが出来ない。ただ、金銀がもと、「美物」であり、「土石ノ精英ニシテ、得難ク朽難シ、是ヲ以至小ヲ以大ニ對スベク」（同上、四一九頁）というところからみると、金銀の素材価値が問題になっているようにも思われるが、しかし梅園にとっては、価値はただ「用」に尽きるものである。従って、価値とは別に、単に素朴な意味で金銀が「美物」であり、「土石ノ精英ニシテ、得難ク朽難」いからというにあるようである。このことは、彼が物価を説く場合に金銀の素材たる品質を説かずに、ただ金銀の数量をのみ問題としていることからも考えられる。彼の有名な「悪幣盛ニ世ニ行ハルレバ精金皆隠ル」の句にしても、至宝ならざる金銀を、天下の人士が至宝とするために悪幣を厭って、良幣を隠匿することを述べたものであって、彼の貨幣論を示すものではない。この考証に関しては、本論文には述べない。

梅園にとっては、価値とは、財の有用と無用とにある。用とは、民の生に役立つものである。そして、金銀の用は、ただ諸貨運輸の用あるを以てである。六府の財貨を運ぶ用あるを以てである。

「王者ノ寶ハ有用ノモノ也」(同上、四一四頁)。

「得難キ寶ハ寶ニアラズ、タトヒ連城ノ璧十二乘ヲ照ストモ、燈火ノ千家萬家ニ滿テ照スノ功ニ比スレバ、對用スベキニアラズ」(同上、四一四頁)。

「只六府ノ運トナルベキ金銀」(同上、四三七頁)。

金銀は、ただその六府たる財を運ぶ用によって重しとされる。しかるに、太平久しく、金銀の他貨を運ぶ用が勝れているため、人々は次第に天下の至宝たる米粟布帛を軽んじて、徒に金銀を至宝とする世になり、遂に金銀が天下控制の権をとるに至った。そして、至宝たる六府の財を生ずることに怠る有様である。

「人久シク太平ノ化ニ浴シ、安樂ニ慣レ安ジ、(中略)財ヲ生ズルノ道日々ニ疎ク、巧ヲ費スノ事歳々ニ多シ、コ、ニ於テ人巧ヲ費スノ道ヲ日々ニ求メテ、金銀ヲハコブノ巧漸ニナル、博奕富ナド、云様ノコトヲ興行シ、富者ハ貯ヘテ其息ヲトリ、富ザル者營々トテ東ニ奔リ西ニ走、天地生々ノ財ヲ只飲潰シ食潰シ、日ヲ終ヘ年ヲ終リ、終ニハ圍碁象戯俳諧様ノ物マデ賭ニナリ侍リテ、殺風景甚シ、サレバ金銀ノ用貴ケレバ其權重シ」(同上、四二二頁)。

「今ハ只六府ノ運トナルベキ金銀却テ主トナリ」(同上、四三七頁)。

「今ノ世ハ何ニモナラヌ金銀ヲ何ニモカヘヌ至寶ト思ヨリ、只上モ下モ寐テモサメテモ、金銀ヲアツムル工夫ノ外他事ナシ」(同上、四二一頁)。

かくの如く、今は金銀に権が帰した。金銀に権が帰するとは、人が財を軽んじて、金銀を偏重することである。従って金銀を得んとして、その弊を生ずる。しかし、金銀はもと只六府の運の用であるに過ぎない。梅園の議論は、一般の貴穀賤金論と相通ずる。彼の遊民論は、ここから出発するに他ならない。

二

梅園によれば、四民以外の者は、すべて遊民であり、国家に害をなすものである。

「人ハ四民トテ士農工商ノ四ニ過ズ、（中略）此四ノ者ハ一ツモ闕テハ、天下ノ用ヲ成シ難シ、是ヲ以テ人タル者士農工商ノ本業ニ本ヅキ、各職分ヲ務メテ怠ラザルヲ、敬ンデ天ニ事ルトスルナリ、此外ニ遊デ民ノ用ヲナサズ、天下ノ物財ヲ費スモノヲ遊民ト謂テ國家ノ蠹トスル也」（同上、四二一頁）

かかる遊民の発生する原因は何であるか。既に金銀の通用久しく、天下控制の権が金銀に移ったからである。金銀控制の世となったため、農は財を軽んじてこれを蓄えることをしない。従って、ひとたび凶荒・飢饉が襲えば、都会に輸した米は常平のためでないから農村は空乏し、産を失って転落して奴婢傭人となるに至る。金銀偏重にして、民が一年立になったからに他ならない。

「當今ノ世ハ控掣ノ權金銀ニアリ、コレヲ以タトヒ人家餘ノ布餘ノ粟有テモ、之ヲ貯ントスル人ハナシ、コレ貯ヘザル人ノ罪ニアラズ、金銀ノ便利他貨ニ勝レバ也、便利已ニ他貨ニ勝ル、タレカ重《カサ》高ク運惡ク、息ヲ生ゼザル他貨ヲ貯ンヤ、コノ故ニ民擧テ他貨ヲウリ、貧者富家ノ舊債ヲ償ヒ、富者ハ貧者ノ求ヲマツ、吾儕小人勢然ラザル事ヲ得ズ、吾儕小人ノ利スル處有國者ノ利スル所ニアラズ、其故如何トナレバ、國中米粟布帛、金銀ニカヘテ都會ニ輸ス、然シテ其兌ル所ノ金銀、細民ノ手ニトヾマラザレバ、凶飢軍國之慮何ヲ以テカ之ニ供セン、サルニヨリ、今ノ世ハ一年立ト云フモノ也、一年立ト云コトハ、一年ニ生ズル地上ノ財ヲ一年ニ費シ盡也、

（中略）モシ一年豊熟スル時ハ、穀ハ食料ニ羸ル者也、羸ル處蓄フレバ、凶年ニ備フベシ、是ヲ賣盡ニ至テハ、豊年ノ後ノ年凶年ノ後ノ年ニ異ナルコトナシ、是天下ノ良民金銀ノ爲ニ遊手奴隷トナル所也」（同上、四三〇―一頁）。

「天下一年餘計ノ布粟ハ皆富商ニ歸シ、富商コレヲ都會ニ輸ス、コ、ニ於テ郡縣空乏ナリ、凶饑ハ全都會ニ仰グ、都會空乏ノ變アラバ、郡縣給スル處ナカラン、都會ノ物ヲ蓄ル、常平倉ニ非ザレバ、本郡縣ニ給スル爲ニモアラズ、畢竟遊手ドモノ餕餘ナリ、コノ故ニ郡縣布粟ニ餘計ナク、都會積聚ニ蠹蟲アリ、穀ハ滿易フシテ滅ヤスシ、サルニヨツテ一年年登レバ天下ニ穀ミツ、一年年儉ナレバ郡縣穀盡ク、滿レバ人々糧ニ乏カラヌ程ニ、各職ニツイテ本業ニ歸センコトヲ思フベシ、盡レバ糧ニ仰處ナキホドニ、壯者ハ庸作ニ糊ヒ、弱者ハ乞丐ニ糊フ、本業ヲステテ餘業ニ糊フハ、勢ノ已ムヲ得ザルニ出テ、其本心ニアラズ、故ニ年登ルヲミレバ、遠客ノ歸舟ニ遇フ如ク、餘業ヲステ、本業ニ歸ラントスル程ニ、庸作スル者希ニシテ、餘業ヲ務者怠ル、コ、ニ於テ諸價皆騰貴ス、然シテ一年穀熟セザレバ、雨後潦水忽涸ル、ガ如ク、又本業ヲステ、餘業ニ走ル、コ、ニ於テ諸價又賤シ、畢竟民一年立ニナリテ、定レル業ノ糊フニ足ル者ナケレバ也」（同上、四三四―五頁）。

金銀の偏重が、凶荒・飢饉と相俟って、直接に農村から遊民を生み出すことを語るものである。[1] しかしまた梅園は、他方において、諸侯の財政が、収入の絶対量の増加にも拘らず、奢侈によって窮乏するために、百計聚斂の苛政が興って、農村から多量の遊民―本業を離れる者を輩出することを説いている。

「今ヲ以テ國初ニ比スレバ、人多ク田野闢ケタリ、租税侯國皆昔ヨリ多シ、サレドモ費用昔ニマサルヲ以、百計聚斂ノ道興ル、聚斂興テ是ヲ受ル者ハ農也、農事本難也、コレニ加フル百ノ徴求アリ、終ニ生ヲ遂ゲルコト能ハザレバ民本務ヲ捨テ、工商庸作百ノ技術、水ニ走リ山ヲワケ千百計シテ財ヲ求ム、已ニ多技ニ走レバ、本産ニ怠ラザルコト不レ能、深ク耕シ厚ク培ント欲スレドモエズ、肥タル地ハ痩セ、廣キ地ハ狭ク、終ニ本産ニ放レ、流亡シテ游民トナル者數フベカラズ」(同上、四二四頁)。

（1）是が金銀偏重の弊によることは勿論であろう。

しかし、金銀がその用を失って天下控制の権となるときには、右のような農村からの下層の遊民を生ずるだけではない。「金銀ヲハコブノ巧」を尽して、その利を積んで生活を営む上層の遊民をも生ずる。[1]

「金銀通利ノ上ヨリ觀レバ、有金ノ人ハ最有用ノ人ニシテ、造化ヲ賛クル上ヨリ觀レバ、頗ル游手ト相類ス、造化ノ功ヲ賛クル事、士ノ太平ヲ守ルト、農工ノ物ヲ造リ出スト、商賈ノ有無ヲ通ズル外皆游手ナリ、游手勝テバ四民ノ業疲ル、四民ノ業疲ルレバ、國本終ニ弱シ、今天下ノ勢末ヲ追テ、金銀ノ便利ヲシリ、其息ヲ積ンデ游手トナランコトヲ冀」(同上、四三八頁)。

（1）この例としては、徂徠、宣長等がある。第一部及び各論参照。

そして利を見てはしる人情は、士農をして十に三、四をこの類の遊民たらしめる。

「士農工ハ貧シキ者ナリ、利ヲ見テ趨リ害ヲ見テ避ルハ天下ノ通態ナリ、故ニ今ノ士農ハ本業ヲウタテニ思ナシ、十ニ二三ハ工商ニ移リ、十ニ三四ハ遊手[1]ニ移ル」(同上、四二八頁)。

（1）この遊手の意義については、この引用文中の「利ヲ見テ趨リ云々」の箇所と、及びこの前に「カク傾キシ勢ニ處スルニハ、金持テルヨリヨキハナシ」(同上、四二八頁)とあることから、かく解して間違いではなかろうと思う。

梅園の議論は、ただ六府の財を運ぶべき金銀が、その便他貨に勝るため、人々がこれを尊重して天下控制の権が金銀に移り、財貨が軽んぜられて、ために遊民が増加するというのである。彼によれば、金銀はもと六府の運用である。従ってこの点からすれば「夫良醫ハ鳥喙砒石ヲ用テ能病ヲイヤス、況シテ諸貨運輸ノ能舟ヨリモトク車ヨリモ速ナルヲヤ、然レバ則金銀ハ多ハ多キホド猶ヨカルベ」(同上、四三九頁)きものである。しかるに「一島ニ出ス所ノ米粟布帛多ヲ増ズシテ、獨金銀ノミ増サンニ、多ト少ト替ルコトハナクシテ、多ケレバ多程煩シキヲマシ、其多キ金銀ニツイテ游手ヲマシ、天地ヨリ生ズル財ヲ費スモノ次第ニ出來」(同上、四一七頁)る所以は、「嗚呼金銀世ノ害ヲナスモノナランヤ、人ノ金銀ヲシテ害ヲナサシムル」(同上、四三九頁)からである。即ち、人が金銀の用を忘れて、これを偏重するからである。賤しき金銀を至宝として、至宝たる六府の財を賤しとするからである。従って罪は人間にある。貴穀賤金思想から出発した彼の議論を知るべきである。

三

遊民を生ずるのは、財の有用無用を知らずして、ただ六府を運ぶ用たる金銀を至宝として偏重し、至宝たる財を軽んずるからであった。天下の権が、これによって金銀に帰したからであった。しかし、「今タトヒ權金銀ニ歸シタリトモ、大有力ヲシテ衡ヲ持シメバ、終ニ其錘ヲ移シ、人儉勤ニ復リ、廉恥禮讓ノ風オコルモナドカ難カラン」(同上、四二六頁)である。金銀に権が帰したのは、有用と無用を知らずして金銀を偏重した人の罪にあるのであるから、遊民を無からしむるためには、この別を知って財の至宝たることを知らねばならぬ。

「天下ノ權ヲ執テ、經濟ニ心ヲ用ル人ハ、有用ノ貨ヲ日々ニ生殖シ、無用ノ貨ヲ貴バヌ様ニ致スベキコトナリ、金銀ヲ以テ天下ノ豊歉ヲ病ム人ハ、回天ノ功ハ難レ有カルベシ、(中略)然ヲ今ノ世ハ何ニモナラヌ金銀ヲ何ニモカヘヌ至寶ト思ヨリ、只上モ下モ寐テモサメテモ、金銀ヲアツムル工夫ノ外他事ナシ」（同上、四二〇―一頁）。

「遊民ノ用ヲナサズ、天下ノ物財ヲ費スモノヲ遊民ト謂テ國家ノ蠧トスル也、是ヲ以テ金銀ハ四民共ニ有無ヲ通ズル要物ナレドモ、専ラ交易ヲ事トスルモノナル故ニ、金銀ノ運ヲ假ルコト專要ナリ」（同上、四二一頁）。

財の至宝たるを知った上は、金銀の通利を貴ばず、余布余粟を蓄えて、更にこの至宝たる財を日々生殖しなければならぬ。

「モシ眞ノ太平ヲ得ントナラバ、金銀ノ通利ヲ貴バズ、餘布餘粟民家ニ蓄ヘシムベシ」（同上、四三五頁）。

「金銀ノ通用ハ天地ヨリシテ觀ル時ハ、左ノ物ヲ右ニ移シ、右ノ物ヲ左ニ移スニ過ズシテ、布粟器械昨日マデナキ物ノ、今日ハ天地ノ間ニ出來テ、造化ノ功ヲ賛テ飢渇ヲ愈シ、寒暑ヲ禦グノ功ニ何ゾクラブベキ、然レバ此至寶ヲ少ニテモ天地ノ間ニ生殖シ、少ニテモ天地ノ間ニ存シ、民ノ生々ノ用ヲ助ル程ニ天ニ事フル務ハアラジ」（同上、四二九頁）。

しかし、「カクマデ久シク人ノ心ニ染タル金銀ナレバ、タトヒ聖人イデタリトモ、一朝一夕ニ金銀ノ輕ク、六府ノ重キヲバ知シメ難」（同上、四三八頁）いことはいうまでもない。従って民を本業につけて遊民を無からしめるには、奢侈を除き富家の兼併を防いで諸侯をして小康を得させ、更に陰陽燮理の手を経て高免による収斂を絶って(1)、郡県に穀禄三五年を支えるようにさせればよい。しかる時は、余業にある民本業に帰り、遊手勤るところあるに至り、ついには俗を改めてその理想を達することができる。

「然リトテ金銀ヲ一切ニ除キ去テ、治ヲナセトニハアラズ、何トゾ費用多キ所ノ故如何トタヅネ借ルベキ天下ノ源ヲ塞ギ、有金ノ家ヲシテ天下ノ百貨ヲ網スルコトヲ得ザラシメテ、諸侯ノ國小康ヲ得、四民其業ヲ樂ムコトヲ得ベシ」（同上、四三八頁）。

「モシ陰陽燮理ノ手ヲ經テ、(1) 經界平ニ歸シテ、穀祿郡縣ニ三五年ヲサヽユルコトヲ得バ、富家兼并セズ、貧民本業ニ歸シ、遊手ツトムル處アリ、餘夫ヨク良民ニ左右シテ、餘事ニツトムル處アラバ、本業他業コモ〴〵執ラズ」（同上、四三六頁）。

「サテ人ノ農ニツキ工ニ務メ、士上ニ廉恥禮讓ノ風ヲ誘ヒ、民下ニ華靡淫奔ノ俗ヲ改メバ、遊手ハイツシカ少クナルベシ、是ヲ『生ㇾ之者衆、食ㇾ之者寡、爲ㇾ之者疾、用ㇾ之者舒』ト云、及利用ノ事也」（同上、四三〇頁）。

（1）この「陰陽燮理ノ手ヲ經」るというのは、この引用文の直後に「古仁德天皇ノ朝ニハ三年マデ貢ヲユルサセ給ヒシカド、宮牆荒タルバカリノ沙汰アリテ、其外サハレル事モキカズ」（同上、四三七頁）とあり、更に漢文帝の十二年免税の事を述べていることからして、上の収斂を止めることを意味するようである。梅園が、上の収斂によって余粟なく遊民を生ずるとした（前出）ことと照応する。

かく治を得たる時は、天下の権柄をとる人は、財と金銀との衡を保ち、その軽重に従って金銀を重しとしないならば、金銀弊を生ずるの因を絶つことができよう。

「天下ノ勢ヲトルコトヲ權柄ト云リ、權トハ錘ノ稱也、（中略）若權柄ヲトル人米粟布帛百器財費用ト、金銀ト、其ツリ合ヲ見テ多少其宜ヲ得セシメバ増減ニ従テ平ヲ得ベシ、此故ニ稱錘ヲカヘヨトニハアラズ、輕重ニ従テツリ合ヲトルコト也、コレヲ執二權柄一ト云コト也、然バ金銀ノ多少ハ强テ有國ノ者ノ患トスベキコトニアラズ」（同上、四一八頁）。

即ち、権柄をとるならば、金銀の多少を憂えてこの称錘を増減するなというのである。つまり、至宝たる財を尊重せよというのである。金銀の増減はただ物価を変動させるだけであって、このことは金銀を偏重しない限り害はないというのである。

要するに梅園の議論は、貴穀賤金思想の上に立ち、この思想の徹底によって金銀偏重の弊を去り、以て遊民をなからしめて民を本業に帰さんとするものであり、その理論の基礎を『大学』の「生之者衆、食之者寡、為之者疾、用之者舒、則財恒足矣」に置くものである。

第六章　井上四明の遊民論

一

井上四明は、名を潜、字を仲龍といい、四明はその号であって、また別に佩弦園と号した。本姓をもと戸口氏といい、越後の人で少《わか》くして江戸に出、井上蘭台の門に入って儒学を修め、もっとも文章を好くした。後蘭台子なきを以て養嗣子となって井上氏を冒し、養父の後を襲って岡山侯の儒官となったが、年八十五にして職を辞して都下に移った。時人これを目して、当今第一の宿儒となした。文政二年、九十七にして歿した。その著す所は、『經濟十二論』、『大東食貨志』、『論語鈔解』、『孝經鈔解』、『經義諸説』、『佩弦園文集』等の数部がある。[1]

（1）瀧本誠一『日本經濟典籍考』二一〇頁。

二

抑々「天下有用者、無レ如レ農也、無用者、為レ如二游民一也」（『經濟十二論』、『叢書』巻十九、四一八頁）である。しかるに国初以来、都下は徒に膨張して商籍[1]敷衍し、農を捨て遊民となって都下に移る者日に衆く、ために都市は戸籍の増に困み、農村は戸口の減に窮む有様である。

「国初建都方四十里、比㆓諸古㆒已過大、理安已久、商籍敷衍、今將㆓方五六十里㆒、所㆓以然㆒者、游閑移㆓於都下㆒日甚、有司不㆑禁、四方惰農苦㆓督責㆒者、買㆓田廬㆒鬻㆓鉏耰鎛耜㆒、舍㆑務㆑本來逐㆑末、是以都人食者日衆、群民耕者日寡、野窮㆓於戸籍之減㆒、都困㆓於戸籍之增㆒、所謂爲㆑之者寡、食之者多、財用以㆑不㆑足也、大小國都、蓋亦如㆑是」(同上、四一四頁)。

(1)　四明は、農籍と商籍との別を、農村と都市との別によって立てよと云う。したがって、商籍は厳密な商の意味を持たない。

しかもこの農を捨てて都下にはしった遊民は、後困窮して再び農に帰らんとしても能わず、遂には路に食を乞うて他郷の鬼となる有様である。

「游民之移居㆑都、多不㆑娶㆓於農㆒、而納㆓商戸之女㆒、而主男生女、老不㆑能㆑爲㆑生、悔欲㆑歸㆑郷、妻兒不㆓肯從㆒、進退無㆓如㆑之何㆒、相引乞㆓食道路㆒、身死甘爲㆓他郷鬼㆒」(同上、四一四頁)。

また他方、商戸となって農業を怠り、身農籍にあってなお農を怠る遊惰の徒が近郊に多い。

「郊關之外、廢㆑田築㆑圃、以爲㆓商戸㆒、而舍㆓耒耜㆒、収㆓賃房錢㆒、逸居有㆓農籍㆒、故近郊之地、編戸之氓、不㆑曝㆓背夏畦㆒、游惰爲㆑生者、往往有焉」(同上、四一四頁)。

その原因は何であるか。

農民業を廃して農口日に減じ、遊手日に増して天下の粟乏しくなる有様はかくの如くである。しかりとすれば、人はもと労を悪むものである。しかるに農の業は醪苦これを醺する能わざるほどのものであり、これに反して都会の生活は佳冶鄭聲人を楽とするものである。農を捨てて都下に集るは人情である。

「人主本惡レ勞、而夙興夜寐、從二事於南畝一、冒二霜露一衝二炎熱一、糟糠之不レ能レ飽、醪苦之不レ能レ醺、一隷計吏入二城府一也、所レ目佳冶、所レ耳鄭衛、所レ口膏粱、忽念三自鬻爲レ奴、自亡爲レ傭、留二於都下一也、棄レ親賣レ田、終不二懊悔一」（同上、四一八頁）。

農民が本業を怠り廃して都下に集るのは、ただに都下の美にのみよるものではない。吏の督責やまずして、日に誅求の甚しきが故である。収斂力を尽して止まざるときは、農は田を売って償い、なお給せざれば遂に妻子を棄てて自ら失うに至る。

「旦暮吏督責不レ已、極レ力供二其求一、不レ給則賣レ田自償焉、尚不レ給也、棄二妻子一、去二兄弟一而自亡焉、三十戸之邑、一夫田荒不二耕耨一、少二一戸稅一、必取二諸二十九戸一而盈焉、己不レ能レ出二己稅一、棄レ家奔亡、况耐下幷二人稅一出上レ之乎、尋有二亡者一、重收二一家稅於一邑一、故奥羽常毛之間、荒蕪之田、相二望於野一云」（同上、四一九頁）。

即ち、収斂によって欠落があれば、この欠落によってさらに収斂が加わって、愈々農を離れる遊民を生ずるというのである。当時の実情であろう。

農は天下の有用であり、遊閑は天下の無用である。天下の財用足らざるは、有用の農を捨てて、無用の遊民となるからである。よって天下の財を多からしめるには、農を離れて都会に集った遊民を、再びその本業に就かしめねばならぬ。しかし、これらの徒をその土に帰さんと欲して、いたずらに令しても効はない。宜しく十年の後を期して策すべきである。即ち、四明はその策を語って言う。

「都下大小、國邸凡千、士太夫群有司、其宅殆萬數、地已不レ給、商戸豈可レ無二定額一乎、邸宅廣袤、豈可レ無二定制一乎、夫不レ戒二視成一、聖人之所レ屛、今日令而、求二明日行一者、非二理國之道一矣」（同上、四一四頁）。

「欲レ使三斯徒帰二其土一、雖レ令不レ行也、栽レ樹者期二用於十年之後一、自今以往厳禁、他邦人新來、爲二都下商一、原籍在二藩邦一者、其國相有レ契、以合二諸都有司一、原籍有二郡縣一者、其守令有レ契、以合二諸都有司一、郡國皆無レ契者、禁三授廛一載二諸商籍一也、郡國禁三其民移二於他邦一、苟行二遂留一、曠日彌久者、告二其土之國相郡守一、召レ之還レ郷、往歳移二於他邦一、悔乞レ歸者、聽與二之所一、其父其祖、去レ郷客二居都下一、其子其孫、乞レ歸二父祖之業一者、亦聽與レ田復二其舊一、此法一行、或十有餘年、或二十年、郡國戸口、倍二於原籍一、都下男女、漸減二版圖一也」（同上、四一四―五頁）。

即ち、藩または幕府直轄地を単位として民の出入を禁じ、都市および農村の原籍を査点して照し合せ、無籍の者は商籍に載せて商売を禁ずれば、悔いて帰農を願う者が出る。これを願う者にはその便宜を与えて農に帰し、また他邦に籍ある者は順次これをその郷に帰す、というのである。

農を廃して都下に集る遊民の生ずるのは、一に労を厭い、楽に就かんとする人情にあり、また上に苛吏あって督責日にやまなかったからである。従って遊民をなからしむるには、戸籍を正して帰農を奨めるとともに、循吏を用いて税斂を省き、農を勧めて末たる商を抑えるようにせねばならぬ。[1]

「夫安レ民之政、在下用二循吏一省二税斂一、保二赤子一、勤二務本一、抑中逐末上」（同上、四一九頁）。

（1）　次節参照。

農村から発生する遊民、およびその対策に関する四明の直接的所説は、以上の通りである。当時としても、特に傾聴すべき点はない。

三

四明によれば、農を離れて商籍につく者の外に、士・商・僧が遊閑者であるという。(1) 遊閑者とは、国に無用の者である。果して、士・商・僧が遊閑者であるか。

「游閑者何、謂下素餐無上レ用二於國一也、今吾將三幷食レ粟受二レ餼者當焉、亦將レ幷二商與一レ僧當焉、或曰、食レ粟レ受餼者士也、最居二四民之上一、可レ二游閑一乎、商以通二有無一、可レ謂二游閑一謂乎、僧以二葬埋一爲レ業、可レ謂二游閑一乎」(同上、四二〇頁)。

(1)　四明によれば、遊閑者とは遊民を意味する。即ち、彼は、『經濟十二論』の「禁游」の条で、以下に述べる如く、士・商・僧を遊閑者であるとし、その結論として、「以レ是觀レ之、宇内游民之多、無レ甚二於此時一矣」(同上、四二二頁)といっている。また農民が業を捨てて都に集るを、一方において「游閑移於都下」といい、他方「游民之移居都」といっている。

士は「労心而理人」するものである。この士が遊民であるとする理由は何であるか。人を理するものは賢でなければならぬ。しかるに、今の士大夫は、子孫皆世禄にして賢者常に少く、学に勤むるなくして目に一丁を識らない。従って遊閑というべきである。

「賢才爲二君子一、不賢不才爲二小人一、君子勞レ心而理レ人、小人勞レ力而養レ人、養レ人者農與二工商一也、理レ人者大夫與レ士也、(中略)今王臣國臣、其士其大夫、衆至二千萬人一、子孫皆世祿、賢者常少、不肖者常多、少長二於肉食紈袴之際一、上無レ講二於教一、下無レ勤二於學一、目不レ識二一丁一、心不レ辨二菽麥一、滔々者名是也、吾將レ屬二之游閑一矣、列國士大夫、如レ此其衆」（同上、四二〇―一頁）。

すなわち、四明は、理論的に士を無用とし、遊民とするのではない。士の現実に遊民に異ならざるを説くに過ぎない。事実の上で、武士の堕落、遊民化を説く論者は、徳川時代の後期になるに従って決して少くはない。[1] しかし、少くとも理論的に、武士を遊民とする者はない。封建社会の経済論の当然の論理である。ただ、武士の堕落を説く論者は少くないにしても、現実論の上からでも、武士をともかく遊民とする論者は、まずこの井上四明に指を屈する。しかしこれも、武士階級の立場からして、始めて発せられる言であることは勿論である。

（1）　第一部参照。

しからば、士の遊民たるを止めるには如何にすべきであるか。四明は、賢を挙げて采饌を与え、其子其孫には采の世禄をのみ与えてその邑に土着せしめよと言う。この種の議論も、また少くない。

商は有無を通ずる者である。この商が遊民である理由は何であるか。四明は、その理を説明して次の如くいう。「一出二都下一、佳冶窈窕誨レ淫、飲博蹋鞠献レ奢、姦商騙賈乘レ之、逐レ末射レ利、先輩有レ言、曰、享保年間、比二諸其六七十年前一、物價殆十倍、以レ今計二於當時一、翔貴亦十數倍、後數十年、吾儕小人子孫、不レ能レ供二飡餐一、與二褐之父一睨而已、夫商游民也、苟通二有無一、仰二機利一而食足矣、商戸比二諸當時一數十百倍、薄レ城跨レ溝、舗啜耗粟、動輙傷レ財、亦不レ可レ無レ制焉」（同上、四二一頁）。

商人を以て遊民あるいは無用なりとする議論は、後期における商人論の一つの特色を示すものである。[1] しかし四明の商人遊民論は、現実の商人を遊民とするものであって、原理としては商人の有用性を認めているもののようである。(2)従って、子平のように、一方に町人無用論を説き他方に商業の落営を考える時は、商人そのものの無用が考えられているということができるが、四明の論はそれ程に徹底したものではない。(3)

（1）第一部参照。
（2）このことは、右の引用文の論調からも察せられるし、また次の句からも推すことが出来る。「養レ人者農與二工商一也、理レ人者大夫與レ士也」（同上、四二〇頁）。
（3）第一部参照。

僧侶もまた遊民である。四明は、その理由を説明して次の如くいう。

「夫葬大禮也、聖王所レ重、載二在禮經一、今浮屠葬レ人、祝二其髪一爲二浮屠狀一、斂以二浮屠服一、更二其姓字一、以二浮屠稱一、以標二其墓一、郷人來拜、邈乎不レ辨レ爲二誰某一矣、孝子慈孫、請下以二父祖姓字一表中於其墓上、僧持レ制不レ可、子孫或從二君於國一、數年而來拜、壟墓不レ存、碑碣得二之於梁橋階砌一者、往々有焉、嗚乎慘矣、葬レ親大事也、浮屠擾焉、使二孝子慈孫、慟哭不一レ已、（中略）故僧之以二葬埋一爲レ業、人子所レ病、識者所レ嘆」（同上、四二一頁）。

要するに、儒教の立場から鬼神を祭るを僧に委ねるの非をいうものであり、これが対策には、僧の制限と(1)、僧の業を只死状の凶否を調べさすに止めよといっている。(2)極めて一般の議論である。(3)

（1）「度レ僧有二定額一」（同上、四二二頁）。
（2）「今據二山丘一、更開二葬地一、若二其宅兆殯斂、送喪建碑等儀一、一從二先王典一、獨便三僧讖二其死狀凶否一而已、則無レ害二於生民一也」（同上、四二一頁）。
（3）第一部参照。

以上のごとく、農村から生ずる多くの遊民とともに、士・商・僧もまた遊閑者であるとすれば、宇内の遊民の今より多きはない。故に、大小の邦に遊閑素食の徒無く、民をしてその業に勤めさせ、以って「生之者衆、食之者寡、財用足」らしめるには、都市を制して(1)、民を農に帰すの策を施し(2)、武士は賢を挙げ、世禄者を土着させてその害を除き(3)、商戸に定額あり(4)、僧にまた定額あるべきである(5)。

「以レ是觀レ之、宇内游民之多、無レ甚二於此時一矣、宜哉國之窮也、使三士世祿止二於代耕一、度レ僧有二定額一、農不レ得二新爲一レ商、商不レ得三妄爲二乞兒一、農商窮爲二乞兒一者、都少尹縣令長、不レ加二賑給一、親戚鄰里、不レ爲二收恤一者、抵レ罪有二輕重一也、而后四民無二失産之患一矣、大小之邦、無二游閑素食之徒一、民始歸二於富庶一也」(同上、四二一頁)。

(1)「置二郊關於四方一、關外不レ得レ有二諸侯之別業一、士及工商之室、距レ關未三二十里一也、禁レ開二茶肆酒肆一、距レ關二十里、始置二驛亭一、其地戸口亦有二定額一、私廢二田圃一、爲二茶肆酒肆一者、罪没二其田圃一入レ官矣、而郊關之内、徑二千七百雉、永從二聖王之制一也」(同上、四一五頁)。

(2) 既述。

(3)「士無二職事一、止供二部伍一而世祿者、使レ家二於食邑一、祈二留學一者、舍二於學中一、以補二宅地之乏一也」(同上、四一五頁)。「以二才能學藝一新進、食レ邑受レ餼者、止二於其人一、其子其孫、世二代耕之祿一、以奉二祭祀一、無レ塞二賢者之路一則可也、而後采地有レ餘、廩粟可レ給、清白循良、繼二踵於朝一、姦邪讒諛、絶二跡於國一矣」(同上、四一六頁)。

(4)「地已不レ給、商戸豈可レ無二定額一乎、邸宅廣袤、豈可レ無二定制一乎」(同上、四一四頁)。「商市廛有二常征一」(同上、四二六頁)。即ちまた、商税に常征あるべしという。

(5)「僧度牒有二定額一」(同上、四二六頁)。度牒によって僧の数を制限すると共に、度牒金を取るをいう。

かく制を設けて遊民を禁じこれを無からしめる策を施すとともに、他方遊民を駆って、奥羽・蝦夷等の荒蕪の地を拓けば、倉廩尽きることなく、また外夷を防ぐことができる。

「驅二游民及非人一、耕二荒蕪間曠之地一、則奥羽蝦夷之野、鉏耰布レ地、(中略)四海耕者衆、食者寡(中略)雖レ有二千萬寇一、而可二挺伐レ之而却一焉」(同上、四二六頁)。

遊民論が、『大学』の「生之者衆、食之者寡」を基礎理論として農業生産論の反面を構成することは、既に第一部に説くところであるが、四明がその農業政策論を述べるに当って、農民の業を離れて都市に遊民となる者の多きを第一に挙げ、さらに士・商・僧の遊民にして為に宇内の遊民今日より多きはなしと述べ(1)、禁遊を論じて次に勧農を策することは(2)、農業生産論における遊民論の重要性が、まず地利を尽して次に遊民を無からしめることを説く初期のそれに比して、比重を大にして、遊民論を生産論の前面にだすものということができる。遊民論が農業生産論の主体的性格を顕著にすることは、離農現象の増大によって遊民の増加が直接農業生産力を低下させる弊を痛感させる後期においては、一般的な特徴であるということができる(3)。

(1)　「以レ是觀レ之、宇内游民之多、無レ甚二於此時一矣、宜哉國之窮也」(同上、四二二頁)。
(2)　『經濟十二論』は、禁遊の次に勧農の条をあげ、勧農の術を施して実あらしめるに遊民のなきことを論ずる。勧農の語そのものが示すように、農業生産力を維持発展させるには、まず純粋に地力を尽すことより、遊民を農に帰し勧めることが先決であるという。遊民論が農業生産論の主体的性格として登場するという所以である。第一部参照。
(3)　第一部「経済論としての遊民論」参照。

四

井上四明の遊民論は、農業生産論としてのそれである。遊民の増大が、農業生産力を維持せしめないために、遊民を無からしめることを、その農業政策論の第一とするものである。初期の農業政策論は、通常順序として第一に地力を尽し、次に遊民を無からしめて農業生産力を発展せしめることを説く。すなわち遊民論は農業生産論の反面を構成する。しかし、後期にいたり離農遊民の増大が農業生産力低下の最大因と認められてくると、遊民を無からしめることが地力を尽す所以であるという論を生むにいたる。遊民論が生産論の前面に現われ、その主体となる。藤田幽谷・頼山陽等はその代表的なものである。(1) 四明の遊民論も、この後期的特徴を示すものである。

（1）藤田幽谷『勧農或問』及び頼山陽『通策』。第一部「経済論としての遊民論」参照。

右とともに、四明の商人・武士遊民論も後期的特色を示す。(1) 特に武士を遊民と断ずることは、たといそれが武士階級の立場から述べられたものであることは勿論にせよ、武士階級終焉の近きを思わせるものということができよう。

（1）第一部「遊民の意義と変遷」参照。

第七章　本多利明の遊民論

一

本多利明によれば、人口の増加率は、大体において食糧の増加率よりも大であって、時勢とともに、万民が日を追い月を追って増加するのは当然であるという。人口の増加が食糧の増加よりも大なることについて、彼は一つの仮定を立てていう。

「一　夫年十五歳婦年十三歳初て一子を産む、是より隔年に子を産で、經歴三十三年の間に婦の血氣既に衰へて子を産まず、其子男女十七人あるを男子は婦を他より招入て一家となし、女子は夫を他より招入て一家となし、家數十七戸となる、内惣領家の夫歸《ママ》も、又夫十五歳婦年十三歳より隔年に孫を産で男女九人となる、第二家も其如く孫男女八人、第三家も其如く孫男女七人、（中略）第九家は今年夫十五歳婦十三歳にして初めて一孫を生む、（中略）

一　父母二家にて四人、父年四十八歳、母年四十六歳、元入人なり

一　子男女三十四人、内長子年三十三歳、末子年一歳なり

一　孫男女四十五人、内長孫年十八歳、末孫年一歳なり

一　彦男女七八人あらんなれど、是を算せず

子孫惣計七十九人、二夫婦四人にて産殖す所なり、是を父母の四人に除て十九人七分五厘を得、三十三年の間に一人にて産殖す、定則は上天子下庶人に至るまで、各是を含で人涯を保者なれば政事善、各産業に行支なき様に介抱し養育するに於ては、三十三年の内に日本を十九倍七分五厘押廣ざれば、産業不足するの道理なり、勿論日本の内にも空山曠野までも新田畑に開發せんかなれども、今ある所の十八倍七分五厘は如何あるべきか、よしあるにもせよ、夫迄に至る雜費食用に差支ることあれば丈夫にはなし、自國の力を以て自國の養育をせんとすれば常に不レ足、強てせんとすれば國民疲て、廢業の國民出來して大業を破るに至る、爰を以他國の力を容ずしては、何一ツ成就することなし、他國の力を容んとすれば、海洋を渉渡せざれば、他國へ到ること難し、海洋を渉渡するには、天文、地理、渡海の法に暗くては海洋を渉渡するこ《ママ》ならず」（『西域物語』巻下、『叢書』巻十二、一八五―六頁）。

「萬民追日追月增殖ノ勢ヒヲ爲スハ、至極其筈ノコト也、是ニ從ヒ國產モ亦追日追月增殖セザレバ、天下ノ國用不足スル故、日本國中ノ曠野及空山迄モ、土地ノ限リハ皆開發シ、田畑トナリテ、農業耕作シテ百穀百菓出產セザレバナラズ、若是ガ不足セバ、萬民ノ國用不足トナリテ、凶歳饑饉ニ當リテ饑渴ノ庶民出來スル也」（『經世祕策』巻上、『叢書』巻十二、五一頁）。

時勢とともに万民が増殖するのは自然の理であるが、この万民増殖の勢につれて遊民も勿論増殖する。利明は、人口増加の理から遊民の増加するのを認めて次のごとくいう。

「治平相續程武家次第に增殖し、奢侈も亦然り、商民も又其如く、此兩民の增殖の勢につれ、僧工遊民も亦增殖するゆへ、農一民にては哺啜《ハゴクミ》なり兼ん道理なり、士工商遊民の國用不足となるゆへに、農民を虐げんより外

の事あるまじ、於レ是農民困窮するなり、田畑に際限あり、出産の米穀に亦際限あり、年貢租税に亦際限あり、其殘りの米穀も亦際限あり、其際限ある米穀を以下萬民の食用を達するを、士工商僧遊民日を追月を追增殖するゆへ國用不足となる」(『西域物語』巻下、『叢書』巻十二、一八三―四頁)。

人口の自然増加率は、食糧の増加率よりも大きい。利明は、これによって国用の不足することを述べ、これを解決するために、属島の開発と、開国貿易との必要を明らかにした。利明が、人口自然増加の理から増殖する遊民をして、この属島の開発を行わせようとしても不思議はないであろう。遊民を駆て蝦夷地などの属島を開発せしむべしとする議論は、対外事情によって蝦夷地などが問題とされた時期には見られるところであるが、利明の議論は、この点に関して、最も代表的なものであるということができる。勿論、利明の属島開発のための移民論は、遊民だけを移民させよという視野の狭いものではない。人口増加の一つの結果としての遊民の増殖を認める彼の論にとって、寧ろ当然のことであろう。而も利明は、後には遊民の移民を不可とさえしている。彼の議論の中における遊民論の比重を知るべきである。ただ、人口論から属島の開発を説く利明が、後にはこれを否定するに至ったにせよ、人口増殖の理からその増殖を認めた遊民を、属島開発のために移民せしめよと論じた点に、彼の議論における論理的な繋りを、その遊民論の立場から認めてもよいであろうと思う。以下、彼の属島開発移民論を、特に遊民論に拘泥せずに、発展的に一瞥しようと思う。

先ず、寛政三辛亥年正月の作である『蝦夷土地開發愚存之大概』によるに、利明は、一方において北国の土人の自由移民を奨励しているが、他方においては、流浪者無業の遊民を、その生国の寒暖によって、あるいは蝦夷地へ、あるいは小笠原等へ遣わすべしとし、また犯罪者による強制移民を説いている。

「北國の海邊奥羽越佐能加等の土人は、毎年毎夏蝦夷土地へ渡海して渡世する者夥く、此者抔は蝦夷土地に日本人の住居する事勝手次第たるべきとの制度立て命令を給りたらば、内心に好み願ふ所なれば、福を得たる心地して妻子引つれ移徙する者も多くあるべし」(『蝦夷土地開發愚存之大概』、『近世社會經濟學說大系、本多利明集』解題、四八頁)。

「日本國中に人別帳外にて隠れ居る流浪者は、江都を始めとし諸國繁華の土地に夥し。此者抔は無業にして國用を費すのみに非ず。惡事を業と爲し、良民を損ひ庶民の災害となる者夥き事也。甚だ惜き者共なれば御手當あり、雪國出生の者は蝦夷地へ遣し、雪の降らざる國の出生の者は東洋の小笠原島抔へ遣したき者共なり」(同上)。

「日本國中の盗人、或は法度を犯したる抔の死刑に處すべき罪人を悉く助命せしめ、其次の輕き罪人も悉く(蝦夷に)送り遣したらば、或は漁獵を仕、或は耕作を仕て生計を保つべけれ。固より助命を蒙りたる躬なれば也。自然と開發も成就し、異國と日本の境界も立て、國家鎮護の基を開かば抜群の大功ならずや」(同上、四八―九頁)。

次で、寛政四壬子年七月の『蝦夷開發に関する上書』においても、犯罪者および無宿者・江差その他の遊民の移民と、また雪国出生の者の自由移民とを説いている。ただ、犯罪者の強制移民については、寛政三年の『蝦夷土地開發愚存之大概』では、「日本國中の盗人、或は法度を犯したる抔の死刑に處すべき罪人を悉く」といっているのに対し、ここでは、「御領私領寺社領之罪人之内、格別重き罪人之外」となって、若干の制限を付している。

「御領私領寺社領之罪人之内、格別重き罪人之外は助命被仰付、遠島人追放人無宿人までも悉く蝦夷土地へ被差遣、罪科の輕重に於て遠近島之定有之、其外密夫不義の男女・隠賣女・渡り盗人或は江差を始、諸國繁茂し土地に人別帳外に徘徊仕候者共にて、良民之災害に罷成候者共夥敷有之、此者共へ御手當被下置差遣度事共にて、何れにも蝦夷土地に此方之人物住居仕候儀は勝手次第可仕旨被仰出候て、北國海邊は奥羽越佐能加等之雪國出生之小民共は相悦、殊に昔より多年毎夏蝦夷土地へ渡海仕候者共夥敷有之、此者抔は好望仕候處に御座候間、内心には福を得候心地仕、妻子引連移徒仕候者共も多く可有之候」(『蝦夷開發に関する上書』、前掲『本多利明集』、三二四頁)。

以上のように、寛政三年の『蝦夷土地開發愚存之大概』、及び同四年の『蝦夷開發に関する上書』においては、犯罪者移民に関しては僅に相異るところもあるが、浮浪者その他の遊民の移住は等しくこれを可としている。しかるに、寛政十三辛酉年(享和元年)の『蝦夷道知邊』においては、これに反して、これら遊民の徒の移住を不適当とするに至っている。この彼の説の変化は、その原因を知る由はないが、ただここにおいて、彼が遊民の移住を不可とした理由が、「遊民に成程の者なれば、邪智も有て法令といへとも我に利なきは用ひす、云々」という彼の遊民観に基因していることは、注目に価すると思われる。約十年の歳月を経た後の、利明の人間観、ひいては遊民観の変化によるものであろうか。

「御府内を初め、諸國繁昌の土地に徘徊する遊民を移し遣し度者共なれと、迚も遊民は用立間敷、遊民に成程の者なれば、邪智も有て法令といへとも我に利なきは用ひす、我慢放埒にして良民を侮り、云々」(『蝦夷道知邊』、前掲『本多利明集』三三二頁)。

然らば、犯罪者の強制移住に関しては、彼の見解は変化したであろうか。享和以後に、殆ど彼に著述のないために、それを知ることは、残念ながら出来ない。

二

本多利明の遊民論は、その人口論から発展する属島開発論の一系列の中に窺うことができたが、また、それは、彼の階級論として金銀論と関係して述べられてもいる。以下、彼の階級論が、その金銀論と関係しつつ、その内に彼の遊民論が説かれている点を概観しよう。

利明によれば、古は、「萬民ハ農民ヨリ養育シテ、士農工商遊民ト次第階級立テ釣合程ヨク、世ノ中静謐」（『經世祕策』巻上、『叢書』巻十二、五一—二頁）であったにも拘らず、今は四民の釣合が失われるに至ったが、これは商人階級が天下の金権を掌握して、四民の頭たる武士も、これに屈する状態となったからである。

「今既に天下の諸侯至極の困窮に及たり、依て商の仕送を請ひ、今日の凌きするを恥辱ともせず、二百六十餘侯の内、自立の侯は稀にて、餘は皆借財の淵に沈み、子々孫々浮む瀬更になし。（中略）皆々箇様の身上にもあるまじけれども、大概は困窮故、商に所領を渡切、仕送りを請て、商の手盛を給へ公私の用を達するなり。天下の諸侯永く商に所領を奪はれたるに異るなし。苦々敷事に非ずや」（『自然治道之辨』、前掲『本多利明集』二五三頁）。

利明にとっては、商に金銀の権が移って、ために四民の階級の乱れたことは苦々しいことであった。彼は、四民の階級の乱れを、四民間の富の不均衡から説いている。そして、彼は、天下の国産凡そ十六分にしてその十五迄が商の収めるところであると論じている。

「天下ノ通用金銀ハミナ商賈ノ手ニ渡リ、豪富ノ名ハ商賈ニノミアリテ、永祿ノ長者タル武家ハ皆貧窮ナリ、故ニ商賈ノ勢ヒ追々盛ニシテ四民ノ上ヘ出タリ、愚爰ニ當時商賈ノ収納ヲ探索スルニ、日本國ヲ十六分ニシテ、其十五ハ商賈ノ収納、其一ハ武家ノ収納トセリ、其證據羽州米澤及ビ秋田仙北郡邊ノ米豊作ノ節ハ、一升代錢五六文ナリ、交易ノ上商賈ノ手ニ渡リ、江戸ニ到レバ、豊凶ノ差別ナク凡ソ百文トナル、此割合ヲ以金一萬兩ヲ元入トナシ、羽州ノ米ヲ買入レ江戸廻シ、賣拂ヒ高金十六萬兩ト成ル、又此十六萬兩ヲ以元入金トナシ、同國ノ買米江戸廻シ、賣拂高二百五十六萬兩トナル、二次折返シ交易スレバ、此ノ如ク大金トナル、此内運賃駄賃モ掛ルトイヘドモ、一次ノ買米元金ノ十六倍トナル、爰ヲ以見レバ、天下ヲ十六分ニシテ其十五ハ商賈ノ収納、其一ハ武家ノ収納タルコト瞭然タリ、農民一夫ノ産業ヲ以イヘバ、一ケ月三十日ノ内二十八日ハ商賈ニ、二日ハ武家ニ、（中略）奉公スル割合ナレバ、凶歳饑饉到來スルトモ、武家ニ貯ナケレバ救ヒ助ルコト成難ク、見殺シニスルモ理リナレドモ、立ベキ制度モ立ザルユヘ、其過失農民背負ヒテ餓死スルトハ、窪所ニ水溜ル諺ノ如ク不便ト云モ餘リアリ」（『經世祕策』巻下、『叢書』巻十二、七二―三頁）。

四民の階級が乱れたのは、このように、独り商にのみ天下の富が集ったからである。かく、商のみ富めるのは、通用金銀を際限なく放ち与えるからである。そして、この時には、庶民の産業に勝劣ができ、終には刑罰の人も出て、国民を失うことも多きに至るのである。

「若過テ通用金銀ニ際限ナク保チ與ユル時ハ、庶人ノ内ニ豪富出來、國政ニ害アルノミニ非ズ、奸商湧出人知ラズ異國ヘ抜行ク憂アリ、依テ通用金銀ノ員數ニ際限ヲ建テ放チ與ユルコト肝要ナリ」（同上、五二頁）。

「通用金銀の多少差引は國家第一の政務にして、常に密々差引せざれば、庶民の産業に勝劣出來、恨悔憤怒の遺念を蘊積し、終に刑罰の罪人多くなりて、國民を失ふことも多きに至るものなり」（『西域物語』巻下、『叢書』巻十二、一九三頁）。

かく、「當時ノ如ク武家困窮セシハ、頼朝公武家建立以後初テナリ、此ニ於テ是非共ニ改革シテ士農工商遊民ト順ニ立テ、其處ヲナシ得ザレバナラ」(『經世祕策』巻下、『叢書』巻十二、七五頁)ない。すなわち、富の不均衡によって生じた士農工商遊民の階級を正し、「四民ノ釣合ヲ取直ス事ハ治道第一ノ要務」(『自然治道之辨』、前掲『本多利明集』、二五四頁)である。従って、このためには、通用金銀に際限を立てて放ち与え、その余は秘庫に納めて出すことを厳禁すれば、四民の階級は厳然と立て、独り商のみ富を重ねることもなく、遊民は退転して世の中が静謐になることができる。まことに、「通用金銀ノ多少差引ハ治道第一ノ政務」(『經世祕策』巻上、『叢書』巻十二、五三頁)であって、「四民ノ階級ヲ締保」(同上、五二頁)つものである。

「通用金銀ニ際限有テ放チアタヘ、四民ノ階級ヲ締保チ、爵祿トイヘドモ貧富ニ係レバ、通用金銀ノ際限ヲ建ルコトハ肝要ナリ」(同上、五二頁)。

「通用金銀ノ多少差引ハ治道第一ノ政務ナリ、通用金銀ヲ以時勢ヲ制作シ四民ノ稼穡ニ懈怠セヌ様仕向スルヲ治平ノ國君ノ天職トセリ」(同上、五三頁)。

「通用金銀ハ國産融通ヲ司テ、四民ノ階級ヲ正スノ要務ナレバ、不ㇾ多不ㇾ少諸色ノ直段中分ナル所ニ際限ヲ立テ、餘リニ下直ナラバ放チ與ヘ餘リニ高直ナラバ引揚ゲ、是ヲ制スレバ、五十年以來ノ平均相場ヲ以大的ヲ見定メ、常ニ窓々差引セザレバナラズ、其餘ハ秘庫ニ納テ出スコトヲ嚴禁セリ、爰ヲ以四民ノ階級嚴立シテ游民退轉シ、世ノ中静謐ナリ」(同上、五三頁)。

利明が、金銀を際限なく放ち与えるときに貧富の勝劣が激しくなり、金銀の通用に多少差引の宜しき時に遊民の退転すると説くのを見れば、逆に、彼がインフレーション期における遊民の増加を認めていたということもできよう。ともかく、通用金銀を制し、金銀と物との均衡を得て、物価を安定させた時には、遊民が少くなるであ

ろうという見解は、この利明の他にも、たとえば、三浦梅園などにも見られるところであった。(1)

「夫通用金銀は國産融通の爲に製作せし者なれば、多からず少からず、中分なる所に際限を立諸物の價餘りに高直ならば、通用金銀の多きを知て引揚、又餘りに下直ならば、通用金銀の少きを知て放ちあたへ、諸色の價を天下平均させしむ、云々」(『西域物語』巻下、『叢書』巻十二、一九三頁)。

(1)　「三浦梅園の遊民論」参照。

利明が、「四民ノ階級嚴立シテ游民退轉シ」というのを見れば、彼もまた遊民の無いのを理想としたであろうということは考えることができる。しかし、また、彼が「萬民ハ農民ヨリ養育シテ、士農工商遊民ト次第階級立テ釣合程ヨク、世ノ中静謐」とか、「是非共ニ改革シテ士農工商遊民ト順ニ立テ、其處ヲナシ得ザレバナラズ」とかいうのを見れば、彼の現實的な遊民観を知ることができるであろう。この彼の遊民観は、既に述べたように、遊民屬島移民論においても見られた。利明の議論中にみる遊民論の消極的な役割は、一つには、彼のこの遊民観にも由るものであろうか。

第八章　正司考祺の遊民論

一

正司考祺の経済政策思想は、その性格において、極めて保守的なものであるということができる。彼によれば、今は治世二百余年、天下に凡そ二百六十余封あるが、明君智士という程の者も既に出て、治国の良術もまた珍しいものもない。従って、今政を新改しようといたずらに企てる時には、毛を吹いて創を求める結果になることもあるから、宜しく祖法を守り、上下その業に勤めるに如かない、という。

「今治世二百餘年、天下ニ凡二百六十餘封、明君智士モ既ニ出レバ、國毎ニ仕組ノ事ハ最早究ルトミユ、又珍シキ良術モ有ベカラズ、今改テ典政ヲ企レバ、國民異心ヲ生ジテ信義ヲ失ヒ、還テ毛ヲ吹テ創ヲ求ル事有リ、是故ニ建國祖宗ノ舊典ニ従ヒ、妄ニ自意ヲ以テ新法ヲ建ズ、依然トシテ賞罰ヲ明ニセバ、四民恒ノ心ヲ失ハズ、各職業ヲ勵テ上下和平シ、天地感應シテ、災害遂ニ降ラズ、封内自富饒也、何ゾ必ズシモ他ニ心ヲ移サンヤ」（『經濟問答祕錄』、『叢書』巻二十二、七頁）。

従って、彼考祺は、その富国の経済政策の要を倹約に求め、さらに一国の弊害を除くにありとして、屢々蘇轍の言を引用する。

「財利ヲ専ラニスル國ハ、弱國ト思フベシ、『不レ富無レ爲レ仁』ト上富ザレバ、治亂共ニ用ヲ遂ズト云ドモ、國家ノ富ハ産物興利ノ小利ニ非ズ、斯所ニ目ヲ附テ利ヲ貪ルハ、小ヲ視テ大ニ闇シ、貢賦ハ祖宗ヨリ究アリ、官庫ヲ富ス其本ハ、上ノ倹約ニアリ」（同上、二〇頁）。

「内ニ倹約ヲ守レバ、國計微小トイヘドモ、一滴ノ水モ積レバ、遂ニ桶ニ充ルガ如シ、羽州米澤ハ今十五萬石ニテ、昔ノ三十萬石ノ時ヨリ、家臣ニ至ル迄還テ富饒ト聞ク」（同上、二一頁）。

「蘇轍云、『方今之計、莫レ如レ豊レ財、然所二以豊一レ財者、非レ求レ財也、益レ之也、去下事所二以害一レ財者上而已』ト云、是句ヲ萬事ニ附テ、一々心ヲ附レバ、國家ハ廣大ナル者ユヘ、一事ヅヽ倹約シテモ、積レバ塵モ阜トナル故ニ、弊ヲ除ク事ハ小些トイヘドモ棄置ベカラズ」（同上、二六頁。この蘇轍の言は、二〇一頁にも重出）。

「夫豊財ハ武ノ七徳ノ中ニ在テ、武家トシテハ其道ヲ知ラズシテハ叶ハズ、前ニ述シ通リ、豊財ノ術ヲ求ンヨリ、先ヅ其豊財ヲ妨グル者ヲ除クベシ、之ヲ除ケバ財ハ自然ト豊カニ成ルベシ」（同上、二〇八頁）。

このような、経済政策思想の保守的性格は、封建制の維持を第一とする徳川時代、特にその弊害が続出する後期において、必しも稀なものではない。そして、このことは、正司考祺にあっては、彼が、「州郡ハ廣キヲ欲セズ」（同上、二一九頁）とか、「國人精力スレバ其領地相倍ス、小國トシテ大國タラント欲セバ、地ノ廣キヲ願ハズ」（同上、一八四頁）とかいうように、領土的に限定された封建制の実状から、その経済政策を述べることにもよるものであろう。

以上のように、彼の経済政策思想は極めて保守的な性格をもつものであり、生産論の立場からすれば、生産を阻害する弊を除くことを政策の第一とするものである。彼の生産論は、彼が「農ハ國之本也」（同上、四〇三頁）という以上勿論農業生産を中心とすることはいうまでもなく、この上に他の国産を説くものである。従って、彼の交易論も「萬物悉ク國産トスルハ、一道ヲ領スルトモ屆キ難シ、況ヤ一藩ヲヤ、故ニ舊來ノ生産ヲ専ラ精力スルニ如ズ」（同上、二〇三頁）の保守的生産論から出るが、この国産とは農業生産物の中心たる五穀をいうものではなく、当時諸藩において奨励されたいわゆる興利の国産を意味するものであり、従って彼は、自国の産が無くとも「一管開發ヲ主トシ、其生穀ヲ以テ買ムレバ、其利易ルコトナシ」（同上、二〇三頁）という。この農本的な国内的交易思想が、彼の外国交易論にも貫かれている（後述）。

考祺の生産論は農業生産—特に五穀の生産から始って他の国産に及び、これがまた彼の交易論と関係する。そして、彼の生産政策は、生産を阻害する弊を除くことを第一とする。然らば、その生産を阻害する弊とは何か。彼考祺によれば、この弊の第一は、実に徒口遊民の多きことである。彼の遊民論が、その生産論の主体として登場し、さらに彼の交易論と結合する所以はここにある。その詳細なる論述は、次節以下において行う。

二

正司考祺によれば、遊民とは、士農工商(1)の四職を守らない雑戸の者である。

「古聖人士農工商の四職を立て、（中略）右の四職を守らざるを雑戸の遊民といへり」（『家職要道』、『叢書』巻二十四、二七三—四頁）。

（1）考祺は、また、町人を遊民に異ならないとしている。しかし、これは奢侈を専にして商売のことは皆手代任せにして自らは職を務めない者をいうのであって、日々の職を勤める商人のことをいうものではないようである。「城下ノ町人モ奢侈ヲ専ニシテ、（中略）商買ノコトハ皆手代ニ任セ置クヨシ、然バ是者ドモ何業ヲ致スヤ、武士ハ弓馬ノ業ニ日々勤労アリ、町人ノミ何ノ勤モ無レバ、天下ノ遊民ニ異ナラズ」(『武家七徳後編』、『叢書』巻二十三、四一八頁)。

この遊民は、徒口の穀潰しで、国を富饒にする上に何の役にも立たぬばかりか、大に害をなすものである。その第一は浮屠修験の類(1)、次に淫声角抵などの遊芸の者(2)、であるが、また、医者(3)、屠者(4)、丐乞等の多いのも、国家にとって無益である。

「徒口ノ大ナル者ハ、第一浮屠修験ノ類(中略)、次ニ淫聲・角抵肆其外種々ノ遊民、國祿素餐甚ダ多」(『經濟問答祕録』、『叢書』巻二十二、二〇九頁)。

「僧侶酒肆ハ論ニ及バズ、醫モ多キハ無益ナリ、游藝ノ者ハ穀蛑《ムシ》ユヘ、一人モ置クベカラズ、屠者モ多キハ無益ナリ、國政頽ルレバ竊盗競ヒ興ルユヘ、屠者猿等ノ役繁クシテ、時勢ヲ得ルハ國家ノ耻辱トス、丐乞多キハ尚モ耻ナリ」(同上、二二〇頁)。

(1)　僧侶遊民論については、本論第五章参照。
(2)　本論第三章参照。
(3)　考祺は、「醫ハ賤業也」(同上、一七五頁)とか、「世間ノ唱ヘニ大鑿空《ヤマ》師ト云ハ、僧醫ノ二ツニ在リト云ハ、左ナル事ト思ヘリ」(同上、一八〇頁)とかいっている。
(4)　弾左衛門配下の穢多・非人を指すものであろう。

このように、徒口の遊民が、僧侶・修験・淫声・角抵などを始めとして多い時には、たとい豊年が何年続いても、彼らの為に喰潰されて蓄積することが出来ないから、国は富饒になることができない。しかるに、今わが国は徒口の遊民が総人数の三分にも及ぶ程で、農工不足して生穀製器共に足らず、従って物価も高く、民も正心を失った有様である。

「僧徒・朱験・婬聲ノ遊民無用ニスベシ、縦豊年續イテ國計豊トイヘドモ、飲酒ニ潰サレ、無職ノ者ニ喰盡サレテハ、破桶ニ水ヲ入ルガ如ク、少モ富饒ノ邦トハ爲リ難シ」（同上、三七頁）。

「邦ニ大酒・博奕・遊楽ヲ禁ジ、僧徒・朱験・其外遊藝・雑戸ノ者、無職徒口ノ民寡ケレバ、其生穀仂《ママ》ツテ邦ニ留ルベシ、儻徒口ノ民多ケレバ、縦豊年續イテ生穀多トイヘドモ、彼等ガ爲ニ喰盡サレ、邦ニ蓄積ト云事有ベカラズ」（同上、二九頁）。

「日本總人數二千六百萬人ニ双ブレバ、徒口ノ遊民三分通リニ及バン、故ニ耕作生産ノ數ト不都合ノミナラズ、財幣乏キユヘ、人氣優美寛量ノ風ナク、漸々信義ヲ失ヘリ、若シ遊民無ンバ、民モ其出ル所少キユヘ、自然ト蓄積シテ富饒ニ及ブハ、今目前ニ視エシ事ナリ」（同上、二〇五頁）。

「我邦ハ民數ノ總計ニ合セ比レバ、徒口ノ民甚多ク、農工不足シテ、生穀製器ノ職寡キユヘ、俗云同子喰ト云者ニテ、物估不相應ニ貴クシテ給用不足シ、自然ト正心ヲ失ヘリ」（『天明録』、『叢書』巻二十四、六一頁）。

徒口の遊民が多ければ、たとい豊年が続いて国計が豊になっても、彼らに喰尽されて蓄積ができないから、富饒の邦になることができない。従って、国を富ませるには、まず第一に、徒口の遊民を禁じなければならぬ。そして、この天下の穀蟒たる遊民を禁じ、彼らを職につけることは、人君たる者の当然の職分である。

「富國ハ第一徒口ノ民ナキヲ豊財ノ術トス、假令仁政ヲ施シ、五穀豊充スルトモ、一方ニ空手游民多ケレバ、渠等ガ爲ニ喰盡サレ、崩堤ニ水ヲ溜ルニ同ジ（中略）、故ニ國家安寧ノ法ハ、唯徒口ノ者ヲ禁ズルニ如クハナシ」（『經濟問答秘錄』、『叢書』巻二十二、二〇八―九頁）。

「富國ノ法ヲ希ハヾ、先徒口ノ民ヲ禁ゼヨ、左無ンバ、壞堤ヲ修理セズ、天ニ雩《アマゴヒ》スルガ如シ」（同上、二九頁）。

「職務ニ懈リ天　眛《タマモノ》ノ穀ヲ素餐シテハ、是ヲ穀蛘ト云者ナリ、是故ニ徒口游民ヲ職業ニ就シメ、天地ニ報恩ナサシムベシ、是則君タル人當然ノ職分ナリ」（同上、二一二頁）。

正司考祺の経済政策の理想は、「空手游民ヲ職業ニ就シメテ」（『天明録』、『叢書』巻二十四、七八頁）、生穀を始めとして国内に「産物充満」（同上）せしめ、以て国に蓄積するにある。そしてこの理想を実現するには、生産の弊たる遊民を無からしめ、これに職を勤めさせることを策の第一にせねばならない。然る時は、州郡も広きを欲することなく、小国が大国たらんとするに地の広きを願うこともない。『大学』のいわゆる「為之者衆、食之者寡」の策の第一を遊民を無からしむるに置き、更に「用之者舒」の策として倹約を以てすれば、国用足りて富饒となることができる。其理を説て曰く、

「州郡ハ廣キヲ欲セズ、空地遊民無キヲ善トス、（中略）其故ハ地廣ケレドモ、之ヲ耕ス者多カラザレバ、土中ヨリ菜穀生ゼズ、山林廣ケレドモ、工人モ又多カラザレバ器材ト成ラズ、海廣ケレドモ、獵人モ又多カラザレバ運上少シ、是理ヲ考へ、常ニ心ヲ縣テ其多カルベキ者ヲ多ク爲シ、其少カルベキ者ヲ少ク爲シ、之ニ教ルニ、倹ヲ以テスレバ、國用自ラ足ルナリ」（『經濟問答祕錄』、『叢書』巻二十二、二一九―二〇頁）。

「國人精力スレバ其領地相倍ス、小國トシテ大國タラント欲セバ、地ノ廣キヲ願ハズ、徒口ノ民・僧・巫・朱驗・雜戸ノ遊人ヲ減ジ、四民一圖ニ精勤ヲ勸ムベシ、之ヲ誘ルニハ良民ヲ賞シ惰民ヲ罰シ、政道明カナレバ、自ラ精勤スル事掌ノ中ニ在リ」（同上、一八四頁）。

正司考祺の遊民論が、その生産論の主体として論ぜられていることは、以上の叙述によって明らかであろう。かく遊民を無からしめて四民一図に精勤することが富国策の第一として、然らば、四民の数の理想的な比率は如何にあるべきであるか。彼によれば、農民と町人（次の引用文からすれば、工も含まれると考えられる）との比率は

四対一位がよいとしているようである。

「六萬石餘ノ封アリ、近年ノ調ベニ、家臣ヲ除テ民數十萬七千九十五人、其内農民八萬八千三十六人、町人一萬八千三百二十一人・僧四百六人・社人百二十三人、山伏百八十一人・陰陽子二十六人・巫二人、其外直人陪臣等加テ、凡十二萬人ニモ及ブベキカ、（中略）農人凡九萬ニ、町人一萬八千ハ四分ノ一ユヘ、最モ國益トイヘドモ、是事ハ上ノ黄籍ノマヽニハ證トシガタシ」（同上、二二〇―一頁）。

国に遊民空地無く、四民その業に勤め、農本の実が行われて生穀を中心として蓄積有余の富饒の国となることができても、万物悉く国産となることは、封建制の実情からして、一藩を主とする時は不可能である。けれども、既に理想が達せられ生穀に有余があるから、この有余を以て不足の物を補い、なおかつ有余となることができる（遊民ヲ無カラシメテ生産ノ理想ガ達セラレレバ、生穀ノ有余量ガ、他ノ国産ノ不足量ヨリモ必ズ大デアリ得ルトイウ楽観的考エ方）[1]。すなわち、有余の生穀を以て不足を補えば、国の利に易ることはない。ここに、彼の交易思想の出発点がある。不足を補う交易の前に、まず有余の生産がなければならぬ。生産さえ行われれば、交易は自ら可能である。彼の交易論が、生産論を、従って遊民論を前提とすることを知り得る。外国交易も同じである。

「天府富饒ノ地トイヘドモ、天下幾希ニシテ、皆過不足有ルユヘ、不足ノ物ヲ自國ニ植ントセンヨリ、有餘ノ物ヲ儉約シ、是ヲ賣テ不足ヲ補ハヾ、又有餘ト成テ國家ノ大益ト爲ル（中略）、蓋シ薪・鹽ノ他邦ヨリ買ムルトモ、一管開發ヲ主トシ、其生穀ヲ以テ買ムレバ、其利易ルコトナシ、萬物悉ク國産トスルハ、一道ヲ領スルトモ届キ難シ、況ヤ一藩ヲヤ、故ニ舊來ノ生産ヲ専ラ精力スルニ如ズ」（同上、二〇三頁）。彼の経済政策思想の保守的性格をも見ることができる。

（1）　彼は「我邦ニハ、（中略）國ニ由テハ田畠不足シ、農民モ已事無ク外慕ノ心ヲ起シ、徒ロノ者漸々繁キニ及ビ、大ニ國害ト爲ル」（『天明錄』、『叢書』巻二十四、四七頁）と述べて、耕田の不足が遊民を発生せしめることを説く。また「我邦ハ田數究リ有テ、民蕃息《フエル》スレバ耕田足ラズシテ、已ムコトナク空手遊民トナリ云々」（『經濟問答祕錄』、『叢書』巻二十二、四四五頁）。耕田不足して遊民生ずるとせば、遊民を無からしめ生穀を蓄積することが出来ないではないかという疑問があるが、これに対して考祺は、耕田の不足は、遊民の第一たる僧侶が寺院を山地に建てず総て市町に建立して良田耕地を奪うからであるとする。従って、遊民たる僧侶を百分一に耗せば耕田は不足しないという。遊民を無からしめれば、生穀による蓄積は充分に可能であるとの彼の思想を知ることが出来る（『天明錄』、『叢書』巻二十四、四七―八頁）。

国に空地遊民の無い時には、たとい国産に不足の物があっても、生穀を中心とする蓄積があるから、この有余を以て不足を補うことができる。自国に国産不足するものがあっても、この交易によって利に易ることはない。すなわち、考祺によれば、「交易ト云ハ、有餘ヲ以テ不足ヲ補フ爲」（『天明錄』、『叢書』巻二十四、六一頁）のものであって、交易によって利潤を求めんとするものではない。従って、考祺は、現在のごとくわが国に遊民多くして製品の少い時には、交易は物価を高騰させるだけであるから不可であるとし、空手遊民が職にあって業に勤め、産物充満して産物を外国に出しても物価の変動しない時は可であるとする。すなわち、国内に有余があれば交易もよいという。この彼の交易思想は、先に述べた一藩を単位とする彼の国内的交易思想と、この点では相異るものではない。

「我邦ハ民數ニ製品不足ユヘカ、華域ニ比ブレバ物估高値ユヘ、（中略）異国ニ渡ルト風聞ニテサヘ忽騰躍ス、然レバ未諸物毎年異國ニ出シ給フベキニ非ズ、是故ニ先空手游民ヲ職業ニ就シメテ產物充満シ、異國ニ出テモ物估常ヲ變ゼズ、平準ト視ユル時ハ可ナリ」（同上、七八頁）。

国内に遊民空地なく産物充満して有余があるとき、この有余を以て不足を補う交易をすることができるという点では、国内交易も外国交易も変るものではない。しかし、考祺によると、国内交易と外国交易とに相異る点があるようである。すなわち、国内交易を説く時には、彼は、「其生穀ヲ以テスレバ」というが、外国交易の場合には、「我邦ハ民數ニ製品不足ユヘカ、（中略）然レバ未諸物毎年異國ニ出シ給フベキニ非ズ」とか、あるいはまた、「悉工職ニ就シメナバ、生産有餘ト成ルハ目前ニ視ベキ事ナリ、（中略）其上ニテ我邦日用藥種ノ如キ不足物ヲ買ルコト、有餘ヲ以テ不足ヲ補フ眞ノ交易ト云ベシ」（『天明錄』、『叢書』巻二十四、六二頁）とかいうのを見れば、不足を補うべき有余は、生穀ではなくて工業製品などのように思われる。そして、この生産有余ができるのは、徒口の遊民・僧侶・修験を百分の一に耗し、遊芸の者を悉く工職につけた時に可能である[1]。生産論としての遊民論が交易論を貫いていることを知ることができる。しかしこの場合、生産論としての遊民論が、農業生産論から工業生産論に移ったということはできない。遊民を百分の一に耗し、遊芸の者を工職に就ければ、真の交易の前提となる産物が充満するが、勿論その時「耕田不足ハ、毎國寺院減耗セバ其地多」く、遊民を無からしめた時には既に国内に生穀が充分に足りて、彼の根本思想である「農ハ國之本」の実が成就されているからである。遊民を無からしめれば、国内の生穀は勿論足り、さらにその上に不足を補うことのできる諸産物（主として工業製品—勿論近代的意味のものではない）が充満することができるというのが、彼の真意であろう。従って、生産論としての遊民論は、飽くまでも農業生産論を中心として交易論を貫いているということができよう。彼が、外国交易論において、「生穀ヲ以テ買」めるといわないのは、農業生産を工業生産よりも軽しとするものでは決してなく、寧ろ農本的な貴穀思想が、一藩の国内交易と相異して対外交易の際に一層高められることと[2]、また当時の交易事情の実際とに因るものであろう。却て、彼の農本思想を知るべきである。

要するに彼の交易論も、徒口の遊民を無からしめ、遊芸の徒を悉く工職に就けその業に勤めさせるならば、国に空地なく寺院の減耗によって耕田不足も解決して国内には生穀足り、また諸産物が充満して、有余を以て不足を補う真の交易ができるというにある。遊民論が、彼の農業生産論の主体として、交易論にまで貫かれているということができる。交易論としては、保守的性格を免れることはできない。彼の経済政策思想が、保守的性格のものであることは、既に述べたところである。

「交易ト云ハ、有餘ヲ以テ不足ヲ補フ爲ナリ、我邦人數ト物估ト不都合スルハ、國偏少ニシテ人數多ク、其上徒食多キ故ナリ、由レ之未毎年異國ニ交易スル所ニ至ラズ、然ルニ其總計合勘ナク、數副商舶ヲ召シ給フハ、全下情ニ疏キニヨレリ、古來異國交易ノ產物ハ、我邦ニ未有餘ニ有ザルユヘ、物估貴ク成テ民心慊トセザルハ、不足ヲ以テ有餘ニ易玉フ故ナリ、由レ之今徒口ノ游民・僧侶・修驗ヲ百分一ニ耗シ、俳優・浄瑠璃・三絃者、及妓倡ノ類悉工職ニ就シメナバ、生產有餘ト成ルハ目前ニ視ベキ事ナリ、然バ異國ニ五年ニ一遍ハ渡ルトモ、不足無レバ物估昂騰セズ、人民慳心無カルベシ、其上ニテ我邦日用薬種ノ如キ不足物ヲ買ルコト、有餘ヲ以テ不足ヲ補フ眞ノ交易ト云ベシ、耕田不足ハ、毎國寺院減耗セバ其地多シ、今異國ニ毎年交易ハ上下ノ心齟齬スベシ、王者ハ固ヨリ生齒蕃息ヲ本トスレドモ、今ノ様ニ徒食ノ者年ヲ逐テ繁昌シテハ、國家ニ何ノ益カ有ンヤ、是故ニ其本ヲ端シ、然後異國交易有ラバ、庶民皆信服スベシ」（同上、六一―二頁）。

（1）彼が農工商の理想的比率を考え、また「徒口ノ民甚多ク、農工不足シテ、生穀製器ノ職寡」というのをみれば、この遊民を悉工職につけるというのではあるまい。「悉工職ニ就シメ」の句は、俳優―妓娼と百分の一に耗った遊民・僧徒に照応。

（2）農本思想に基づく貴穀思想が、外国を相手とする時当然かくなろう（『經濟問答祕錄』、『叢書』巻二十二、三三三頁及び四一九頁にこの彼の思想を見得る、参照）。

三

正司考祺にとって、遊民の第一は、既に述べたように僧侶階級すなわち浮屠朱験の類である。彼は、この徒口の僧侶が多いために、我国の耕作生産が民数と不釣合であるとして、僧侶の数を、六七百万人にも及ぶべきかといっている。(1)

「我阿毎《ヤマト》郷ハ孤島ニシテ地形狭ク、人民多ク金銀山モ寡ク、世間ニ財幣拂底シテ潤澤ナラズ、庶人モ勤職シテ、入ル所ト日用出ル所ト不レ合ユヱ、氣質自然ト小泥ナリ、特ニ無職不産ノ僧侶、其多キ事世界萬國ニ無キコトナリ、近年水府侯ノ著述武家一般鈔ヲ拝見スルニ、日本寺院四十六萬九千六百四十七ケ寺、(中略)一寺十人ニ平均シテモ四百六十九萬六千四百餘人、此遊民一ケ年ノ食モ莫大ナルナリ、(中略)其上諸國皆小庵アリ、修験アリ、是モ一二人ハ住ス、然レバ六七百萬人ニモ及ブベキカ、國家ノ大漸ニ立ツ海内中武士ノ員數モ、斯ク迄ニハ至ルマジ、日本總人數二千六百萬人ニ双ブレバ、徒口ノ遊民三分通リニ及バン、故ニ耕作生産ノ數ト不都合ノミナラズ、財幣乏キユヘ、人氣優美寛量ノ風ナク、漸々信義ヲ失ヘリ」(『經濟問答祕錄』、『叢書』巻二十二、二〇四―五頁)。

(1) 他方彼は、「僧徒凡ソ百萬人ニモ充ツベキカ」(同上、一〇三頁)、「日本中ニ寺院凡三十二萬餘、其中ニ門徒二十餘萬ト聞及ベリ、然レバ一寺ニ三人ニ積テモ、僧員凡ソ百萬ニ及ブ」(同上、『叢書』巻二十三、三七頁)といっている。前の引用文とは寺院数も、一寺院あたりの僧侶数の平均も著しく異る。数に関しては極めて曖昧である。

これら数多くの僧侶は、無職遊民の身で万民に敬愛されるにも拘わらず、(1)真の仏法を行う僧は一人もなく、(2)皆民の艱難した穀禄を喰い潰す者である。(3) しかも、僧侶は単に穀潰しであるばかりでなく、彼らが盛んであるため寺院も多く、これが仏教の場たるべき山地に建てられずすべて市町に建立されるため良地耕田が数限りなく奪われ、人民の蕃息と共に農民を徒口の者たらしめる大害をも惹き起す。(4)

（1）「佛法ハ藤蘿ノ如ク樹木ニ巻キ付クト古人ノ確言ニテ、無職遊民ノ身ヲ以萬民ニ敬養セラレ」（『天明錄』、『叢書』巻二十四、一一―二頁）。

（2）「今我邦ニ佛道・儒道両立シテ行ルヽニ、僧徒凡ソ百萬人ニモ充ツベキカ、一小村トイヘドモ僧徒居ザルハ無レドモ、眞ノ佛法ヲ行フ僧ハ一人モ無シ」（『經濟問答祕錄』、『叢書』巻二十二、一〇三頁）。

（3）「僧員凡ソ百萬ニ及ブ、是皆無職ニシテ、民ノ艱難セシ穀祿ヲ喰ヒ潰ス者ナリ」（『經濟問答秘錄』、『叢書』巻二十三、三七頁）。

（4）一九三―四頁註、参照。本多利明が、人口増加率が食糧増加率より高いために遊民を生ずとした論と類似する（利明の項参照）。しかし、考祺は、僧侶を無からしめるならば、耕田不足、従って食糧不足を充分に解決し得るという楽観的考えを抱いていたことは既に述べた。この相違が、利明をして、この解決のために、積極的な属島開発論及び交易論に向わせ、考祺の交易論を精彩のない消極的なものたらしめたということも出来よう。利明は、マルサスとは逆に人口論について楽観的であった。しかし、考祺は、利明よりも一層楽観的であった。

仏氏の徒を以て遊民の第一とする議論は、儒学者を中心とする徳川時代の諸論客の最も一般の見解である。考祺の僧侶遊民論も、儒教を奉ずる彼の仏教観と、また当時の僧侶の堕落の現実によるものであろう。「佛法ハ其組立ル所、執ラヘ所無キ虚誕ナル者ユヘ、其説廣大ナレドモ、其本ハ唯塵垢ヲ去テ、一身ヲ修スルヲ主トシ、撥亂反正、治國平天下ニハ裨益アラズ、故ニ止ムレバ止ミ、無キトキハ無クシテ濟ナリ」（同上、『叢書』巻二十三、二頁）。

このような仏教観を基として国家徒口の第一を僧侶とし、富国策の第一として遊民を無からしめることを説く考祺が、仏徒の完全な絶滅を理想とするであろうということも考えられるが、(1)彼は、現実には、極めて消極的な意味ではあるが「眞の佛道」なる語を屢々用いて、(2)この「眞の佛道」に導く策として、いわゆる度牒の制によって大寺と雖も僧二人に限るとか、その他の平凡な禁令を設ける場合が極めて多い。また布教を全く禁ぜよという。

「僧徒斯ク自肆ナル事ヲ、眞ノ佛道ニ導クハ難キ事ニモ非ザレドモ、畢竟上ニ制度ノ立ザル故ナリ、制度ヲ立ズ、唯誡ムルトモ、數年ノ宿弊ユヘ、日ニ鞭韃ヲ用ユトイヘドモ止ムベカラズ」(同上、八七頁)。

「古ヘハ(中略)、若シ度牒ヲ持タザル僧徒ハ、罪科ニ處セラル、僧徒ハ無職ノ遊民ユヘ如レ是嚴法タルニ、近世上ニ制度無キユヘ、世俗ノ者僧ヲ羨ミ、放縱ニ剃髪ヲ遂ゲ、惰民邦ニ充チテ、空ク穀祿ヲ喰潰シ、大ニ良民ノ害トナル、斯ル所ニ目ヲ附ケザルハ、畢竟憫民ノ心無シ、不仁ナル故ナリ」(同上、八四―五頁)。

「度牒(中略)、寔ニ富國益民最上ノ制ナリ、後世戦國ニテ廢タレドモ、足利家ニハ用ヒシナリ、今時ハ是制無キユヘ、自放ニ數副《タヾモノ》衆多ニ及ビ、惡僧出テ罪罰多シ、是偏ヘニ元ヲ正サヾル故也、尚大寺トイヘドモ、二人ヨリ外禁ズル事宜シ」(同上、七五頁)。

「僧徒ハ國家無益ノ遊民ユヘ、貧家ノ孤獨、又ハ不具者、又ハ門徒・修驗・盲僧等ノ子ニ度牒ヲ渡ス事、國家富饒民數衆多ノ基也」(同上、五三頁)。

「徒口ノ大ナル者ハ、第一浮屠修驗ノ類ユヘ、中華ノ如ク度牒ヲ渡シテ、其員數ヲ究メ、惰落ノ者ハ悉ク減耗シ、國祿多益ノ基ヲ拓」(『經濟問答祕錄』、『叢書』巻二十二、二〇九頁)。

「是故ニ眞ト《ママ》佛道ニ導クニハ、先ヅ制度ヲ立テ女參ヲ制シ、男子ハ五人ヨリ上ハ集ル事ヲ禁ジ、説法ハ我民ユヘ、官ヨリ孝悌ノ道ヲ説法スベシ、僧徒ノ致スニ及バズ、多クノ人ヲ集ル事ヲ養《ママ》ハ、民間ニ來ルハ、葬禮一遍ヨリ外ハ叶ハズ、供養ハ揚供養ニシテ、寺ニ於テ讀經回向シ、率都婆《ソトバ》ニ書テ遣ハシ、供養ハ一類朋友ノミ招イテ祭リ、祈禱・呪咀モ寺ニ於テ勸メ、其外一切民間ニ往ク事ヲ大禁シ、托鉢ノ時モ門ニ立テ、内ニ入ル事ヲ禁ズル時ハ、勤メズシテ佛心ニ叶ヒ、僧道モ盛ニ成リ、民ノ憂モ寡シ、是大仁政也」（『經濟問答祕錄』、『叢書』巻二十三、八八頁）。

（1）「僧徒・朱驗・婬聲ノ遊民無様ニスベシ」（『經濟問答祕錄』、『叢書』巻二十二、三七頁）というが、また「徒口ノ大ナル者ハ、第一浮屠修驗ノ類ユヘ、中華ノ如ク度牒ヲ渡シテ、其員數ヲ究メ、惰落ノ者ハ悉ク減耗シ」（同上、二〇九頁）といい、「僧侶・修驗ヲ百分一ニ耗シ」（『天明錄』、『叢書』巻二十四、六二頁）というのをみれば、この辺が彼の現実的理想なのであろう。

（2）「眞ノ佛道」とは、要するに、一身に修めて国家に害なき程度をいうもののようであって、それが積極的に国益となるというような観念は全然ない。その仏教観からしても当然であろう。『天明錄』、『叢書』巻二十四、一三頁、参照。

考祺が、かく禁を設けて僧を制すると共に、積極的には、「惰落ノ者ハ悉ク減耗シ」（前出）、「僧侶・修驗ヲ百分一ニ耗シ」（同上）、彼らを職に就けて生穀製品共に足り、かつその上で交易も可としたことは、既に論じた通りである。(1)

（1）また次の如く曰、「浮屠修驗ノ宅ハ及ブダケ縮省シ、且ツ内職ヲ營シムルニ如ズ」（『經濟問答祕錄』、『叢書』巻二十二、二〇九頁）。

正司考祺によれば、僧侶修験に次で徒口の大なる者は、婬声・角抵等の遊芸の徒であった。彼は、これら遊芸徒口の類に対して、儒者一流の風教論からその禁を述べている。遊所華街に関しては、「不潔ノ財ヲ以テ國家ヲ富サンヨリ、清浄無爲ニシテ匱乏ニ如ズ」（同上、『叢書』巻二十二、二四〇頁）として所繁昌のために嫖院を設けることに反対し、儒教的風教論の立場から、『詩経』の「漢有二游女一、不レ可レ求」を引用して、「男女ノ姦妍ハ云ニ及バズ、嫖院ニ至ルマデ自然ト衰絀ス」（同上）ることを理想とし、若し已むを得ざれば、厳重な制限を設けて許すべきであるといっている。

「侯國ニ嫖院《クルワ》ヲ建ルハ、大埠頭《ミナト》ニテ都府ヲ去事數十里ナラバ可ナリ、其餘ハ必ズ許スベカラズ」（同上、二四〇頁）。

「若已ムコト無ンバ、天下輻輳ノ地ノミニテ、東都ハ吉原一處、京都ハ島原一處、大坂ハ九軒町ニ究メ、第一倡門ヲ至極狭メテ、傾城ノ員數ヲ定置キ、其餘ハ遠埵・都邑・海濱・埠頭天下一般洩ルコトナク嚴禁ニ於テハ、宿驛ノ隱潜妓婦ノ類モ自改心シ、淫俗一變シテ人倫ノ道ニ原ク事有ラン」（『天明録』、『叢書』巻二十四、五四頁）。

かく遊所華街を禁ずるにつれて職を失う遊芸徒口の者、すなわち俳優・浄瑠璃・三弦者及び妓娼の類を悉く工職に就かせるという彼の論は、既に述べた所であり、これが彼の交易論と関係する所あることも明かにした通りである。

「當時海内ノ妓女幾千萬ゾ、若正業ニ附テ紡績ヲ營マバ、天下富潤ノミナラズ、其身モ子孫相續シ、老ニ及デ安逸ナルベキニ、云々」（『天明録』、『叢書』巻二十四、五三頁[1]）。

「俳優・浄瑠璃・三絃者、及妓倡ノ類悉工職ニ就シメナバ、（中略）人民慳心無カルベシ」（同上、六二頁）。

遊芸遊民論について、考祺の議論は、他に多くの禁令等を設けるが、いたずらに煩雑であって特筆する程のものはない[2]。

（1）『經濟問答祕錄』（天保十一年、一八四一年）では、僧侶に内職を営ましめ、また、妓女に紡績を営ましめよといい、遊民に工職を与えることを示してはいるが、未だ交易論に関係していない。しかし、『天明錄』（安政三年、一八五六年）においては、この遊民工業論が交易論と関係して述べられている。彼の論の発展を知ることができる。

（2）彼の議論に一つ特異なものがある。即ち、我国は男子の数が多く、しかもこの男子には配偶がなければならぬ。従って遊所を廃するのに豊年の三、四月に行えば、俗にいう女と縄の切は残らずの譬えで、これらの遊所を離れた妓女が永久の救済を得ることが出来るであろうという。「我邦ハ民數ノ版籍ニ男子ハ多キユヘ、猶以テ匹偶無テハ叶ハズ、（中略）俗云女ト繩ノ切ハ殘ラズト、醜婦病女モ終身獨居ハ希ナリ、一時ノ救濟ハ其領主々ノ有リ前ナリ、蓋此禁令ハ豊歳ヲ視立テ、春三四月ニ決シ給フ事ヨロシ、是モ亦意味アルベシ」（『天明錄』、『叢書』巻二十四、五五頁）。

四

徳川時代の遊民論は、『大学』の「生之者衆、食之者寡、為之者疾、用之者舒、則財用恒足矣」を経済政策の基礎として、封建制の経済的基盤から、主として農業生産論の反面を構成した。しかしその農業生産論においては、多くは、地利を尽すべき純粋な生産論が主体として説かれ、遊民論が生産論の前面に強く出ることはまずなかった。徳川時代の多くの論者にとっては、まず地利を尽すべき生産論が主体であって、遊民論はその消極的な面を構成した。しかし、徳川封建社会が次第に末期的症状を露呈し、様々な社会経済的原因によって遊民が増加して、これが、封建的貢租関係の維持、従って封建的支配者達の支配的地位の自己維持を次第に困難ならしめると認められる時には、主として封建的支配階級の立場から説かれる徳川時代の農業生産論において、遊民論が漸次生産論の主体として積極的に登場して来ることが考えられる。既に見たように、正司考祺の遊民論は、この種の議論の代表的なるものである。彼は、その農業生産論の主体を遊民論たらしめた。彼はその交易論において、遊民を工職に就かしめ生産有余のあるべきを説くが、既にその前提に生穀を中心とする農業生産物の国内的充足があったことは既述の通りである。従って、彼の遊民論は、その根本的性格を農業生産論の主体として、彼の交易論にまで貫かれているということができる。この彼の議論の性格は、徳川時代の農業生産論としての遊民論の最後のそれを示すものであって、生産論としての遊民論(1)は、次で佐久間象山において工業生産論に転化して(2)、徳川時代の生産論としての遊民論の歴史の幕を下すに至るのである。

「國家安寧ノ法ハ、唯徒ロノ者ヲ禁ズルニ如クハナシ、徒ロノ大ナル者ハ、第一浮屠修験ノ類ユヘ、中華ノ如ク度牒ヲ渡シテ、其員數ヲ究メ、惰落ノ者ハ悉ク減耗シ、國祿多益ノ基ヲ拓、次ニ淫聲・角抵、其外種々ノ遊民、国祿素餐甚ダ多キ者ユヘ、一々查點《ギンミ》シテ禁誡シ、聖人ノ立置レシ士農工商ノ四職、各正業ヲ勵ミ儉約ヲ守ラバ、其給用仂レル所ハ何地ニ往クヤ、溝壑ニ捨ル者ハ有ルベカラズ、然レバ國ノ蓄積トナルヨリ外ナシ」(『經濟問答秘録』、『叢書』巻二十二、二〇九頁)。

「富國ハ第一徒ロノ民ナキヲ豊財ノ術トス」(同上、二〇八頁)。

(1)　生産論としての遊民論の変遷については、第一部参照。

(2)　「佐久間象山の遊民論」参照。

第九章　佐久間象山の遊民論

一

佐久間象山は、わが国が外国と比較して、気候が順正であり、米穀が豊饒であり、人民が数多く、万国に勝れた国柄であるにも拘らず、国力の振わないことを述べ、その原因に四箇条あるとし、その第一を、遊民が多く徒に財用を損耗するからであるという。

「尚ホ申上度奉レ存候ハ、御國力ノ儀ニ御座候、皇國ヲ以テ外國ト比較シ候ニ、気候ノ順正ナル、米穀ノ富饒ナル、人民ノ靈慧ニシテ衆多ナル、実外ニ類モナキ御國柄ト可レ申奉レ存候、然ル所人口ノ衆多ナル程ニ御國力不レ被レ爲レ届候、窃ニ其故ヲ求メシニ、四箇條御座候様奉レ存候、其一ハ遊民多クシテ、徒ラニ其財用ヲ耗靡シ候ニ御座候、其二ハ貿易・理財ノ道外蕃ノ如ク開ケザルニ御座候、其三ハ物産ノ學未ダ精シカラズ、山澤ニ遺材アルニ御座候、其四ハ百工ノ職、力學・器學ヲ知ラズ、人力限リアルニ御座候」(『上書』、『叢書』巻三十二、五〇三—四頁)。

わが国の国力の振わない所以は、第一に徒食の遊民が多く、このために国の財用が損耗されるからである。従って、わが国をして世界第一の強国たらしめるにも、まずこの遊民を無からしめなければ、たとい数多くの歳月を費しても、決して強国の実を得ることはできない。

「上様御發憤被レ爲レ在、世界第一ノ御强國ト被レ遊度思召候テモ、此一路[1]ノ御始末付キ不レ申候テハ、譬ヘバ山ヲ作ル九仞ナラント欲シ候ニ、傍ヨリ土石ヲ崩シ持去シガ如ク、又井ヲ掘リ泉ニ及バンコトヲ欲シ候モ、随テ土沙ヲ塡メ候ガ如ク、許多ノ歳月ヲ被レ爲レ積候トモ、決シテ思召ニ報イサセラレ候御時節有ニ御座一間敷奉レ存候」（同上、五〇五頁）。

（1）「此一路」とは、遊民を無からしめることをいう。

このように、わが国の国力が振わない最大の原因は、遊民が多くて国家の財用を損耗しているからであるが、この遊民の第一というべきものは、実に仏氏の徒である。象山は、遊民たる僧侶の多いことが、如何に国用を損するかを説き、強国の実を得るために、この僧徒を減ずる方策を論じて、すなわち次のごとくいう。

「御本邦ニテ只今遊民ノ第一ト申ハ佛氏ノ徒ニ御座候、凡ソ天地ノ間少壮男女トナク、此身アル時ハ必ズ居ル所ノ分位有レ之、分位有レ之候時ハ必ズ治ル所ノ職業御座候、然ル故ニ天地ノ間無職ノモノトテハ一人モ無レ之筈ノ事ニ御座候、右故ニ若シ一人其職ヲ守ラザルモノ有レ之候ヘバ、天下國家ヲ保チ候モノ、必ズ陰ニ其害ヲ受クルト申事ニ御座候、皇國ノ人口外國ノ割合ヨリ多ク候ト雖モ、此御小國ヲ以テ（魯西亞・英吉利・亞墨利加・漢土等ニ比シテ中上候也）、佛寺ノ數殆ンド五十萬ニ及ビ候、其寺ニ在ル所ノ僧侶多クハ數十人、其少ナキハ十人五人、乃至一兩人ナルモ有レ之、僻地貧地ノ寺院ニハ、農夫同様自カラ耕シ候モ御座候トモ、多クハ皆佚居シテ飽食暖衣スルコトニ御座候、天下國家ノ上一人其耕職ヲ務メザル者御座候ダニ、陰ニ其害ヲ受ルニ御座候、五十萬宇ニ近キ寺々ニ許多ノ僧侶其身ヲ託シ、空シク世上ノ米穀・布帛・物材ヲ耗靡致シ候、是天下大ニ其病害ヲ陰受シテ、御國力ノ大ニ振フコト能ハザル根本ト奉レ存候、（中略）去リトテ佛ノ儀ハ年久シテ骨髄ニ入候病根ノ儀ニ付、倉卒過劇ノ御改革御座候テハ、之ガ爲メニ忽チ大害ヲ引出シ可レ申候ヘバ、久漸ノ病ハ久漸ヲ以テ治メ候外無レ之ト御觀念被レ爲レ在、先ヅ邪説ノ亂ルコト能ハザル正理ヲ以テ御一法ヲ被レ爲レ立、夫ヲ御持久被レ遊、御怠慢無二御座一候間ニ、小ヲ積デ大ニ至リ、微ヲ積テ顯ニ至リ、終ニ其大功ヲ被レ爲レ収候様有二御座一度奉レ存候、邪説亂ル事能ハザル正理トハ、天下ニ佛ニ依ラズ、儒禮ヲ以テ葬祭仕候儀ヲ御免許被レ爲レ在候ト、度二僧尼一ノ法ヲ嚴ニセサセラレ候トノ儀ニ御座候、（中略）又住持無レ之廢寺ノ分、其處置イカ程モ可レ有二御座一、其儘手ヲ入レ文武ノ教場ニ可レ仕ナドモ可レ多候、邪宗門ノ儀モ平日正直ノ御教諭ニ御念入、加レ之保伍ノ法ヲ被レ爲レ正、其教導ノ士大夫ニ命ジ、邪書ヲ繙キ、邪教ヲ聽キ、邪言ヲ吐キ候儀ヲ痛ク被レ爲レ禁候ハヾ、カク只今迄佛氏ノ徒世話仕候ヨリモ、御邦禁嚴重ニ相成可レ申奉レ存候」（同上、五〇四―六頁）。

象山の議論は、わが国の国力が振わないのは、第一に僧徒を始めとして遊民の多いことによるものであるとし、従って、この遊民を無からしめて職に就け業に勤めさせることが、世界第一の強国となるべき第一の策であるとする。然らば、この僧徒を始めとする多くの遊民を無からしめて、如何なる職に就けるべきであるか。遊民を駆って農を勤めさすというのであるか。それとも、他の職を与えるというのであるか。

象山は、僧侶及びその外の遊民が約二百万を算するが、これを悉く工職に就け、力学・器学を興して外国と同じく器機を以て人力を援け、さらに諸所に工作場を設けてこの生産を奨励し、かくして生産された貨物を以て世界と通商貿易を行えば、わが国が世界第一の強国となることは、年を数えて待つことができるという。遊民を駆って工職に就かしむべしとする議論は、既にない訳ではない[1]。しかし、象山の如く、大規模なものはこれを見ることはできない。

既に見たように、象山によれば、わが国の国力の振わない原因には、また、力学・器学の興らざることと、外国との交易が行われないこととがあった。象山は、遊民を駆って工業を興し、力学・器学によってこれを援け、さらにこの生産物を以て貿易の利を収めよという。彼の議論は、この点極めて論理的である。

「今天下ノ佛寺四十六萬餘宇、一寺ニ一人ノ僧ヲ減ジ工職ニ就カセ候ヘバ、四十六萬餘人ノ工職出デ來リ候、二三人減ジ候ヘバ百三四拾萬ノ工職出デ來リ候、加之ナラズ僧徒ナラザル遊手ノ民イカ程モ有レ之、又正道御教諭ノ爲メニ惡徒ニ陥ラズ、刑戮ヲ免カレ候者モ有レ之、夫等御趣法次第皆職業ヲ務メ候様可ニ相成一、左候ハヾ只今迄世上ニ無レ之工職ノ數二百萬人出デ來リ候ハ、容易ノ儀ニ可レ有ニ御座一候、然ル上ニ力學・器學ヲ興シ、外蕃ノ通リ便利ノ器械ヲ制シテ人力ヲ助ケ、又彼ノ國國ノ方法ニ倣ヒ、諸所ニ工作場ヲ開キ、互ニ相勵ミ候様御薫正有レ之、又物產ノ學ヲ明カニシテ澤山ノ遺材ヲ收メ、其出來候貨物ト共ニ船ニ積ミ、五世界ニ御通商御座候ハヾ、莫大ノ御利分ニテ、防海其外ノ御用途ニ随分御餘計可レ有ニ御座一、其餘計ヲ以テ益々御國力ヲ被レ爲レ振候様被レ爲レ勉候ハヾ、上様思召通リ五世界第一等ノ御强國ト相成候ハン事、年ヲ數ヘテ可レ奉レ待儀ト奉レ存候」(同上、五〇七―八頁)。

(1)　第一部及び「正司考祇の遊民論」参照。

遊民を駆って工職に就かしむべしとする論は、既に述べたように、正司考祇にも見られるところであった。そして考祇の議論が彼の交易論と関連して説かれたように、象山の所説もまた、その交易論との関係において述べられている。しかし考祇の議論が、その農本思想によって貫かれ、交易を単に有余を以て不足を補うだけのものであるとしたのに反し、象山の議論は、わが国が「米穀ノ富饒ナル」にも拘らず国力の振わない原因の一つに

「貿易・理財ノ道外蕃ノ如ク開ケザル」ことを挙げ、また遊民を工業に就けて「其出來候貨物ト共ニ船ニ積ミ、五世界ニ御通商御座候ハヾ、莫大ノ御利分ニテ」とか、あるいは「西洋諸蕃貿易ノ利ヲ以テ國本トナシ候」（同上、五〇六頁）とかいうのを以て判断すれば、彼が交易による利潤を認め、商工業によって積極的に富国を策したということができるであろう。然りとすれば、象山の生産論としての遊民論は、正司考祺のように交易と関連して遊民を工職に就けることを説いてもそれが結局農本思想から来る農業生産論に支配されていたのと異って、寧ろ農業よりも商工業を利あるものとしての工業生産論であるということが出来る。生産論としての遊民論は、考祺にあっては主体としてはあくまでも農業生産論であって、この基盤の上に交易と関連して工業生産論（としての遊民論）が説かれたが、象山にあっては、始めから商工業に大利があるものとして、交易と関連して工業生産論（としての遊民論）が展開された。

象山の工業生産論は、極めて簡単な素描に終っているにしか過ぎないが、力学・器学を興して器械を利用して人力を援け、工場を設備して生産を行うという点に、ペリー来朝三年前の当時の対外事情と、既に黒川良庵から蘭学を学び、この嘉永三年の『上書』において開港論者たることを示した(1)彼の個人的環境とを背景にした象山の議論の性格の特徴を見ることができる。

（1）象山は元来鎖国論者であった。彼が公然開港論を唱えるに至ったのは、嘉永三年その藩侯に呈した上書においてであるという（野村兼太郎『概観日本經濟思想史』、慶應出版社、昭和十四年、二五四頁）。

二

徳川時代は、それが封建社会であった限り、その全生産において農業生産が支配的であったが、このことが、該時代の生産論の主流をいうまでもなく農業生産論たらしめていた。そしてこの農業生産論は、その理論的基礎を『大学』のいわゆる「生之者衆、食之者寡、為之者疾、用之者舒、則財用恒足矣」に置いて、生産論としての遊民論を反面に包含した。従って、生産論としての遊民論は、この農業生産論の立場から述べられ、遊民を無からしめんとする議論―遊民対策論としても、具体的には、遊民を新田開発に使役するとか、また農村人口の減少という中期以後の社会的環境にあってはこれを帰農させるとか、あるいは後期の蝦夷地などが問題となる時期には属島へ移民させるとか、多くは農業生産力を如何に維持し、または発展させるかの立場から述べられて来た。そして、時代の変遷と共に遊民が次第に増加し、これが封建的支配関係を維持する農業生産力の発展を阻碍し、または減殺する最大の原因であると認められて来ると、遊民を無からしめることを農業政策の第一とする議論さえ、次第に生むようになって来て、従来農業生産論の消極的な面を構成した遊民論が、その主体となって前面に現われて来る。このように、生産論としての遊民論は、それ自体としての変貌を、外形的にも内容的にも漸次遂げて来たのではあるが、それが農業生産論として取り上げられて来たということに関しては、本質的に相異るものではなかった。

しかし、時代が徳川封建社会の末期に近づくにつれて、ようやく外国との接触が頻繁となり、社会は鎖国の平和裡に眠ることを許されなくなって来た。そしてここに、従来の限定された外国関係の裡に育った交易論に比して、より一層活発な交易論が生まれるようになった。この交易論には、勿論視野の狭隘な、また保守的な議論もあったが、漸次進歩的な議論が行われ、ついには後の開港論にまで発展するに至った。このように、交易論が漸次その視野を広くし、かつ外国の通商事情が知られて来ると共に、交易のためには工業を興すべきであるとの意見も現われるに至った。このような意見の現われるのは、一つには交易をするには余りにも貧弱なわが国の当時の生産力に対する若干の認識と、また他方に工業製品が交易によって多くの利をもたらすとする見解とにも由るものであろう。例えば、本多利明の如きは、わが国の人口増加率が食糧増加率を上廻るために交易が必要であるとし、さらに交易においては、自然産物の交易は互格の交易で利がなく、人工の奇器・名産の交易によって利を得ることができるのであるから、この人工の奇器・名産を多く生産するように工業を興すべきであるという。(1)かく、交易論と関連して工業を興すべきであるとの議論が行われるに至ったのであるが、これが遊民論と結び付いて、遊民をして工業に就かせて交易を行うべしとする議論を生ずるに至ったと考えることができる。生産論としての遊民論が、交易論を媒介にして、従来の農業生産論から工業生産論に転じたということができる。

(1)「總て產物は其國より自然と出產する產物のみを用て、外國と交易すれば、自国と他國の勝劣なし、勝劣なければ互格にして、利潤も亦勝劣なし、其勝劣あるは自然產物と、人巧產物の多少に縁て勝劣出来、貧富と分れ、其両端遙に隔るなり、(中略)然る道理を推究れば、自國を豐饒の富國となすの根本は人巧の奇器・名產の多く出產する制度を建立するにある事明白なり」(本多利明『經濟放言』、『叢書』巻二十六、一八四―五頁)。

遊民を工職に就け、その製品を以て交易すべしという議論は、屡説のように正司考祺にも見られるところであった。しかし、考祺の遊民論は、根本的には農業生産論であって、この充足の上に工業生産論(としての遊民論)が説かれた。しかるに、象山においては、寧ろ商工業を国家の大利として、工業生産論としての遊民論を交易と関連して説いた。遊民を無からしめることを以て富国策の第一として生産論の立場から述べたことは、考祺も象山も異るものではない。遊民の多きを富国第一の弊害であるとし、これを無からしめ職につけることを以て富国策の第一とすることは、徳川時代における生産論としての遊民論の最後的な性格を示すものである。考祺も象山も、共にこの特徴を具備している。しかしまた一方、生産論としての遊民論は、考祺も象山も共に、交易と関係して工業生産論として説かれながらも、考祺においては農業生産論を根底とした上で説かれたに反し、象山においては商工業を大利とした上で工業生産論が説かれている。象山が農業と商工業と何れが重しとしたかは、直接には彼の議論から聞くことは出来ないけれども、以上述べたように、象山の生産論としての遊民論は、徳川時代の主流であった農業生産論としての遊民論から、完全に工業生産論としての遊民論に転化している。即ち、彼象山において、生産論としての遊民論は、交易論を媒介として農業論から工業論に移った。徳川時代の生産論としての遊民論は、この象山の議論を以て、その幕を下すものである。

		遊民論及一般窮民対策論（著書ハ著作年月日ヲ原則トス）	幕府ノ遊民及窮民対策	遊民及窮民ノ消長トソノ背景
1603 慶長8 癸卯	① 家康		○二月 各大名ニ派課シテ江戸ノ市街ニ漕運ノ水路ヲ疏鑿セシム（東照宮実記三） ○七月 諸国大名ニ命ジ役夫ヲ課発シテ江戸市街道路ヲ修理セシム	
1604 9 甲辰			○二月二十五日 江戸城改築ノタメ諸国ノ木材営業者ヲ神田薪町ニテ木材ノ剪伐遭運ノ工事ヲ負担セシム ○七月 伏見城造営課役ヲ西国諸侯ニ命ズ	
1605 10 乙巳	② 秀忠		○正月九日 代官小泉吉次ノ申請ヲ允許シ役夫課発ノ朱印書ヲ発下シ武蔵国六郷稲毛二村ノ新田ヲ開墾（朝野旧聞五一五） ○七月 三河碧海郡米津村開墾	
1606 11 丙午			○六月 京師ヨリ無頼漢追放	○十月 伊豆開坑ノタメ坑夫ヲ募ル
1607 12 丁未				○三月 吉田光好ニ命ジ富士川ノ舟路ヲ開鑿セシム ○四月 角倉了以富士川ヲ疏通

西暦	年号	干支			事項	事項
1608	13	戊申			○十一月十五日　関東郡代伊奈忠次ニ命ジ宇田川喜兵衛ヲシテ武蔵葛飾ニ発墾ヲ専行セシム ○美濃大垣藩石川惣十郎開墾ヲ禀候、家康ニ許サル	
1609	14	己酉			○正月　奉公振買風紀取締（徳川十五代史） ○九月　関東ノ大名ヲ徴課シ府下ノ道路ヲ修補	○二月　清州堤防修築 ○秋　品川道路修築
1610	15	庚戌			○四月二日　武家雇人規則三項ヲ布令 ○秀忠江戸府下千駄木ニ遊巡シ農都築勘助ニ命ジ新田発墾ヲ担当セシム	
1611	16	辛亥			○七月　郵夫駄馬賃銭創定	
1612	17	壬子			○五月　駄馬賃船賃制定（大日本貨幣史） ○此年無頼漢ヲ江戸ニ誅戮（十五代史） ○良民餓病者救恤（徳川実記） ○三月五日　関東郡代伊奈忠次命ヲ奉ジ新田開墾ノ措置方規ヲ発下	○六月　諸国無頼ノ徒鞠捕 ○十二月　禁裏造営
1613	18	癸丑				
1614	19	甲寅			○十月　乱暴放火等ノ禁（徳川実記）	○十一月　大阪冬ノ役翌月和成ル
1615	元和	乙卯				○五月　大阪夏ノ役
1616	2	丙辰			○武家雇人規則二項布令 ○十月　人身売買ノ禁	○十月　神田ニ湟渠開鑿

1617 3 丁巳	1618 4 戊午	1619 5 己未	1620 6 庚申	1621 7 辛酉	1622 8 壬戌	1623 9 癸亥	1624 寛永 甲子
						③ 家光	
○二月十日　人身売買ノ禁	○奉公勧進禁止令（大日本貨幣史）	○二月十日　武家雇人規例五項布令 ○二月　二項布令 ○二月　缺落禁令（徳川実記） ○五月十五日　武家邸内ニ売買及ビ無籍ノ非徒ヲ居住セシムルノ禁（東武実録二） ○十二月二十六日　武家雇人規則七項布令・人身売買禁令ノ創定	○正月　押売狼籍禁止（十五代史）		○二月　郵夫駄馬賃銭規則ヲ更生 ○治安ニ関スル布告出ヅ（十五代史）	○八月　浪人ヲ洛中ヨリ追放（十五代史） ○八月　京畿市街ニ居住スル浮浪者ヲ廉問シテ悉ク放逐（東武実録三）	
			○五月　平野川開鑿 ○日本堤神田川ノ工事ヲ起ス				

1625 2 乙丑	1626 3 丙寅	1627 4 丁卯	1628 5 戊辰	1629 6 己巳	1630 7 庚午	1631 8 辛未	1632 9 壬申	1633 10 癸酉	1634 11 甲戌
	○四月二十七日　市家雇入ノ雇用年期ヲ十年ト限定シ此期間ヲ超エル者ノ処罰ヲ布令	○此年武士侍ハ勿論中間小者ニ至ルマデ一切一季居ヲ抱置ヲ禁（徳川理財会要）							⊙七月二十八日　浪士ノ原籍ヲ点検セシム（理財会要、坤三九四）此月浪人ノ調査アリ
				○三月　客年以降辻斬往々有リ、因テ辻番所ヲ設ク（武江年表一）				○人身売買ノ禁 ○諸国巡察使ノ分担ヲ定ム（十五代史）	○正月　巡察使帰村府人民ノ疾苦ヲ言上（徳川史要）

1635 12 乙亥				○二月十九日　幕府譜代諸侯及旗本ノ士ニ金ヲ仮貸 ○七月　譜代金銀恩貸五十万八千七百両 ○十一月　始テ寺社奉行ヲ置ク
1636 13 丙子			○幕府倉庫ヲ開キ米穀ヲ廉売ス（東京市史稿）	○米価騰貴
1637 14 丁丑			○十月二十六日　各地方郷村賊盗逮捕方ヲ指示	○十月　島原ノ乱
1638 15 戊寅				○二月　島原ノ乱平グ
1639 16 己卯				○十二月　旗本貧困ノ原因ヲ調査ス
1640 17 庚辰			○十一月　盗賊追放令布達	○六月晦日　府内剃梳匠ニ営業鑑札ヲ下付
1641 18 辛巳				○四月　破戒淫行ノ僧侶婦女ヲ刑ス
1642 19 壬午				○春夏ノ間天下大ニ飢ウ ○幕府飢民救恤（泰平年表・野史）
1643 20 癸未			○三月　百姓救済令布達（徳川史要）	○田圃永代売買ノ禁

1644 正保 甲申			○四月　諸侯ヲシテ領民ニ飢饉ナカラシム（泰平年表）	○公領地戸籍其他調査方規ヲ創定
1645 2 乙酉			○七月　規定外ノ長刀脇帯用者切捨令及破落者ノ逮捕令出ズ（十五代史）	
1646 3 丙戌				
1647 4 丁亥				
1648 慶安 戊子			⦿二月　浪士ヲ査覈シ不正曖昧ノ者ニハ店房ヲ貸与セザルベキヲ江戸市街中ニ令示ス（古御触書四九）	○市中取締二十三箇条
1649 2 己丑				
1650 3 庚寅				
1651 4 辛卯	④家綱		⦿浪人抱置ヲ厳禁ス（日本大年表） ⦿浪人掃蕩ヲ協議ス（　〃　） ○浪人対策ヲ緩和スルヲ議ス（徳川実記二）	⦿七月　由井正雪反シ自殺ス ○三月　店借請人ノ事ヲ定ム（徳川史要）
1652 承応 壬辰			⦿十月　浪人改ヲ令ス・浪人調査（徳川史要） ○十月　伝馬町ニ令シテ江戸近郊農民等ノ江戸市街ニ於テ駄馬ヲ業トスルモノ馬鞍ニ烙印セシム、若ナキモノハ其業ヲナスヲ禁ズ（御伝馬方旧記）	○九月　浪人別木庄左衛門等乱ヲ図リテ殺サル ○十月　浪人改ヲ令ス ○十月　辻番増置

年				
1653 2 癸巳			○正月　武家雇人ニ雇主ヲ確定セシム方規ヲ布令ス（古御触書四十）	⊙此年　阿会三右衛門越中ニ新地ヲ開鑿シ四方ノ遊民ヲ移シテ産業ニツカシム（十五代史） ⊙日傭夫規則ヲ布令（九月二九日　古御触書四十一）日傭夫ハ鑑札ヲ腰間ニ帯スベシ
1654 3 甲午				○蕃山水害ヲ治シ教化ニ勤ム ○兼山水利ヲ計ル
1655 明暦 乙未			○博奕不侫会合ヲ厳禁ス（十五代史） ○六月　巾着切等取締（　〃　）	○八月二十一日　各職工賃銀ノ制限（正宝事録二）
1656 2 丙申			○旗本子弟ノ市中横行ヲ厳禁（徳川史要） ○十二月　屋主賃店者逃走処分方規ノ制定（古御触書三十九） ○十二月　関東盗賊追捕（十五代史）	○十二月　関東諸国ノ盗賊ヲ逮捕セシム
1657 3 丁酉			⊙町奉行府下ノ乞食ヲ調査スルニ僅カ千三、四百人（十五代史）	○正月十日　本郷火災・幕府災民救助（泰平年表） ○一月二十九日　日傭人区処分ヲ布令（憲教類典十三） ○二月　日傭夫賃銀制限・最高賃銀ノ定 ○六月二十七日　日傭夫賃銀規則三項布令
1658 萬治 戊戌				○二月十四日　日傭夫・防火夫・賃銀ヲ額定（古御触書四十一・正宝事録抄一、二、三）
1659 2 己亥			○七月　浪士ヲ留宿セシムル者ハ、必ズ正確ノ保証人ヲ立定セシメ、且両奉行所ニ申報ス可キヲ発令（理財会要、坤三九三）	○正月十四日　日傭夫賃銀額定 ○四月・九月　各商売鑑札付与 ⊙五十歳以上及十五歳以下並不具者ニ振売ヲ許可シテ鑑札ヲ下付（十五代史）

1660 3 庚子				
1661 寛文 辛丑				〇江戸大火・救済
1662 2 壬寅			〇八月 関東八国ノ各藩及神社仏寺ニ令シテ頃日郷村所在夜間ノ剽盗アルヲ以テ各々封地内ヲ検討シ疑状者アラバ速ニ江戸ニ報告シ、又封地外ノ人民若ハ浮浪者其他疑状者アラバ是亦上告スベキヲ各地郷村ニ令示（古御触書四十七）	
1663 3 癸卯				〇二月 傭夫ノ価ヲ定ム
1664 4 甲辰				〇十月 博奕ニテ金銀ヲ略取サレタ者首告スベキノ令達
1665 5 乙巳		山鹿語類（素行）		〇光圀封内淫祠三千余ヲ毀ツ ⦿三月二十七日 日傭座設定（古御触書四十一・正宝事録一、二、三） 〇十一月 僧侶ノ町家ニ法話スルヲ禁 〇奥平定恒囚徒ヲ使テ溝渠ヲ開鑿（十五代史）
1666 6 丙午			〇十一月 逃亡雇人区処分令方規二項布令（古御触書四十）	〇前田綱紀乞食調査救済施設ヲナス（賑恤救済小史） 〇光圀、国内ノ新寺九百九十七宇ヲ毀チ破戒ノ僧ヲ籍シテ編氓トナス（日本大史）

1667 7 丁未				⊙此年長井利兵衛備後ニテ乞食ヲ使役シテ開墾事業ヲナス（賑恤救済小史）
1668 8 戊申				
1669 9 己酉			○十二月　賃店者ヲ精念点検シ決シテ曖昧ノ者ヲ就任セシム可ラズ、且出居衆ノ如キハ平素下命ノ如ク提理スベシ（古御触書四十九）	○正月　京洛ニテ諸国ノ貧民ニ施薬
1670 10 庚戌				○八月二十日　日傭夫提理方規三項ヲ布令ス（正宝事録抜抄巻四、五、六）
1671 11 辛亥				
1672 12 壬子			○二月　旅人宿調査（徳川史要）	
1673 延宝 癸丑			⊙浮浪者等逮捕（徳川史要）	○三月二十八日　日傭夫提理方規三項ヲ申令スル事ハ寛文十年庚戌八月二十日ノ布令ニ同ジ故ニ録セズ（正宝事録四、五、六）
1674 2 甲寅			○十一月　今回市街ニ於テ点検スル非人ハ一時其ノ土地ニ留止ス可キヲ令知セシモ、目下点検ヲ完了セシヲ以テ従来ノ如ク非人ノ意望ニ一任シ何地ヲ問ワズ餕食ヲ乞請セシム可シ、若シ夫レ街内ニ棲住スルモ事障ヲナサザル者ハ依然棲住セシムルヲ要ス（古御触書四十一）	

年	将軍		事項	事項
1675 3 乙卯			○正月　困窮救済ノタメ切米前渡（徳川史要） ○正月　餓死多ク、柳原ニ粥ヲ施ス ○三月—五月　京都北野・四条河原ニ賑恤（一本続王代歴・泰平年表・見聞草） ○四月十二日　米価騰ノタメ掌月幹事及役夫ヲ勤務スル市街ヲ限リ米穀ヲ恩貸ス可キヲ江戸市街ニ令示ス（正宝事録二）	
1676 4 丙辰				
1677 5 丁巳				
1678 6 戊午				
1679 7 己未			○二月十三日頃来肩販商増加ノタメ査点営業鑑札ヲ付与シ新ニ肩販商タルヲ停止ノタメ予メ江戸市街ニ令ス（正宝事録二）	○七月二十九日　日傭夫提理方規三項布令（古御触書四十一・正宝事録四、五） ○代官ニ五人組ノ申合ヲ堅クシ百姓耕作ヲ怠ラヌ様相互助合フベキヲ訓ス（十五代史）
1680 8 庚申	⑤綱吉		⊙八月　非人乞食ノ江戸市街ニ棲住スルヲ禁止ス（古御触書四十一）	
1681 天和 辛酉			⊙七月　浪士棲住措置方規ヲ制定ス	○十一月二十七日　客歳暴風雨来市民窮乏、各街ノ店面毎一間ニ米一斗三升四合五勺有奇ヲ恩貸、又米九升六合五勺有奇ヲ賜給、総額米三万苞（正宝事録一）

1682 2 壬戌				◉二月　貧民救助ノタメ堀浚ス（理財会要） ○綱吉石川島ニ授産場ヲ作ル ○九月　窮民賑恤（徳川史要）	
1683 3 癸亥				○正月　旗本ノ士ニ借米許可・焼米庶民ニ下賜（徳川史要） ○正月　江戸大洪水、昨年罹災者ニ借米（十三朝紀聞・泰平年表） ○九月　貸店者提理方規（古御触書三十九） ○十月十九日　米穀備蓄ヲ各大名ニ令ス（憲教類典抄二）	
1684 貞享 甲子			大学或問（貞享項） 集義和書（〃） 集義外書（〃）	○七月　乞食山伏等ヲ三曲輪内ニ許サレズ（徳川史要） ○旅人宿ノ令（泰平年表）	
1685 2 乙丑				○四月　制禁ノ賭博奕具ヲ以テ輪贏ヲ決ス者アラバ、本犯窩主保伍房主共ニ処断ヲ布令（古御触書四十五）	
1686 3 丙寅				○八月十二日　賭博禁規布令（古御触書四十七）	
1687 4 丁卯				○三月二十六日　町奉行所無宿放免囚病囚ヲ浅草非人頭車善七ニ預ケ、九月二十六日品川非人頭松右衛門ニモ同ジク預クル所有（定書）	
1688 元禄 戊辰				○十月　行路病人取扱令・駕籠舁ヲ取締（徳川史要）	○七月　日傭人鑑札ノ事ヲ令ス（徳川史要） ○七月　日傭鑑札ノ事ヲ令ス（〃）

1689 2 己巳				
1690 3 庚午				○七月 街路ニ角觝ヲ闘スヲ禁（古御触書四十五）
1691 4 辛未			○四月 百姓困窮ノ為救済令出ヅ	○蕃山没
1692 5 壬申				○罪人ノ妻子仕置令（日本大年表）
1693 6 癸酉				○五月 江戸人口三十五万三千五百八十二人（理財会要・徳川史要）
1694 7 甲戌				
1695 8 乙亥				◉十一月二日 日傭座夥長ヲ撰命シ因テ日傭夫提理方規三項布令（古御触書四十一）
1696 9 丙子			○八月三日 京都町奉行ヨリ穀一万三千石ヲ発シ都下及伏見ノ窮民ニ賑貸（十三朝紀聞）	○二月 春米夫徭役規例布令（古御触書四十一） ○三月より七月 諸国飢饉
1697 10 丁丑			○江戸大火、米万俵ヲ町民ニ救恤	

1698	11	戊寅			○九月十日　今回火災ノタメ餓死ニ瀕スル貧民ノ人数ヲ毎街調査録上セシム（古御触書三十九） ○十二月十日　火災ノタメ米二万苞賑貸（寛明日記一）	
1699	12	己卯			◉八月　従前雇役セル傭夫ノ流寓セルモノノ帰農料理方規ヲ発下ス（理財会要、坤三九七）	
1700	13	庚辰				
1701	14	辛巳			○凶歉　本所霊山寺側ニ窮民賑救、本所ニ賑救廠建設（武野燭談七、寛明日記一）	○五月　日傭夫提理方規五項（古御触書四十一） ○八月　賃車賃轎提理者設置（憲教類典十三） ○八月　車轎税則設定（古御触書四十五）
1702	15	壬午			○二月　老中一員ニ命ジテ窮民ノ賑恤ヲ担理セシム（古御触書三十九） ○二月　非人困窮者救済策ヲ議ス（徳川史要）	○十二月　日傭夫提理方規布令（古御触書四十一） ○博奕厳禁
1703	16	癸未		君子訓（益軒）		
1704	宝永	甲申			○八月　大水賑救	○正月　博奕厳禁 ○八月　賃轎舁夫ノ事ヲ江都ニ令示ス（古御触書四十五）
1705	2	乙酉				

1706 3 丙　戌				○正月　みかさ附ヲ禁 ○正月　田地荒廃ノ戒諭（十五代史） ○雇人使用事項布令（古御触書四十）
1707 4 丁　亥				○八月　賃橋ノ舁夫ハ爾日傭座ニ到リ鑑札ヲ購取シテ其条ヲ営業ス可キヲ令示ス（古御触書四十五）
1708 5 戊　子				
1709 6 己　丑	⑥家宣		○五月　鳶及女巡礼ヲ禁ズ（徳川史要・日本大年表）	
1710 7 庚　寅			◉八月　奉公人請宿制定ム（徳川史要） ◉十月　口入人規定ヲ定ム（〃）	
1711 正徳 辛　卯		家道訓		○五月　博奕厳禁（徳川史要）
1712 2 壬　辰		自娯集（益軒） 兼山秘策（鳩巣・享保十六年マデ）	○奉公人令出ヅ（十五代史） ○五月　鳶ノ狼籍ヲ禁ズ（徳川史要）	○富籤博奕ヲ禁ズ（十五代史）
1713 3 癸　巳	⑦家継	白石建議	○三月　出居衆ヲ江戸市街ヨリ放逐セシム（古御触書四十九）	○奉公人ハ飯料判賃ノ外取ルベカラズト令ス（徳川史要）
1714 4 甲　午			○二月　奉公人駈落者ノ令出ヅ（近代式目）	

1715 5 乙未				○九月　賭博類似ノ戯伎在禁（文露叢巻十二）
1716 享保 丙申	⑧吉宗		○十一月　淫売者ノ措置方ヲ設ク（古御触書四十八）	
1717 2 丁酉		執斉来生雑著・推定	⦿七月　浪士棲住提理方規ヲ制定ス（理財会要、坤三九四・古御触書二十）	○江戸町数改九百三十三（十五代史）
1718 3 戊戌			⦿八月　従来放鷹場近傍ニ棲住スル浪士ヲ事故多クシテ退去セシメザルベク、江戸名主ニ口達セシム	○二月　防火夫及諸日傭夫ノ鑑札ノ事項ヲ令示ス（古御触書四十一） ○四月　三笠附、私娼ノ街売禁（売笑三十年史） ○四月　御春屋春米夫ノ事項ヲ令示ス（古御触書四十一）
1719 4 己亥		町人嚢（西川如見）	⦿三月　不埒ナル口入屋ヲ禁厭ス（徳川史要）	
1720 5 庚子				○八月　火消ヲ四十七組ト定ム（徳川史要）
1721 6 辛丑		民間省要（田中丘隅） 山下幸内上書 百姓嚢（西川如見）	⦿六月　町奉行ニ下命シテ市民ニシテ目下ソノ産業ニ従事スルトモ他日若シ火災ニ遭遇セバ忽チ糊口ノ道ヲ失ヒ旦夕飢餓ニ逼ル可キノ状態有ル者ヲ検査シ之ヲ録上セシム（古御触書三十九） ○九月　江戸市街ニ令示シテ窮民ヲ上告セシム（古御触書三十九）	○六月　諸国戸籍簿ヲ点検録上セシム（令書要文巻十一） ○七月　水荒地開墾方規制定（御勘定所授書巻一） ○十一月二十九日　廩米払下 ○十二月十日　神田辺火災賑救

1722 7 壬寅		経済問答（著者不詳）推定	○七月　開墾奨励（徳川史要） ○七月二十六日　江戸府内日本橋ニ発墾規程ヲ掲示セシム（古御触書二） ○九月　開墾奨励（徳川史要）	○二月五日　一番町ヨリ出火賑救 ○八月　下総国牧場水陸ニ田開墾方規設下（古御触書二十四） ○九月二十八日　山野発墾規程創定（古御触書二）
1723 8 癸卯		献可録（鳩巣）推定 不亡鈔（著者不詳）	○正月　又命ジテ貧民ヲ上告セシム（古御触書三十九） ⊙二月　今後市民病者ニシテ看護人アル者若ハ寄子ナルモ赤貧ニシテ服業スルヲ得ザル者ハ検覈ヲ経テ養生所ニ於テ治療セシム（古御触書三十九） ○七月　貧民清察ノ順序改更（古御触書三十九）	○五月二十八日　江戸市街各員点検（千草ノ花三）
1724 9 甲辰				
1725 10 乙巳				○正月　街橋ノ継項ヲ令示ス（古御触書四十五）
1726 11 丙午		政談（徂徠）享保十一・二年頃 太平策（〃）不詳	○始メテ普請役見習雇役ヲ置キ普請役長男及二男三男ヲ以テ之ヲ充ツ（理財会要）	○正月　博奕厳禁（徳川警察沿革史） ○八月　墾田大量ノ制（徳川史要）
1727 12 丁未				
1728 13 戊申				

1729 14 己酉	1730 15 庚戌	1731 16 辛亥	1732 17 壬子	1733 18 癸丑	1734 19 甲寅
経済録（春台）		正享問答（三輪執斉） 兼山秘策（鳩巣）正徳二年―享保十六年		春台上書	大月履斉没〔燕居偶筆・不詳〕
	○二月 近年奉公人取逃シ駈落者多キニヨリ之ヲ厳禁ス（近代式目）			⦿正月 江戸飢饉前年冬以来漸ク甚シ、幕府済普請ヲ起シテ城濠ヲ浚渫ス（十五代史） ○正月 細民ニ米五万俵ヲ給ス（〃）	○正月七日 行倒レ非人提警方方規発下（大阪市社会課編社会事業史） ○八月 代官管轄内ニアリテ若凶徒扈跋スルアリテ人数ヲ要需スルニ方リ江戸勘定所ニ稟申セバ日子ヲ遷延スルヲ以テ些少ノ事項ハ直ニ近接ノ大名ニ通報シ以テ人数ヲ請求スベシ已ニ適宜ニ人数ヲ派遣スベキヲ禄額一万石以上ノ領主ニ命付スルノ旨趣ヲ各代官ニ告示ス（古御触書二十三）
○近年豊作	○二月二十三日 公役銀徴収事項ヲ江戸市街ニ令示ス（浪華一覧、坤）		○四月 江戸市街ノ防災夫中五夥団（ロ、セ、モ、百、千）ニ下命シテ浅草米廩ノ防火夫ヲ兼務セシメ従来定置スル警火員ヲ解免（正宝事録七） ○高橋善蔵貧民ニ授産ス（徳川史要）	⦿正月 府下細民米商ノ宅ヲ襲ウ	

西暦	年号	干支				
1735	20	乙卯				
1736	元文	丙辰				
1737	2	丁巳				○此年太右衛門病者ヲ憐ミ人民ヲ救ウ（徳川史要）
1738	3	戊午				○六月前後　湯浅常山飢民ヲ賑救ス（徳川史要） ○此年宮川四郎兵衛越後ニテ埋立開墾ヲナス
1739	4	己未		沢村琴所没〔斉桓問対・不詳〕 都鄙問答（石田梅岩）	○正月　佃島火有リ、幕府漁民ニ金ヲ貸与シ窮乏ヲ救ウ（徳川史要）	
1740	5	庚申				
1741	寛保	辛酉				
1742	2	壬戌			○江戸大水、深川本所甚、賑救十有余日（続皇年代略記） ○此年武家方ノ陸尺大勢徒党ヲ組ミ無礼ニ付、向後右陸尺及仲間ヲ禁止ス（十五代史）	

1743 3 癸亥	1744 延享 甲子	1745 2 乙丑	1746 3 丙寅	1747 4 丁卯	1748 寛延 戊辰	1749 2 己巳
⑨家重						
○十月 近年武家邸内軽賤ノ奉公人部屋子ト倡ヘ傍輩ニ非ル者ヲ寓留セシメ中ニハ佗ノ邸内ニ入リ物品ヲ取リ逃走スルアリ、又ハ奉行所捜索中ノ犯罪者アリ、此輩皆各部屋ニ寓住シ博奕ヲナストイフ、今後甲乙邸共ニ各部屋ヲ査覈シテ雇役スル者ニ非ルヨリ一切ニ之ヲ寓住セシムル勿レ（古御触書四十）		○六月 道中悪漢追捕令（徳川史要） ○六月 官道各駅無頼者捕拿方ヲ令示ス（旧政府御達留四） ○十一月 換車夫ノ提警ヲ令示ス（憲教類典九）				○七月 六尺等ヲ取締（徳川史要） ○八月 異様風俗ノ禁（〃） ○九月 囚人調査（〃） ○十一月 更ニ公領地ニ令シテ農民ノ原由ナク濫ニ称氏帯刀スルヲ禁（凡例録七）
○江戸市街ノ人口点検（乙巳雑記） ○九月 伊兵衛貧民ヲ賑救（日本大年表）		○大阪倉廩常備儲米ヲ粟ニ換エ、十年間ヲ経テ換積スル方法ニ更定シ粟額十四万石ヲ備蓄ス（戊申雑綴一）				○諸国人口調査（徳川史要・十五代史）

1750 3 庚午				
1751 宝暦 辛未				
1752 2 壬申				
1753 3 癸酉				
1754 4 甲戌		上言（著者不詳・仙台藩）		○八月　美濃国郡上村ノ民数千人八幡城、更ニ江戸ニ詣リ重税加強ノ免他ヲ訴ウ（十三朝紀聞） ○仙台山内甚之丞飢民救恤（徳川史要） ○奥羽半左衛門飢民救恤及築堤ニカム（徳川史要）
1755 5 乙亥				○此年霖雨ノタメ奥羽大飢、一ノ関藩医員建部清庵民間備荒録ヲ著シ救荒法ヲ示ス ○出羽ノ阿部安信飢民ヲ救ウ（徳川史要）
1756 6 丙子				○二月　諸国人口調査
1757 7 丁丑				○四月　新田開発ノ規定出ヅ（徳川史要）
1758 8 戊寅				

1759 9 己卯		柳子新論（山県昌貞）	○閏七月　虚無僧流行ノ達示アリ（徳川史要） ○八月　放火強盗改（徳川史要）	
1760 10 庚辰	⑩家治			
1761 11 辛巳				
1762 12 壬午			○七月　舁卒車家丁ノ事項ヲ令知ス（旧政府御達留七）	
1763 13 癸未				
1764 明和 甲申				
1765 2 乙酉				○十月十五日　赤子圧殺ノ陋習ヲ禁（御書付抜抄一）
1766 3 丙戌				
1767 4 丁亥		岡白駒没〔治国修身録・不詳・板行寛政五年〕		○三月　関東甲州ノ農民風紀紊乱ノタメ農業荒廃ヲ取締ル（徳川史要） ○九月　国々百姓ノ徒党強訴ヲ禁（徳川史要） ○十月　嬰児絞殺ヲ禁（徳川史要）

1768 5 戊子			○十一月　郡村ノ浮浪者捕拿上告スルノ諸賞ハ之ヲ連合各村ノ石額ニ派課センコトヲ請願スルノ村里アルモ、事ノ如何ニ随ヒ官ヨリ之ヲ支給ス可ク、若等間ニ付シ他ノ告発ニ遇ヒ官吏ノ之ヲ捕拿スル者ハ罪ヲ連合各村ニ問ウ可キヲ関東八国及伊豆国ニ令示ス（新御触書四十九）	
1769 6 己丑			○六月　浮浪者ノ農家ヲ妨害スルノ非行ヲ提警セシム（新御触書四十九）	
1770 7 庚寅			○四月　徒党者ヲ告訴シ及鎮定ニ尽力セシ者ヲ褒賞スルノ方規ヲ定ム（新御触書二十五） ○十一月十四日　五海道橋梁修築等ノ人夫使用方ヲ規定ス（司農命令全）	
1771 8 辛卯				
1772 安永 壬辰			⊙四月　浪士寓住提理方規ヲ制定ス（浪士ノ査覈・理財会要、坤三九四） ⊙江戸方五里放鷹場ニ、浪士ヲ棲住セシムル提理方規ヲ戒告ス	○九月　村地開墾申請方規ヲ戒告ス（明和度御触御書付一）
1773 2 癸巳		価原（梅園）	○二月　非人ノ士体ニ扮装スルヲ禁止ス（新御触書五十一）	○六月二十日　行倒非人取扱方ニ付取糺ノ事（徳川史要）
1774 3 甲午			○寛保三年　部屋子禁ノ項ト同令四月ニ布令（旧政府御達留九） ⊙十月　村々ノ徘徊者取締令（徳川史要） ⊙十月　浮浪者其他農家ヲ妨害スル行為ノ提警（令條秘録四）	

1775 4 乙未				
1776 5 丙申		蘆野東山没〔上書〕年八十		
1777 6 丁酉			○新田開墾ノ官私区画ヲ定ム（御触書三十五） ⦿二月十五日　郡村ノ不良者ヲ追捕シ民俗ヲ矯正セシム（県令留書、乾） ⦿五月　農民ノ郷貫ヲ去リ他ノ傭夫トナリ田圃ヲ荒蕪セシメザル方規ヲ定ム（新御触書四十七）	○二月　信濃百姓代官ニ強訴
1778 7 戊戌			⦿四月　市街郡村ニ令シテ無籍者ヲ逮捕セシム（公儀触留六十二） ⦿四月　無宿者ヲ佐渡ニテ徴使ス（徳川史要） ⦿四月　江戸市街提警規例ヲ発下シ非徒ヲ捕縛告訴セシム（旧政府御達書留十） ○十月　穢多非人ノ無法ヲ取締ル（徳川史要）	○此頃穢多非人無宿者蔓ル（徳川史要）
1779 8 己亥				
1780 9 庚子			○四月　角觝者ノ暴行戒督（新撰憲法秘録八） ⦿九月　公領地各村ニ令シ已ムヲ得ザル事実アル者ヲ除クノ外雇銀ヲ以テ貢租ヲ償納スルガタメ濫リニ郷里ヲ出テ他ノ雇役ニ就キ田圃ヲ荒蕪セシムルヲ厳禁ス（牧民金鑑十四）	⦿八月　幕府印旛沼開墾ノ目論見書ヲ徴シ大阪ノ豪商天王寺屋藤八郎江戸浅草長谷川新五郎ニ其ノ資金ヲ出サシメ、其ノ費途償却方法ハ印旛沼新開地ヲ売却シテ之ニ充テシムルコトニ決ス（印旛沼開設沿革誌）

1781 天明 辛丑		第二上書(林子平) 肥後物語(亀井魯) 富国雑議(亀田翼)		
1782 2 壬寅				⦿二月　下総国印旛沼ヲ塡埋シテ開墾スルニ関シ勘定員ヲ派シテ其塡埋事業ヲ監視セシム蓋シ之ヲ請願スルモノアレバナリ（浚明院実記十六）
1783 3 癸卯				⦿此年幕府ニ於テ国費ヲ以テ印旛沼ヲ開鑿センコトヲ計画シ、平戸ヨリ検見川海ニ至ル間高所ハ六丈余リヲ堀下ゲタリ（沿革誌）
1784 4 甲辰				
1785 5 乙巳		上書（林子平） 一七八一－一七八五 第一・明和年間		
1786 6 丙午			⦿五月二十七日　深川茂森町無宿養育所ヲ廃ス（日記）	⦿八月　印旛沼塡埋地新田発墾ノ事項タル、今回ノ洪水ヲ以テ新開ノ場所ヲ流亡セシメ容易ニ竣功シ難キノ景況ノ故ニ発墾停止、爾後ノ提警ヲ調査シ以テ稟候スベシ（古御触書三十五） ○関東大水、賑給租減ズ（文恭公実録） ○民間ニ賑給者多シ
1787 7 丁未		植崎九八郎上書 経済十二論（井上四明） 秘本玉くしげ（宣長） 世営録（藤井直次郎）		

1788 8 戊申	1789 寛政 己酉	1790 2 庚戌	1791 3 辛亥
	⑪家斉		
草芽危言（竹山）	経世秘策（利明） 寛政一・二年作 十事解（古賀樸）		蝦夷土地開発愚存之大概（利明） 経済放言（〃）不詳
○正月　賭博禁 ○正月　凶徒ノ鎮定方戒告 ○五月　京町人家財没窮民頒与（徳川史要） ⊙十一月　諸国御領所ノ内、陸奥、常陸、下野、下総ノ国々ニ百姓困窮シテ他国稼ニ出ヅル為荒地増スニ付、其防止策ヲ諭ス（徳川政務秘録内差出方掛申渡留）	○正月　博奕取締（天明大政録） ⊙四月　乞食ノ暴令ヲ禁止ス（理財会要、坤四〇五） ⊙十二月　陸奥・常陸・下総三国代官・領主・地頭ニ村民ノ増殖方規ヲ発下ス（理財会要、坤三九七）	⊙三月　江戸市街人民帰農料理方規ヲ発下ス ⊙十二月　人民帰農料理方規ヲ発下ス（理財会要、坤三九七） ○寄場ノ役夫ヲ補益スルタメ蠣灰焼製窟一個築造、毎年一万八千苞ノ数額ヲ焼製セシムルモノトナス（諸色調類集石灰ノ部）	⊙五月　僧侶ノ江戸市街店房ヲ濫借スルヲ禁止（公儀被仰出巻一） ○八月六日　関東風水賑給（野史・泰平年表） ○九月　倉庫ヲ発シ賑給（十三朝） ⊙十二月　傭夫帰農方規ヲ督諭ス（理財会要、坤三九八）
		⊙二月十九日　幕府先年弓頭火付盗賊頭長谷川宣以ノ議ヲ用イ、人足寄場ヲ石川島ニ設ク（十五代史） ⊙十一月　奉公人取締帰村保護令（徳川史要） ⊙十一月　在府農村ノ帰耕者ニ旅費ヲ給シ、無産者ハ便宜ノ地ニ移シテ出畑ヲ佃ス ◉此年　深川ニ窮民教育所ヲ設ク（徳川史要）	○十二月　市町在村及ビ官道地方ニ於テ御家人若クハ官吏ノ隷属等ト詐称シ金銭ヲ強奪スル者ハ捕拿シテ訴告ス可キヲ本年三月令知スルニ今尚強奪ニ類スル者アルヲ聞ク爾後此ノ如キ者アレバ速カニ捕拿シテ訴告ス可シ応当ノ褒紙賞ヲ賜与セン若誤テ無罪者ヲ捕拿スルモ妨ナシ、上項ノ趣旨其レ能ク遵守セヨ（天保集成二十九）

1792 4 壬　子	1793 5 癸　丑	1794 6 甲　寅	1795 7 乙　卯	1796 8 丙　辰
蝦夷開発ニ関スル上書（利明）	利権論（遠山景賢）	大石久敬没〔地方凡例録・不詳〕		
○五月　名主等ニ窮民救助を達示ス（徳川史要） ○五月二十七日　町会所窮民救恤開始（理財会要）	⦿四月　帰農奨励（徳川史要） ○七月　堕胎禁止（〃）	⦿六月　博徒ヲ捕拿スルニ関スル布令（地方類集完） ⦿七月　各地方博徒処分方ノ設定（〃） ○十一月　儲積ノ粟額ヲ米ニ換積スルヲ禁（公儀触留七十八） ○一一月　米価ヲ平準ニスベキヲ令ス（大日本貨幣史）		○七月　久離帳外ノ濫請ヲ戒禁（天保集成二十八） ○八月　遊里ニ出入スル破戒僧六十八人ヲ刑ス（日本大年表）
		○十一月　島津斉宣ニ連年飢饉ノタメ米一万俵金二万両ヲ貸ス（文恭公実録）	○五月　米一石価銀（文字銀）五十二三匁ヨリ六十四五匁（大日本貨幣史） ○佐藤一斉「済敷略記」竹山「社倉私儀」	○上杉治憲開荒殖民ノ経費ヲ設、勧農金ト名ケ諸士ノ子弟ヲシテ随意ニ土着セシム（鷹山公偉蹟録） ○五月　米一石価銀（文字銀）六十四五匁ヨリ七十匁前後（大日本貨幣史） ○福山義倉伊ヨ郡備荒貯蓄団ナル（徳川史要）

1797 9 丁　巳	1798 10 戊　午	1799 11 己　未
封事第一（藤田幽谷）	西域物語（利明）	富強六略（高野昌碩） 勧農或問（幽谷）寛政十一年丁巳孟秋（奥書）
○五月八日　再ビ賭博ノ禁規ヲ市街郷村ニ掲示セシム（天保集成百四） ○八月　民食ニ準備スル儲穀ノ換積方ヲ戒督ス（古触並御書付留二〇） ○十一月晦日　支配所各駅並建場等アル村ニ挙動不審者ノ捕拿ヲ令ス（公儀御触留八十一）	○三月　農民ヲ煽動シ姦詐ヲ企図スル凶徒ヲ提警セシム（憲法類集三・勘定署勧力心得二） ○四月　陰陽道職業ノ事項令知（公儀被仰出巻地）	○十一月　寺社奉行町奉行勘定奉行ニ令シ伊豆国附属大島城内波浮入江ニ港渠建設スルヲ以テ姑ク流徒ヲ送付スルヲ停止セシム（天保集成三十八）
○五月　米一石価銀（文字銀）五十匁前後（大貨史） ⦿八月　日傭座ヲ廃シ稼自由トナル（十五代史・日本大年表） ○九月　旧貸金ノ訴ヲ棄却 ○十一月二十二日　江戸火有、災民救助（柳営秘録年表・池魚録）	○深川元町以北ニ粟廩建築（府内備荒深川部一） ○二月　諸国人別帳改（徳川史要） ○米一石価銀（文字銀）五十八、九匁 ○七月　深川橋富町ニ籾倉ヲ営ス（理財会要） ○此年諸道春秋ノ洪水ニ逢バ水駅ニ旅人屢停滞シテ多クノ米穀ヲ費シ遂ニ號地ノ食料欠クルニ至ルニ因テ各駅ニ米銭ヲ貯蓄セシム（五街道類寄）	○正月二十九日　築地鉄砲州付近火災、町会所細民救助、町方同心ニ貸付金ヲ許ス（理財会要） ○四月　屋台商人増ス（天保集成） ○五月　米一石価銀（文字銀）五十匁ヨリ五十七八匁 ○六月二十一日　遊伎雑劇等禁止（地方類集完） ○此年蝦夷問題頻出

	1800 12 庚　申	1801 享　和 辛　酉	1802 2 壬　戌
	高沢鶴鳴没〔高沢税賦考・高沢録・不詳〕	蝦夷道知辺(利明) 寛政十三年 細井平州没〔嚶鳴館遺草・不詳〕	賤策雑収（植崎九八郎、一八〇一―一八〇二） 夢之代(山片蟠桃)
	○六月朔　関東諸国代官ヲシテ農民ノ賭射厳禁（牧民金鑑二十二） ○七月十三日　賭銃競馬ヲ令禁（寛政度御触御書付類留三十） ○十一月　関東諸国ニ令シテ遊戯禁制（新撰憲法秘録八）	○十月八日　町会所窮民救助方中改定(理財会要) ○十二月　府内往来ノ異装者ヲ禁（御触並御書付留七） ○春　江戸風邪、士分ニ賜薬、細民ニ米銭給与（理財会要）	
	○三月二十六日　開墾方規戒告(新撰憲法秘録一) ○五月　米一石価銀（文字銀）五十七八匁 ○五月　諸国川内付州開墾ヲ戒禁(新撰憲法秘録) ⦿農村状況調査実施（徳川史要）	○五月　米一石価銀（文字銀）五十八九匁 ○六月　山形上ノ山ノ百姓暴動（十三朝紀聞） ○農者ノ濫ニ称氏帯刀ヲ禁（令條秘録四） ○此年関東郡代中川忠英諳テ、馬喰町馬場及柳原土手外石置場ヲ水災救小屋建設地ト定メ医学館医師ヲシテ其病者ヲ治療セシムルコトトス（理財会要）	○二―四月　諸国疫、江戸病民救恤 ○三月　風疾流行賤民救恤 ○三月　拝謁以下士分ニ煎薬賜給、賤民ニ銭穀下賜 ○六月　東国洪水、大商、京商賑ス ○七月　江戸大水災民救助米価昂騰防止ヲ布告 ○七月朔日　町会所窮民救助方更定 ○七月　米価高、過度ノ米買収蓄積ヲ禁（天保集成九十二） ○七月　各地水害、天明度ノ半ヲ醸酒米トス（旧政府達留十八）

1803 3 癸亥	1804 文化 甲子	1805 2 乙丑
○四月十日　老中松平信明、筋違橋内火除地ニ町会所籾倉ヲ造営セシム ○七月　谷中ノ破戒僧死刑（日本大年表） ○八月　町会所倉廩ヲ筋違橋内ニ増築 ○十二月　公領地各村儲米ヲ粟ニ換テ蓄積セシメ及換積ノ期年ヲ概定ス	○十一月　町会所ニ貯蓄スル金穀貸付順序ノ垂問ニ具答ス（町々囲穀一件留完） ○秋　幕府命ジテ公領地私領地ニ囲籾ヲ為シム（御触御書留）	○五月　盲人戸籍提理方規制定（御書付抜抄三） ⊙五月二十三日　村民ノ武役ヲ講習シ及防火夫ノ風俗ニ横傲スルヲ禁（新撰憲法秘録八・憲法類集三） ○九月　囲米奨励（十五代史） ○此年函館近郷開田（北海通誌）
○五月　麻疹流行、町会所ヨリ救助 ○五月　米一石価銀（文字銀）六十三匁	○四月　広島義倉ナル（徳川史要） ○四月二十七日　米価低落シテ士人困窮ニヨリ、幕府三百俵以下ノ家人ニ、夏季借米ヲ金給シ米給ヲ望ム者ニハ同時ニ冬季支給高五分一ヲ米給ス（理財会要） ○八月　天明八年発布ノ儲穀外ニ増蓄セシム（御触並御書付留） ○九月　町人ノ武芸ヲ禁（日本大年表） ○十二月　帳合米ノ事ヲ諭ス（大日本貨幣史） ○此年豊作	○五月　米一石価銀（文字銀）五十六匁 ○五月　米一石価銀（文字銀）五十匁八分ヨリ五十三匁ニ至ル ○十月　老中戸田氏教ヨリ米価低廉ナルカ為官金ヲ貸付シ米商ヲシテ糴買セ令ルノ意見書ヲ町奉行ニ下付シテ勘定奉行ニ協議セシム（米価記完） ○十一月　帳合米ノコトヲ令ス ○十一月三日　米価低廉ノタメ勘定署用達三村某松井某及石橋某ニ糴米ノ理員ヲ命付、更ニ官金ヲ貸付シテ苞米ヲ買収シ之ヲ私廩ニ蓄蔵セシムルノ方法ヲ定ム（勘定所勤方完） ○此冬僧玄輪千五百金ヲ官ニ納メ其ノ息金ヲ以テ永ク貧窮民ヲ救恤セントス（徳川史要）

1806	3	丙寅			○三月　市中八ケ所ニ救小屋設置、施薬救療ヲナス（徳川史要）	
1807	4	丁卯		柴野栗山没〔栗山上書〕第二封事（幽谷）三、四封事・不詳	○寄場ノ役夫補益ノタメ更ニ蠣灰焼製ノ竈一個ヲ増置毎年一万八千苞ノ数額ヲ焼製スル者トス（諸色調類集石灰之部）	
1808	5	戊辰				
1809	6	己巳				
1810	7	庚午				○十月頃　豊後日田ニ盲人養育田創立（徳川史要）
1811	8	辛未		春波桜事記（司馬江漢）		
1812	9	壬申			◉六月三十一日　𧏛者（安永三年甲午十月）浮浪者等ノ提警方ヲ厳令セシモ今尚佩刀者ノ多ク村閭ニ横行シ農民ノ制禦スル能ハザルヲ以テ更ニ諸国ニ令シテ若シ此ノ輩ノ横行スル有ラバ其管轄庁ニ上告シ速ニ之ヲ捕縛セシム（牧民金鑑十四）	○五月　米一石価銀（文字銀）四十九匁余
1813	10	癸酉		蒲生秀実没〔今書・不詳〕稽古談（海保青陵）節倹略（樋口世禎）推定	○三月　盲人提理規則制定（御書付抜抄一）	

1814 11 甲戌				
1815 12 乙亥			○十二月　武家屋敷ノ博奕ヲ禁（徳川史要）	○二月　道中往来スル家来ノ不法ヲ禁ズ ○二月十七日　盲人官金ノ詐称散貸ヲ戒禁ス（慣例撰要書）
1816 13 丙子				
1817 14 丁丑		海保青陵没〔経済談〕年六十三 杉田玄白没〔野叟独語〕年八十五		
1818 文政 戊寅			○七月　再ビ関東諸国ノ代官ヲシテ郡村ノ游惰ヲ禁制セシム（牧民金鑑）	○正月　米一石価銀（文字銀）五十八匁六分
1819 2 己卯				
1820 3 庚辰		武元立平没〔勧農策〕年五十一		
1821 4 辛巳			⦿正月十九日　無籍ノ凶徒多ク甲斐信濃二国ノ諸村ニ回避シ農家少年ノ風俗ヲ紊乱シ再ビ関東地方ニ出没スルヲ以テ更ニ布令シテ厳ニ之ヲ提警セシム（牧民金鑑）	

1822 5 壬午			○正月　乞食提理方規制定（天保集成百三）	
1823 6 癸未		済時七策コレヨリ以前ニ成ル（朝川善庵）		
1824 7 甲申			○五月　無頼者ノ措置方ヲ設ク（天保集成九十九）	
1825 8 乙酉				
1826 9 丙戌			○八月　凶器ヲ以テ狼藉スルヲ取締ル（憲法類集） ○九月二十八日　令シテ刀鎗鳥銃ヲ携持スル凶徒ヲ逮捕セシム（新撰憲法秘録八、憲法類集三）	
1827 10 丁亥				
1828 11 戊子		破レ家ノツヾクリ話（新宮涼庭）		○勘定所ニ於テ諸国ノ人員及江戸市街ノ市民ヲ合併シテ之ヲ点検ス但ダ武家ハ之ヲ除斥ス（帳会記）
1829 12 己丑				
1830 天保 庚寅				○八月　旗本家人等不行跡ノタメ罰セラルル者多シ（徳川史要）

1831 2 辛卯		済廒略記（佐藤一斎）		○十月　江戸町寄場漸ク流行ス（天保集成） ○十月　猥リニ寄場挙行ヲ禁ズ（　〃　）
1832 3 壬辰			○九月　幕府小石川養生所ヲ改革シ規律ノ頽廃ヲ粛振ス（理財会要） ○十月二十八日　江戸風邪ノタメ、小吏ニ施薬、細民施米（理財会要）	○此年天下凶飢ス
1833 4 癸巳			○十一月　農民ノ捕縛方規定（天保集成二九） ○十二月　囚人取締ニ関シ牢屋取締ヲ令ス（徳川史要）	○江戸飢饉ス ○十一月　強盗出没ス（十三朝紀聞）
1834 5 甲午			○正月　幕府関東筋公領私領ニ令シテ米穀ヲ江戸ニ廻送セシメ同時ニ府外輸出ノ禁令ヲ申シ、又江戸市中ニ令シテ無宿者行倒ノ介抱届出ヲ怠ル勿ラシム ○正月　飢饉ノ流氓ヲ賑恤（天保集成三十）	
1835 6 乙未				
1836 7 丙申			○賑救廠建設、窮民賑済（続泰平年表一・武江年表八） ○三月十六日　元数寄屋町火災、町会所積金ヲ免シ、災民救助（泰平年表） ○九月　大阪ノ貧民ニ官私ノ米ヲ賤売（大日本貨幣史） ○川普請ヲ命ジ受負人ニヨラズ成ベク村方ノ者ヲ使用スベキヲ諭達（十五代史）	○此年夏大ニ飢饉シ、八年冬ニ及ブ米価ノ騰貴甚シク市民飢渇ニ苦者数ウ可ラズ幕府命ジテ米価調節ヲ計リ、七年七月二十五日ヨリ九月十四日ニ至ル間、及十一月十八日ヨリ八年四月二十一日ニ至ル間ノ施米ヲ為シ八年三月、五月、二万苞ヅツノ米ヲ頒ケ、一面救小屋ヲ設ケテ窮民ヲ収養シ、又浜殿溝渠浚渫ノ工ヲ起シテ其窮ヲ助ク（天保集成）

1837 8 丁酉	⑫家慶	上下富有の議（東湖） 土着の議（東湖）	○三月 武家ニ下令、飢民発認セバ之ヲ賑救廠ニ護送セシム（天保集成三十） ○三月 倉廩発、府内窮民賑救（天保集成三十） ○五月 再倉廩発（天保集成三十） ○六月十六日 小石川養成所修理（徳川史要） ○七月 品川外三ケ所救小屋設立収容二万余（十五代史） ○七月 吏員ヲシテ市街巡回窮民救（天保集成三十）	○三月 天下大飢、京米価一升銭四貫文、幕府二條ノ穀倉ヲ発ス（十三朝紀聞） ○三月 蔵前米二万俵頒与（天保集成） ○三月 令シテ賑救廠収養ノ窮民ヲ処置セシム（天保集成三十） ○三月 大阪兵火、米商等米価ノ廉ヲ令ス（大日本貨幣史） ○三月 東海道駄馬賃更改他諸海道（公儀御触記） ○八月三日 幕令、府内ノ置去妻子並孤児ヲ救済（理財会要） ○十一月 貧民ノ入賑救廠停止（旧政府達留二八）
1838 9 戊戌		草芽危言摘義（神惟考）天保年間		
1839 10 己亥				
1840 11 庚子		迂言（広瀬淡窓）	○八月 縁日商及寄場取締（徳川史要）	
1841 12 辛丑		経済問答秘録（正司考祺）推定 兵制新書（岡熊臣）		
1842 13 壬寅		経済五策（大塚昌伯）天保十三年壬寅春・水遊書院蔵	○十一月 無籍乞食提理方規ヲ制定ス（理財会要、坤四〇五） ⊙十二月七日 非人寄場ヲ浅草溜側ニ新営（東京市史稿、救済篇）	

1848 永嘉 戊申	1847 4 丁未	1846 3 丙午	1845 2 乙巳	1844 弘化 甲辰	1843 14 癸卯
					蟻の念(梅辻規清) 末黒のすゝき（平塚茂喬）
○二月　京都町奉行ヲシテ鰥寡孤独自存スル能ハサル者ヲ検シテ之ヲ賑ハシ又天下ニ大赦ス（今日抄）	⊙十月　江戸方五里内放鷹場ニ浪士ヲ棲住セシムル提理方ヲ戒告ス（理財会要、坤三九四） ⊙十一月　代官ヲシテ普化僧ノ暴行ヲ禁制シ犯者ヲ捕縛セシム（牧民金鑑二十三） ○十二月　虚無僧ノ入宗規則ヲ督令（旧政府御達留三十四）				⊙正月　非人寄場ヲ浅草ニ新設ス（十五代史） ○三月　回国修行若ハ六部巡礼トナリ郷里ヲ出ル者ニ従来村役人及其杳華院ヨリ随意ニ通行券ヲ下付セシモ爾来村役人ヨリ之ヲ代官若ハ領主地頭ニ願請セシメ期日ヲ定メ以テ准充而シテ之ヲ下付スル者トス代官若領主地頭ノ通行券ヲ帯持セザル者ノ関門通過ヲ停止ス（御触留公儀巻百二十七） ○人別改ヲ令ス（十五代史） ○六月　老中水野越前守印旛沼開鑿事業再興（泰平年表・沿革誌） ⊙七月　浮浪者提警方布令（旧政府達留三十二） ○八月　再五大名（松平因幡、酒井左ェ門尉、水野出羽、黒田甲斐守一欠）ニ工役ヲ課シ印旛沼ヲ塡埋シテ水田ヲ発墾セシム（避暑録）

1849 2 己酉				
1850 3 庚戌		佐久間象山上書（九月）	○三月十九日　浅草溜ヲ修理（理財会要） ○六月　更ニ品川溜ヲ修理ス（〃）	⦿此年三木勘兵衛（播磨人）貧民ヲ募リテ村ヲ開ク（徳川史要）
1851 4 辛亥				
1852 5 壬子		帆足万里没（東潜夫論）年七十五		
1853 6 癸丑	⑬家定			
1854 安政 甲寅				
1855 2 乙卯		新政談（藤森弘庵）	○六月二十六日　浅草女溜修理（徳川史要） ○十月十七日　大ニ蝦夷地ノ開拓ヲ計画シ庶民ヲシテ移住セシム（公儀触書完） ⦿十月　蝦夷地開墾移住方規ヲ旗本五百石以下拝謁以下及嫡男ニ男厄介清水家ノ臣隷浪人市人等ニ発下ス（御達書抜抄巻八） ○十月　救小屋数ケ所ヲ建テ窮民救助（続泰平年表）	
1856 3 丙辰		天明録（正司考祺） 家職要造（〃）不詳		

1857 4 丁巳				
1858 5 戊午	⑭家茂			
1859 6 己未				
1860 万延 庚申			⊙深川茂森町ニ無宿養育所ヲ設ク（理財会要）	○十月　水戸浪士諸所ニ乱暴（日本大年表）
1861 文久 辛酉			⊙此年軽罪者ヲ函館御用人夫ニ使役ス（徳川史要） ○正月　米価騰貴ニヨリ廉価ヲ以テ貧民ニ売渡スベキヲ令ス（大日本貨幣史） ○二月　物価騰踊、幕府微禄士ニ金ヲ貸与、町会所ヨリ窮民ニ救米（万延文久度御触御書付留）	○此頃（十二月カ）智隆堕胎拉殺ヲ戒メ生児ヲ保護ス（徳川史要）
1862 2 壬戌			○九月　雇人ノ帰郷ヲ奨励（旧政府御達留）	
1863 3 癸亥			○十二月　浮浪者ノ攘夷ヲ倡エ嘯象結党スルノ匪行ヲ戒禁シ旅行ノ提警方ヲ掲示セシム（旧政府達留四十二）	
1864 元治 甲子			○五月　諸国浪士取締令（日本大年表） ○七月　浪士ヲ提警スルニ関シ武蔵国ニ関ヲ設置セシム（公儀御触留百四十八） ○九月　浪士ヲ提警スルニ関シ新関ヲ設置シ通行ノ規定ヲ発下（同右、百四十）	

1865 慶応 乙丑	1866 2 丙寅	1867 3 丁卯
	⑮慶喜	

あとがき

故守本順一郎の遺稿集第三『徳川時代の遊民論』は、著者が一九五〇年に、東京大学経済学部卒業にあたり、同学部助手特別研究生応募論文として提出したものである。この論文は、著者終生の日本思想史研究において、その原点ともいうべき位置を占めるものであるが、その後永く著者の篋底に収められて、生前は遂に未公刊のままであった。著者の没後、著者が在職していた名古屋大学法学部が刊行する『法政論集』第八十四号、八十五号(一九八〇年七月、十月)に遺稿として収録されることが出来、はじめて世に出ることになった。

遺稿の発表と転載を了承された名古屋大学法学部編集委員会、ならびに出版の労をとられた西谷能雄氏に感謝の意を表する。

一九八五年三月

山田公平

徳川時代の遊民論

1985年　4月20日　初版　第1刷発行
2001年　5月25日　復刊　第1刷発行

定価（本体3200円+税）

著者© 守本順一郎
発行者 西谷能英

発行所　株式会社 未來社
〒112-0002　東京都文京区小石川3-7-2
電話03-3814-5521(代)　振替00170-3-87385
http://www.miraisha.co.jp/　E-mail: info@miraisha.co.jp

本文印刷＝スキル・プリネット／装本印刷＝形成社／製本＝五十嵐製本
ISBN 4-624-30049-1 C0031

守本順一郎著作——

東洋政治思想史研究　四八〇〇円

アジア宗教への序章　一〇〇〇円

徳川政治思想史研究　一二〇〇〇円

日本経済史　一四〇〇〇円

●未來社刊